鼓楼史学丛书·区域与社会研究系列

历史社会地理视野下的移民社会研究

——以乌鲁木齐地区为中心

1821—1949

刘超建 著

The Research about Immigration Society from
the Perspective of Historical Geography during 1821—1949
——Urumqi as the Center Region

中国社会科学出版社

图书在版编目（CIP）数据

历史社会地理视野下的移民社会研究：1821－1949：以乌鲁木齐地区为中心／刘超建著 . —北京：中国社会科学出版社，2019. 1

ISBN 978－7－5203－3623－9

Ⅰ . ①历… Ⅱ . ①刘… Ⅲ . ①移民问题—研究—乌鲁木齐—1821－1949 Ⅳ . ①D693.66

中国版本图书馆 CIP 数据核字（2018）第 273337 号

出 版 人	赵剑英
责任编辑	宋燕鹏
责任校对	李 莉
责任印制	李寡寡

出　　版	中国社会科学出版社
社　　址	北京鼓楼西大街甲 158 号
邮　　编	100720
网　　址	http://www.csspw.cn
发 行 部	010－84083685
门 市 部	010－84029450
经　　销	新华书店及其他书店

印　　刷	北京明恒达印务有限公司
装　　订	廊坊市广阳区广增装订厂
版　　次	2019 年 1 月第 1 版
印　　次	2019 年 1 月第 1 次印刷

开　　本	710×1000　1/16
印　　张	17.5
插　　页	2
字　　数	289 千字
定　　价	78.00 元

目　　录

第一章　绪论 ……………………………………………… （1）

　第一节　选题缘起和意义 ………………………………… （1）

　第二节　研究现状 ………………………………………… （3）

　　一　不同学科视野下的移民社会研究 ………………… （3）

　　二　"国家与社会"的相关研究 ………………………… （6）

　　三　新疆社会史的研究 ………………………………… （9）

　第三节　几个主旨概念的说明和界定 …………………… （12）

　　一　历史社会地理和移民社会 ………………………… （12）

　　二　研究区域：乌鲁木齐地区 ………………………… （19）

　　三　研究时段：1821—1949 年 ………………………… （21）

　　四　"界"与"互动"及水利共同体 ……………………… （21）

　第四节　研究史料、方法、基本思路与框架结构 ………… （24）

　　一　史料与方法 ………………………………………… （24）

　　二　基本思路与框架结构 ……………………………… （26）

第二章　移植与模拟（上）：移民社会组织体系的构建与运转

　　　　　——以乡村管理体系的设置为中心 …………… （31）

　第一节　由主角到配角：里甲制向保甲制转换 ………… （32）

　第二节　由配角到主角：乡约、"水利"和农官 ………… （40）

　　一　乡约 ………………………………………………… （40）

　　二　"水利" ……………………………………………… （53）

　　三　农官 ………………………………………………… （64）

　第三节　政区格局与民团：社会秩序控制体系的演变 … （67）

一　同治、光绪年间持续动乱时期的社会控制 ……………… (68)

二　变乱格局下的地方秩序:阿古柏对乌鲁木齐地区

乡村社会的入侵 ………………………………………… (74)

第三章　移植与模拟(下):移民社会组织体系的构建与运转

——以教育、交通和民团为例 ……………………… (84)

第一节　教育与地方社会——学宫、学堂、学校 ………………… (84)

一　1821—1944年乌鲁木齐地区教育发展阶段 ……………… (85)

二　几个教育方面的空间对比与分析 ……………………… (90)

三　教育发展中的官民互动与响应 ………………………… (92)

四　晚清民国乌鲁木齐地区教育与乡村社会 ……………… (101)

第二节　由军控到民控——军台、营塘向驿站的转变 ………… (106)

一　军控时期——军台和营塘 ……………………………… (106)

二　民控时期——军台、营塘向驿站的转变 ……………… (108)

第三节　宗族与大户 ……………………………………………… (110)

一　宗族 …………………………………………………… (111)

二　大户 …………………………………………………… (115)

第四章　水利纠纷与社会内部互动秩序(上)

——以地方用水为中心 …………………………… (120)

第一节　历史时期水利开发的时空特征 ………………………… (120)

一　1864年以前水利开发的时空过程 …………………… (120)

二　1864年至民国时期水利开发的时空过程 …………… (124)

第二节　分水制度及内部互动秩序 ……………………………… (138)

一　分水制度 ……………………………………………… (139)

二　水利社会内部的互动秩序 …………………………… (148)

三　民众对地方用水秩序的响应 ………………………… (158)

第五章　水利纠纷与社会内部互动秩序(下)

——以国家与地方之间争水个案为中心 ………… (162)

第一节　"人为刀俎,我为鱼肉":争水纠纷中民众的无奈 ……… (162)

一　争水发生的原因 …………………………………………（162）

二　争水纠纷中民众的无奈 …………………………………（165）

第二节　区域互动中的争水个案分析 ………………………（171）

一　户际之间的互动与争水个案分析 ………………………（171）

二　村际之间的互动与争水个案分析：

"晒干渠"与"七对一" ………………………………（173）

三　县际之间的互动与争水个案分析 ………………………（178）

第三节　国家与地方之间的互动与争水个案分析 …………（182）

一　城市与农业用水之争的个案分析 ………………………（182）

二　屯垦队与原居民之间的用水之争 ………………………（186）

三　农、牧区之间争水个案分析 ……………………………（188）

第六章　环境与社会秩序的构建（上）

——以妇女类型和婚姻观的转变为例 ……………（191）

第一节　几种主要的妇女类型 ………………………………（191）

一　金妇 ………………………………………………………（191）

二　节妇和烈女 ………………………………………………（196）

第二节　妇女婚姻观的转变与社会建构 ……………………（205）

一　社会环境与婚姻的互动关系 ……………………………（206）

二　环境与社会互动中的婚姻观念转变 ……………………（214）

第七章　环境与社会秩序的构建（下）

——以婚姻类型和个案分析为例 …………………（219）

第一节　社会环境互动下的婚姻类型及其个案分析 ………（219）

一　赘婚 ………………………………………………………（219）

二　骗婚 ………………………………………………………（226）

三　买卖婚姻 …………………………………………………（231）

四　霸婚与抢婚 ………………………………………………（235）

第二节　社会环境与婚俗的互动关系 ………………………（238）

一　社会环境与婚姻的互动 …………………………………（238）

二　社会环境与婚俗的形成 …………………………………（242）

第三节　政府与婚姻法律 ···（245）

　　一　政府与婚姻法制 ···（245）

　　二　宗教与婚姻习俗 ···（250）

　　三　政府对婚姻问题的处理 ·······································（252）

结　语 ··（254）

附　录 ··（259）

参考文献 ··（262）

致　谢 ··（271）

图表目录

表1—1 光绪年间乌鲁木齐地区各县人口统计 ……………………………（15）

表2—1 民国二十七年（1938）阜康县政府所属农会、区、

区长、乡约姓名 …………………………………………………（43）

表3—1 光绪、宣统时期（1875—1911）迪化府学堂设置情况 ………（91）

表3—2 光绪年间（1875—1907）迪化府学宫重修重建 ……………（93）

表3—3 建省后迪化州所属各县驿站情况统计 ……………………（109）

表4—1 光绪十年（1884）至民初迪化县灌溉渠修建统计 …………（126）

表4—2 光绪十年（1884）至民初昌吉县灌溉渠修建统计 …………（127）

表4—3 光绪十年（1884）至民初绥来县灌溉渠修建统计 …………（128）

表4—4 光绪十年（1884）至民初阜康县灌溉渠修建统计 …………（129）

表4—5 光绪十年（1884）至民初孚远县灌溉渠修建统计 …………（130）

表4—6 光绪十年（1884）至民初奇台县灌溉渠修建统计 …………（130）

表4—7 光绪十年（1884）至民初乌鲁木齐地区各县

灌溉渠对比 ……………………………………………………（131）

表6—1 乾嘉时期乌鲁木齐满营节妇统计 …………………………（196）

表6—2 乾嘉时期古城（今老奇台）满营节妇统计 ………………（199）

表6—3 乾嘉时期乌鲁木齐地区烈女和节妇统计 …………………（200）

图1—1 晚清时期天山北路东部乌鲁木齐地区

（即迪化州和古城营）…………………………………………（19）

图1—2 水西沟下游水利共同体灌溉渠示意图 ……………………（23）

图3—1 新疆建省后乌鲁木齐地区驿站分布图 ……………………（110）

图4—1 乌鲁木齐河上游主要灌溉渠分布示意图 …………………（142）

图 4—2 泉水沟农田中渠道与耕地相间分布图

（民国六年七月二十八日）……………………………（149）

图 4—3 下泉子村新旧渠示意图 …………………………（157）

图 5—1 安宁渠水利共同体各灌溉渠示意图 …………………（173）

第 一 章

绪 论

第一节 选题缘起和意义

2010 年笔者在乌鲁木齐县安宁渠镇四十户村①做田野调查时，村委会给笔者介绍了一位老人作为访谈对象。老人曾任该村回族清真寺阿訇，当年 80 岁，祖辈约在 19 世纪 70 年代迁入新疆，而他则是在新疆生活的家族第四代。老人身上所发生的事情，就是历史人类学②所研究的一个重要方面。尽管村民们不懂什么是历史人类学，但在他们身边及生活区域，尤其像四十户这样一个特殊的移民村落空间里却实实在在地存在并发生着类似老人家族的历史，且有时它会深刻地影响整个村落的方方面面。因此，对中国乡村社会而言，历史人类学的研究更具有重要的意义。这主要是因为几千年来，中国是以农耕文明为主要特征的国度，乡村在人

---

① 四十户，原名四十一户，后改为四十户。由于行政区的调整，现属于乌鲁木齐市高新区，现距离市区有 25 公里左右。清朝乾隆年间，曾将四十一户遣犯安置于此，遂有此名。以后，此处也逐渐成为遣犯的主要安置区域之一。同治年间，甘肃会宁县的几个村庄的村民，举行了一次集体念经活动，结果被清政府定名为"聚众谋反"，所有民户被发往边疆，其中有四十一户被安置在此处。从此，此村也成为遣犯的代名词，距今已有二百余年的历史。在 1864—1878 年间，由于战乱，村庄人口伤亡不少。新疆建省以后，清政府不断把遣犯安置到这个村庄，最后被安置的是天津静海县的"边家"。民国以后，随着外来人口的不断迁入，原有的居户也迁出不少，分散到新疆各处，目前其老住户只剩下黎、边等姓。

② 历史人类学发轫于多门学科的边缘地带，法国年鉴学派，英美等国的社会人类学和文化人类学，意大利的微观历史学，德语国家的民俗学，均为历史人类学的重要的思想渊源。经过半个世纪的发展，尤其自 20 世纪 90 年代以来，历史人类学已经成为历史研究的一个重要的学术生产中心。［瑞士］坦纳：《历史人类学导论》，白锡堃译，北京大学出版社 2008 年版，第 24 页。

们的生活中处于非常重要的地位。"理解乡村，就等于理解了中国"，这几乎成为众多相关学科学者们的共识。也诚如有些学者所指出的那样："中国社会、中国历史的秘密、内核和本质都深藏在即将成为废墟的乡村之中。"①而在20世纪40年代，费孝通先生也曾指出：封建中国"从县衙门到每家的门之间的一段情形是最重要的"②。所以，现在无论是历史学、人类学、社会学、民族学，还是心理学、政治学，农村经济学，甚至地理学等不同学科的学者，大都对中国乡村社会展开了比较全面而系统的研究，新的乡村问题仍然不断地被提出来，尤其是在当今乡村社会中，更是如此。

首先，中国古代乡村社会的研究，尤其是关于明清以来中国乡村的发展和变迁，一直受到国内外历史学、社会学、人类学、民族学等学界学者的广泛关注。特别是近几十年来，乡村社会的研究越来越多地引起不同领域学者的极大兴趣，并取得了丰富的有影响力的学术成果。但综合这些成果来看，其研究区域多集中于华南、两湖以及华北和西南的四川盆地等区域，而对于主要由移民形成的北方乡村社会，如清代民国乌鲁木齐地区的研究则相对要薄弱得多。就目前已有的研究成果而言，也大都是限于农业经济的开发、人口迁移及生态环境的变迁等几个方面，缺乏从历史社会地理视野下对乡村社会结构、组织形态以及国家与民间秩序互动等方面的细致研究。即是说，以往研究只注重"史"而忽略了"地"的研究。"地理与历史之关系至为密切，故治历史者，必先明其地理。"③当然，这里的地理既包括自然地理，也包含人文地理。就本书而言，则更多关注的是人文地理方面。

其次，传统历史文献对于研究乡村社会固有的局限性，将会使我们逐渐认识到，如果想在乡村社会研究中取得突破并有所创新的话，必须要改变传统"书斋式"的史学研究方法。近十多年来，"田野调查"逐渐成为研究乡村社会获取资料的主要方法之一。对民间文献资料的收集、整理、挖掘和运用，并结合各种民间口述史料、县级档案与各种民间文献等，这是对所研究的问题力求有新发现或提出新看法的重要途径。21世纪以来，

---

① 王学典：《发掘乡村：21世纪初叶中国历史的增长点》，《山东大学学报》1999年第3期。

② 费孝通：《乡土重建》，《费孝通文集》第4卷，群言出版社1999年版，第338页。

③ 洪涤尘：《新疆史地大纲》，《新疆史志》第3部第4册，正中书局1947年版，第3页。

尤其是马大正等边疆学者提出边疆学①的概念以后，经过边疆学者们十余年的努力，边疆地区，尤其是新疆地区的传统汉文文献得到了较好的挖掘和整理。除非再有新史料的发现或者新思路的提出，否则对新疆社会研究很难取得新的突破。因此，在充分利用传统文献的基础上，通过挖掘、整理、利用民间文献以及口述史料、县级档案等，以开展对微观个体的研究，将是我们不断深化新疆乡村社会研究的主要途径。

最后，同治三年至光绪四年（1864—1878），新疆地区经历了内乱和外患的双重洗礼，原有乡村社会体制和农业经济遭到了空前破坏，人口十不存一，整个社会处于衰败之中。政府通过多种优惠的屯垦政策吸引大量人口来弥补乌鲁木齐地区劳动力的不足，以恢复农业经济。来源于不同地区的各族移民，使乌鲁木齐地区社会各个方面杂糅了众多区域性特征，致使所形成的社会结构具有了广泛的代表性和典型性，民族众多，人口结构复杂。即使在乌鲁木齐地区内部不同的小区域中，乡村社会及其变迁过程中也存在诸多区域性差异。对此种差异性进行深刻剖析，并以此来探讨形成差异的原因，将有助于对传统乡村社会，尤其是对移民社会多样性的认识和理解。近几十年来，国内外学者对中国中东部地区乡村社会研究已取得了丰硕成果，但对于边疆移民社会的研究，如乌鲁木齐地区，则显得较为薄弱。然而正是这样的地区，对于维护中国西北边疆的稳定具有积极的作用，所以对该区域乡村社会的研究，具有重要的现实意义。

第二节　研究现状

一　不同学科视野下的移民社会研究

从本书的题目上看，其研究对象是移民社会。无疑，移民社会秩序的

---

① 中国边疆学是研究中国边疆地区历史与现状的学科。属于中国历史学科的专门史，以及属于中国历史地理学科的边疆史地学，为中国边疆学奠定了学术基础。中国边疆学涉及诸多学科，如历史学、考古学、语言学、地理学、宗教学、哲学、文化人类学、社会学、人口学、环境学等。中国边疆学具有五个方面的特点：涉及内容较多、涵盖面广、基础研究和应用研究相结合、人文社会科学与自然科学相结合，研究成果受到学术界及相关应用部门的广泛关注。（方铁：《论中国边疆学学科建设的若干问题》，《中国边疆史地研究》2007 年第 2 期）

正常运转与国家政权的参与程度是分不开的，尤其是处于边疆地区的移民社会更是如此。因此，从这个角度来看，我们在研究移民社会的同时，更要关注国家政权与移民社会之间的关系。目前来看，历史地理学视野下的移民社会研究成果并不多，其中代表性的有邹逸麟《明清流民与川陕鄂豫交界地区的环境问题》[①]、郭声波《由虚到实：唐宋以来川云贵交界区犬牙相入政区格局的形成》[②]、曹树基《赣闽粤三省毗邻地区的社会变动和客家的形成》[③]、唐立宗《在盗区与政区之间——明代闽粤湘赣交界的秩序变动与地方行政演化》[④]、张世明、龚胜泉《另类的空间：中国边疆移民社会主要特殊性透视》[⑤] 等论文。张世明、龚胜泉在论文中，就清代边疆地区移民社会的婚姻形态、社会秩序的无序动荡性、组织形态的变异性、土客矛盾四个方面进行了详细的探究。其余则是对移民社会交界区域互动情况进行研究，郭声波认为"川、云、贵交界区作为政治边缘地区——汉夷交界区，犬牙相入格局的形成除了政治、军事的原因以外，还较多地掺杂有民族因素在内"。这也指出了移民社会形成中一些人文因素在地域互动中所起的作用。部分论著也涉及移民社会的问题，但多集中于交界地区的移民开发与生态、移民与社会动乱、社会变动与宗族等方面，如张建民《明清长江流域山区资源开发与环境演变》[⑥]、李昭宾《清代中期川陕楚地区流动人口与川陕楚教乱（1736—1820)》[⑦] 等。而杨国安则在《国家权力与民间秩序：多元视野下的明清两湖乡村社会史研究》中，从研究内容上看，虽然更接近于社会史，但研究方法和理论上运用历史地理学方法偏多。主要通过移民、宗教与地域秩序的构建，塘堰、堤坝中的

---

① 邹逸麟：《明清流民与川陕鄂豫交界地区的环境问题》，《复旦学报》1998 年第 4 期。

② 郭声波：《由虚到实：唐宋以来川云贵交界区犬牙相入政区格局的形成》，《江汉论坛》2008 年第 1 期。

③ 曹树基：《赣闽粤三省毗邻地区的社会变动和客家的形成》，《历史地理》第 14 辑。

④ 唐立宗：《在"盗区"与"政区"之间——明代闽粤湘赣交界的秩序变动与地方行政演化》，台湾大学出版委员会 2002 年版。

⑤ 张世明、龚胜泉：《另类的空间：中国边疆地区移民社会主要特殊性透视》，《中国边疆史地研究》2006 年第 1 期。

⑥ 张建民：《明清长江流域山区资源开发与环境演变：以秦岭—大巴山区为中心》，武汉大学出版社 2007 年版。

⑦ 李昭宾：《清代中期川陕楚地区流动人口与川陕楚教乱（1736—1820)》，硕士学位论文，台湾师范大学历史研究所，1988 年。

水利纠纷与用水秩序以及保甲与乡村控制体系的演变等多个方面，提出了国家权力与民间秩序互动的多元视野与整体史观，对乡村社会秩序的自我构建和运行，国家权力的介入以及双方复杂的互动关系展开不同层面的研究①。尽管以上所列著述或论文的研究区域与本书不同，且侧重点也存在较大差异，但对本书的研究思路和写作方法上的指导作用还是不言而喻的。

除此之外，移民社会研究也引起了部分社会学和民族学学者的重视，并在其学科研究视野下取得了较为丰富的成果。比较典型的著述有陈孔立《清代台湾移民社会研究》、闫天灵《汉族移民与近代蒙古社会变迁研究》、常宝《漂泊的精英——社会史视角下的清末民国内蒙古社会与蒙古族精英》② 等著述，陈著主要是就清代台湾移民和移民社会理论、社会结构、社会动乱及人口结构等进行了较为详细的探讨；闫著是以汉族迁入蒙地的历程为切入点，深入分析了移民的原因、移民的类型、迁移路线及塞外移民分布区的对应特征，并详细考察了移民何以本土化与移民社会的成长等一系列问题；常著在研究时段和区域性上而言，与本书研究有很大的相似性，但不是对内蒙古地区移民社会的研究，而是通过国家与社会矛盾、族群、家族、教育、婚姻及社会关系网络等方面，对原有居民的社会研究，其中也不乏涉及原居民与移民的关系问题。另外，张世明、刘正刚、张伟、田户波等学者对边疆地区移民社会的开发和土客矛盾等方面的问题进行了探讨③。随着移民社会研究的不断深入，关于其研究理论问题

① 杨国安：《国家权力与民间秩序：多元视野下的明清两湖乡村社会史研究》，武汉大学出版社 2012 年版。

② 陈孔立：《清代台湾移民社会研究》，九州出版社 2003 年版；闫天灵：《汉族移民与近代蒙古社会变迁研究》，民族出版社 2004 年版；常宝：《漂泊的精英——社会史视角下的清末民国内蒙古社会与蒙古族精英》，社会科学文献出版社 2012 年版。

③ 张世明：《清代边疆开发的不平衡性——一个从人口经济学的角度的考察》，《清史研究》1998 年第 2 期；刘正刚：《清代移民开发与边疆少数民族的关系——以台湾为例》，《中国边疆史地研究》2005 年第 3 期；《清代移民与川西藏区开发》，《西藏研究》2002 年第 1 期；张伟：《近代四川移民及社会构成的影响》，《西南民族大学学报》2003 年第 12 期；田户波：《略论移民社会道德价值观念的嬗变与重构》，《探求》2004 年第 1 期；罗春梅：《清代移民开发云南与土客矛盾》，《重庆三峡学院学报》2013 年第 1 期等。

也逐渐引起部分学者的关注，如陈孔立、徐华炳、奚从清①等。陈文主要对移民社会的定义、结构及内外关系进行了理论性研究；徐文则主要认为移民、移民社会、移民理论是研究移民问题的三个基本范畴，并对移民方面的各个专题理论进行了探究，试图构建中国移民问题研究的理论基石。毫无疑问，这些关于移民问题的初步理论探讨，对于本书的研究具有重要的理论指导意义。

二 "国家与社会"的相关研究

对于移民社会问题研究的成果不多，而在历史地理学视野下的研究成果则更为稀少，而与其相关领域中，却取得了丰硕的研究成果。这些成果虽然与本书研究并没有直接的关系，但在写作方法、研究思路和理论指导上具有一定的借鉴作用，故对其研究状况做简要梳理。

早在20世纪30—40年代，乡村社会的研究就已经引起了很多前辈学者的重视，代表作主要有闻钧天《中国保甲制度》和黄强《中国保甲实验新编》，无论闻著还是黄著，他们的主要目的就是通过研究中国古代社会的保甲制度为现实服务，具有"鉴古通今"作用，体现出了较为强烈的现实性和实用性，即为当时乡村社会自治建设提供服务的。此外，还有费孝通与吴晗等编著的《皇权与绅权》②，该书主要是围绕士绅阶层的作用，以及皇权与绅权、保长与乡约等乡村社会官僚政治体系为研究内容的论文集。但也有一部分学者开始关注乡村社会结构与权力的运作体系，并表明了士绅阶层是作为国家控制地方的延伸形式而存在的。20世纪50年代，受当时史学界"五朵金花"研究思潮的影响，乡村社会组织研究的论著及成果则非常稀少。即便是对乡村社会结构的研究，也往往多是关注它们与社会经济功能相关的控制形式，如梁方仲、韦庆远、左云鹏等③。而左氏在

---

① 陈孔立：《有关移民与移民社会的理论问题》，《厦门大学学报》2000年第2期；徐华炳、奚从清：《理论构建与移民服务并进——中国移民研究30年述评》，《江海学刊》2010年第5期等。

② 吴晗、费孝通：《皇权与绅权》，观察社1948年版，今可见岳麓书社2012年版。

③ 梁方仲：《明代粮长制度》，上海人民出版社1957年版；韦庆远：《明代黄册研究》，中华书局1961年版；左云鹏：《祠堂族长族权的形成及其作用试说》，《历史研究》1964年第5—6期等。

文中认为："对有关基层社会组织运作方式的理解，必须依附于对于皇权政治支配能力的理解之下，比如作为民间重要组织之一的宗族组织，也被解释为国家束缚民众的族权形式，认为族权是造成中国传统社会长期停滞的一环。"无疑，左氏的这篇文章在当时特别具有代表性。

20世纪80年代以后，乡村研究逐渐繁荣，大量著述和论文也不断涌现出来。既有对明清时期里甲、保甲、乡约、农官、渠长等乡村社会制度进一步细化的研究，也有对微观个体进行深化分析，从而得出在同一基层官职中，在不同的地区，它的设置、职能等方面也存在明显的差别①。在乡村社会研究中，区域社会史学也运用了独特的视角，对那些长期扎根于中国乡土社会的宗族、庙会、会馆、乡约、教育、社仓、歇家、农官、义仓等民间组织逐渐成为众多学者们关注的焦点②。21世纪以来，"华南学派"在社会史的研究中充分利用历史人类学等新学术领域的研究理论和方法，而且在研究视野方面做出了卓有成效的探索工作，并取得了一系列

---

① 刘伟：《明代里甲制度初探》，《华中师范学院学报》1982年第3期；李晓路：《明代里甲制度研究》，《华东师范学院学报》1983年第1期；唐文基：《试论明代里甲制度》，《社会科学战线》1981年第4期；李文治：《明代宗法制的体现及其在基层政权中的作用》，《中国经济史研究》1988年第1期；王昊：《明代乡里组织初探》，《明史研究》第1辑，黄山书社1991年版；孙海泉：《清代保甲组织结构分析》，《河北学刊》1992年第3期；孙海泉：《论清代由里甲到保甲的演变》，《中国史研究》1994年第2期；周绍泉：《徽州文书所见明末清初的粮长、里长和老人》，《中国史研究》1998年第1期；栾成显：《论明代甲首户》，《中国史研究》1999年第1期；栾成显：《明代里甲编制原则与图保划分》，《史学集刊》1997年第4期；赵中男：《试论明代的老人制度》，《东北师范大学学报》1987年第3期；王昊：《明代乡、都、图、里及其关系考辨》，《史学集刊》1991年第1期；夏维中、崔秀红：《明代乡村地域单位的主要类型及其作用考述》，《江苏社会科学》2002年第2期；王勇：《中国古代农官制度》，中国三峡出版社2009年版；刘志伟：《在国家与社会之间——明清广东里甲赋役制度研究》，中山大学出版社1997年版；郑振满：《明清福建沿海农田水利制度与乡族组织》，《中国社会经济史研究》1987年第4期等。

② 傅衣凌：《中国传统社会——多元的结构》，《中国社会经济史研究》1998年第3期；徐晓望：《试论明清时期官府和宗族的相互关系》，《厦门大学学报》1985年第3期；王日根：《明清基层社会管理组织系统论纲》，《清史研究》1997年第2期；李治安：《唐宋元明清中央与地方关系研究》，南开大学出版社1996年版；梁希哲、孟昭信：《明清政治制度述论》，吉林大学出版社1993年版；李治安、杜家骥：《中国古代官僚政治——古代行政管理及官僚病剖析》，中国人民大学出版社1994年版；王崇峻：《维风导俗——民代中后期的社会变迁与乡约制度》，台北文史哲出版社2002年版；谢继昌：《水利与社会文化之适应——蓝城村的例子》，"中央"研究院：《民族学研究所集刊》第36期，1973年10月；胡铁球：《明清歇家研究》，上海古籍出版社2015年版。

有影响力的研究成果①。

西方学者对中国乡村社会与国家的研究由来已久。较早对此问题进行深入探讨的应首推德国学者马克斯·韦伯《儒教与道教》，他特别强调了中国乡村社会中的氏族、宗族以及村社的高度自治性和国家官僚体系的有限性问题②。英、美等学者在对中国乡村社会研究多集中在中国县以下的地方组织，如里甲、保甲、乡约、水利、义仓、社仓、农官及社学和义学等，也取得了丰富的研究成果③。

除欧美学者对中国乡村社会研究比较深入以外，日本学者对这方面探讨的过程中，所选择的区域和空间个体则更为微观，甚至有的学者已经关注到了某人的日常生活空间。如稻田清一对清末江南乡村地主柳兆薰的日常生活空间范围与结构深入分析后认为，中国乡村社会不可能纯粹是由村落或宗族及其他某种特定组织组成的，而是从人们本身的特殊条件出发相继地进行着诸多团体间的协调工作，并得出人们的活动空间确实受到了行政区划严重影响的结论④。进入 20 世纪 80 年代以后，"共同体"理论和"士绅论"开始被日本历史学界广泛的接受，其研究重心也逐步由社会上

① 以华南学派为主体，由生活·读书·新知三联书店出版的"历史·田野"丛书目前已经出版了 9 部，分别为赵世瑜：《小历史与大历史：区域社会史的理念、方法与实践》，2006 年版；黄国信：《区与界：清代湘粤赣界邻地区食盐专卖研究》，2006 年版；黄志繁：《"贼""民"之间：12—18 世纪赣南地域社会》，2006 年版；张应强：《木材之流动：清代清水江下游地区的市场、权力与社会》，2006 年版；连瑞枝：《隐藏的祖先：妙香国的传说与社会》，2007 年版；黄海妍：《在城市与乡村之间：清代以来广州合族祠研究》，2008 年版；温春来：《从"异域"到"旧疆"：宋至清贵州西北部地区的制度、开发与认同》，2008 年版；郑锐达：《移民、户籍与宗族：清代至民国期间江西袁州府地区研究》，2009 年版；郑振满：《乡族与国家：多元视野中的闽台传统社会》，2009 年版。

② ［德］马克斯·韦伯：《儒教与道教》，洪天福译，江苏人民出版社 1997 年版，第 110页。

③ ［美］萧公权：《中国农村：十九世纪帝国政权对人民的控制》，华盛顿大学出版社 1960年版；［英］莫里斯·弗里德曼：《中国东南的宗族组织》，刘晓春译，王铭铭校，上海人民出版社 2000 年版；［美］施坚雅：《中国农村的市场与社会结构》，史建云、徐秀丽译，虞和平校，中国社会科学出版社 1998 年版；［美］黄宗智：《华北的小农经济与社会变迁》，中华书局 2000年版；《清代的法律、社会与文化：民法的表达与实践》，上海书店出版社 2007 年版；［美］杜赞奇：《文化、权力与国家——1900—1942 年的华北农村》，王福明译，江苏人民出版社 1996 年版；［美］李怀印：《华北村治——晚清和民国时期的国家与乡村》，中华书局 2008 年版等。

④ ［日］稻田清一：《清末江南——乡村地主生活空间的范围与结构》，《中国历史地理论丛》1996 年第 2 期。

层转移到了下层，即地方乡村社会，并取得了一些相当不错的研究成果①。无疑，这些研究对本书写作也具有重要的启发意义。近几年来，渡边信一郎编《中国古代的王权与天下秩序：从日中比较史的视角出发》，对中日关于国家与地方社会的研究进行了详细的比较②；森正夫等编《明清时代史的基本问题》，共收录了 21 篇最新研究成果，其中明清农业社会、明清村落组织机构、清代地缘社会等方面是其论述的重点内容，对中日史学界的一些传统观点和看法提出质疑，并对一些常见问题以新角度做出了新的探索③。

根据上面国内外关于中国乡村社会的研究成果来看，其特点主要表现在以下三个方面：一是乡村社会中的"官治"和"民治"以及二者之间的动态关系是研究者关注的首要问题。二是研究区域的不平衡性。通过上面的研究成果梳理，可知其研究区域多集中在明清时期的江南、华北及西南的四川盆地等区域，而这些地区与移民社会的联系较少，所以此研究中，国家并不存在着对这些区域乡村社会的消融关系；三是研究时段多集中在唐宋、明清及民国，尤其是明清和民国时期，而其他时段的研究则较为薄弱，这可能与现存史料有关。尽管如此，对这些著述和论文对本书的研究视野和写作方法上都具有重要的借鉴意义。

三 新疆社会史的研究

关于运用历史社会地理视野对新疆地区移民社会的研究，目前还没有学者涉及，因此，只能对有关社会史或民族学角度的研究状况做一简要概括。新疆社会史方面的研究，应该首推俄国早期在新疆游历的政客或学者写的几本兼有游记性质的著述，如《喀什噶尔》《长城以外的中

---

① ［日］森正夫：《〈寇变记〉的世界》，《森正夫明清史论集》第 3 卷，汲古书院 2006 年版；［日］丰岛静英：《中国西北部水利共同体》，《历史学研究》第 201 号，1956 年；［日］岸本美绪：《明清交替と江南社会——17 世纪中国秩序问题》，东京大学出版会 1999 年版；［日］菊池秀明：《清代中国南部の社会变容と太平天国》，汲古书院 2008 年版；［日］山田贤：《移民的秩序：四川地域社会史研究》，中央编译出版社 2011 年版。

② ［日］渡边信一郎：《中国古代的王权与天下秩序：从日中比较史的视角出发》，徐冲译，中华书局 2008 年版。

③ ［日］森正夫等：《明清时代史的基本问题》，周绍泉译，商务印书馆 2013 年版。

国西部地区》^① 等。而自 20 世纪 50—60 年代以来，日本学者佐口透《18—19 世纪新疆社会史研究》^②，对 18—19 世纪的新疆社会做了较为系统的研究，但其主要侧重于南疆地区的乡村社会，但对于国家政权与乡村社会之间的关系问题并没有进行探讨。这三部著述的共同点就是针对当时的社会事实进行了粗略的整理，缺乏对存在的社会事实做深入的分析和探讨。几十年来，中国学者对新疆的研究多集中于经济史、移民史或政治史的角度^③。马大正对中国古代中央政府治理边疆政策和边疆控制进行了探讨，但主要还是运用政治史的角度，而对于社会史的内容并没有较多的涉及^④。近十余年来，就屯田与生态环境的关系问题也逐渐引起部分学者的注意^⑤。但研究中所运用的理论与方法并没有脱离以往研究的窠臼，只是对一定问题提出了新的看法或运用一个新的研究视野而已，其运用新资料也相对有限。刘超建《异地互动：自然灾害驱动下的移民——以 1761—1781 年天山北路东部与河西地区为例》^⑥ 仅仅以移民作为切入点，就自然灾害对天山北路东部地区与甘肃河西地区移民所形成的区域互动关系进行了初步的探讨，认为自然灾害在移民过程中所起到了重要的驱动作用。

目前来看，一般认为属于新疆社会史著作的有薛宗正《中国新疆古代社会生活史》、王培华《元明清华北西北水利三论》、黄达远、吴轶群《多重视角下的边疆研究：18 世纪至 20 世纪初叶的新疆区域社会史考

---

① ［俄］A. H. 库洛帕特金：《喀什噶尔》，新疆大学外语系俄语教研室译，新疆人民出版社 1983 年版；罗·维·鲍戈亚联夫斯基：《长城外的中国西部地区》，中国社会科学院近代史研究所翻译室译，商务印书馆 1980 年版。

② ［日］佐口透：《18—19 世纪新疆社会史研究》，凌颂纯译，商务印书馆 1982 年版。

③ 蔡家艺：《清代新疆社会经济史纲》，人民出版社 2006 年版；赵俪生：《古代西北屯田开发史》，甘肃文化出版社 1997 年版；方英楷：《新疆屯垦史》，新疆青少年出版社 1989 年版；赵予征：《丝绸之路屯垦研究》，新疆人民出版社 1996 年版；王希隆：《清代西北屯田研究》，兰州大学出版社 1990 年版；王毓铨：《中国屯垦史》，农业出版社 1990 年版；成崇德：《清代西部开发》，山西古籍出版社 2000 年版；华立：《清代新疆农业开发史》，黑龙江教育出版社 1995 年版。

④ 马大正：《中国古代的边疆政策与边疆治理》，《西域研究》2002 年第 4 期。

⑤ 刘翠溶、范毅军：《试从环境史角度检讨清代新疆的屯田》，《中国社会历史评论》第 8 辑，天津古籍出版社 2007 年版；张莉：《从环境史角度看乾隆年间天山北麓的农业开发》，《清史研究》2010 年第 1 期；刘超建：《从清代新疆屯垦政策的角度谈屯田与生态环境的关系——以天山北路东部地区屯垦为中心》，《干旱区地理》2015 年第 2 期。

⑥ 刘超建：《异地互动：自然灾害驱动下的移民——以 1761—1781 年天山北路东部与河西地区为例》，《中国历史地理论丛》2013 年第 4 期。

察》、贾建飞《清乾嘉道时期新疆的内地移民社会》、田澍、何玉红《西北边疆社会研究》① 等为数不多的几部著述。薛宗正主要对历史时期新疆各族人民的物质生产和文化生活等社会方面进行了较为细致的研究；王培华对西北地区，包括伊犁及乌鲁木齐地区的清代分水制度、水利纠纷、水利思想与用水理论进行了较为详细的分析，并就当时新疆社会情况做了相关的探讨；黄达远、吴轶群则通过对清代新疆的行政制度、城市的发展与变迁、人口迁移及清与民国时期新疆区域文化四个方面的研究和梳理，对该时期新疆社会史的不同角度给予了反映；贾建飞则主要是通过对乾、嘉、道时期内地流动人口进行研究，借以就该时期所形成的移民社会中的婚姻、性犯罪、经济生活及内地文化在新疆传播等诸多方面进行了较为深入的剖析；田澍等则主要是对西北边疆地区的政治、经济、文化及社会等方面加以探讨，但对新疆社会研究涉及不多。以上 5 部著述的共同特点就是只对本区域内所存在的社会事实进行了描述和简单的分析，但就国家对该地区的控制和消融及二者之间的互动等方面没有涉及。

近几年来，学者们发表了一些从不同学科视野下关照新疆社会研究的相关论文，如龙开义《清末民初新疆汉族移民宗教信仰研究》，认为 1884 年新疆建省以后，地方政府对汉族移民的社会控制方式，是一方面积极重建官方祀典，另一方面也积极鼓励引导民间社会的宗教信仰。通过移植内地的宗教信仰模式，使他们虽身处异域但并没有离开家乡很远的感觉，以表达对故乡之恋，并减轻思念家乡的痛苦，使他们更安心稳边定边②。实际上这也是政府所采取的移植与模拟的方式，加强了对移民社会的控制与消融的一种手段。此外，沙彦奋对伊犁回族社会的重构；赖洪波对伊犁移民开发及历史意义等方面进行了不同程度的探讨③。

---

① 薛宗正：《中国新疆古代社会生活史》，新疆人民出版社 1999 年版；王培华：《元明清华北西北水利三论》，商务印书馆 2009 年版；黄达远、吴轶群：《多重视角下的边疆研究：18 世纪至 20 世纪初叶的新疆区域社会史考察》，民族出版社 2009 年版；贾建飞：《清乾嘉道时期新疆的内地移民社会》，社会科学文献出版社 2012 年版；田澍、何玉红主编：《西北边疆社会研究》，中国社会科学出版社 2009 年版。

② 龙开义：《清末民初新疆汉族移民宗教研究》，《北方民族大学学报》2011 年第 6 期。

③ 沙彦奋：《新疆伊犁回族社会关系重构研究》，《青海民族研究》2012 年第 2 期；赖洪波：《论清代伊犁多民族移民开发及其历史意义》，《伊犁师范学院学报》2010 年第 4 期。

概言之，经过史学界几十年的努力和探索，关于新疆社会研究也具有了一定的学术积淀，而且有关基层社会方面的研究也渐次展开。当然，相对于华南、华北，甚至西南地区而言，还存在明显的不足。史料挖掘方面，在既有官方与地方志等文献的基础上，还需要加大对民间文献、档案资料，甚至是口述史料的收集、整理、利用和研究。就研究视野和方法上，对如何利用历史社会地理研究视野及解读官方和民间史料也需要进一步的摸索。如对为数不多的族谱、大户记载，关于乡村社会中婚姻关系的档案资料等，除进行文本解读以外，还需要将它们放在生产过程和族群生存的场景中去加以验证与理解，并且亲自要进入历史发生的村落及社会环境中，将自己融入所研究区域内居民生活中去。只有这样，才能够对所研究的民间基层组织和秩序运作做进一步的深化研究。

第三节　几个主旨概念的说明和界定

一　历史社会地理和移民社会

（一）历史社会地理

"历史社会地理是研究历史时期各地人群的形成，分布及其变迁，研究地理因素对社会文化现象的影响，具体研究内容应包括历史时期社区及社会现象的地理研究。后者包括人群研究、风俗地理和社会变迁等。"① 作为历史地理学的一个重要分支，历史社会地理的研究内容也是相当广泛的，并且与社会史研究也有很大的契合性。因此，王振忠认为："社会史更注重对基层社会的研究，是受到了人类学学者的启迪。"然而近数十年来，地理学研究也逐渐加强了对人文社会因素的重视（亦可以称为社会地理），这与社会史研究趋向是不谋而合的。据此可以认为社会地理是人文地理学的重要组成部分。同样，历史人文地理也自然不能缺少对人本身的研究。历史社会地理研究历史时期各种人群（社会集团）的区域分布，分析比较人类类型及其形成过程。人群的地理分布，人群的形成、发展及社会文化环境的关系，人群的特征和心理差别等都是历史社会地理研究的

---

① 王振忠：《历史社会地理研究刍议》，《中国历史地理论丛》2005 年第 4 期。

重要内容①。

　　本书的研究时段和区域为晚清民国时期乌鲁木齐地区。民族众多，人口来源多区域化是该区域主要的人文地理环境；而地广人稀，土地充足，相对于当时的水利技术落后而言，则表现为水资源的不足，这是本区域内自然地理环境的重要特征。正是在这样特殊的自然和人文环境中造就了具有本区域特征的人群。鉴于本书研究的实际情况，力求在历史社会地理视野下，针对本区乡村社会秩序的构建和运转、水利纠纷和社会内部的互动秩序、环境与社会秩序的建构这三个专题方面展开深入细致的探讨，以求对该时期国家政权和移民社会之间的关系及社会面貌进行较为全面的反映。

　　（二）移民社会

　　可以说自人类社会诞生以来，由于受到自然灾害、地理环境的变迁等多种因素的影响，为了更好地生存及适应环境变化，人类的流动，即移民在整个世界范围内则成为非常普遍的现象。以至于我们今天人口的分布都是人类在这个时空中不断进行长期移动的结果，所以，移民社会的研究越来越成为学者们关注的焦点。上文已说，"移民、移民社会、移民理论将是移民问题研究的三个基本范畴"，作为基本范畴之一的移民社会，其定义也有不少学者进行探讨，不过现在较为流行的说法有广义和狭义之分："广义是指凡有较多外来移民的社会都称之为移民社会；狭义是指那些以外来移民为主要成分的社会，它是一个过渡形态的社会，逐渐从移民社会转化为定居社会或土著社会。"② 根据定义并结合晚清民国时期乌鲁木齐地区人口构成的实际情况，其应属于狭义移民社会的范畴，而且还属于典型的移民社会，因为其具有移民社会的三个主要特征③与特别复杂的社会结构。

---

① 王振忠：《社会史研究与社会历史地理》，《复旦学报》1997 年第 1 期。

② 陈孔立：《有关移民和移民社会的理论问题》，《厦门大学学报》2000 年第 2 期。

③ 第一，外来移民为主，而不是以当地原有住民为主体；第二，移民自己组成一个社会，与当地住民有联系，但在较长时期内不混同；第三，经过若干年代，当移民的后裔取代移民成为社会的主体，移民社会的主要特征发生变化以后，移民社会就转化为定居社会，原有移民就不复存在了。（陈孔立：《有关移民和移民社会的理论问题》，《厦门大学学报》2000 年第 2 期）

1. 移民人口结构

对于移民人口结构，我们首先应该说明族别构成。统一之初，天山南北两路总人口仅为 25 万人左右①，其中南疆人口为 22 万余人②，北疆仅存数万人。这样的人口分布格局，自然不能满足新疆经济、政治和军事的需要，清政府不得不对人口分布格局重新进行整合。当时清政府移民主要采取了两条途径，一是疆内的整合，把一部分维吾尔族迁徙到伊犁地区开垦耕种，发展北疆地区的农业；二是积极鼓励内地民众迁移，乌鲁木齐地区主要采取第二种途径。实行了兵屯、遣屯、商屯、民屯、回屯等屯垦形式。多种屯垦并举，其中民屯具有重要的地位。至乾隆四十六年（1781），仅安置民屯达 10454 户，约 52250 人③。从迁出地域来看，甘肃河西地区达 9319 余户，约 46500 余人，占 89%④；霍维洮等也认为："天山北路东部地区的移民主要以河西地区为主，其比例大概占到总人口的80% 左右。"⑤ 其中以汉族为最，其次为回族、满族。同治、光绪年间的持续动乱，乌鲁木齐地区人口丧失严重。"寇乱以来，满、汉官兵八千人无一存者。……乌垣附近，亦多水草。自经兵燹，并就荒芜。即间有二三客民力事耕作，亦不过垦数十亩，食物三五人而已。通境合计尚不足十分之一。"⑥ 收复新疆后，解决劳动力的缺乏，以恢复农业发展则是首要任务，为此政府采取了多种措施来弥补劳动力的不足。至宣统元年（1908），迪化府共有 23813 户，100256 人⑦，主要为汉、回、维吾尔、满等民族（参见表 1—1）。

---

① 齐清顺：《1759—1949 年新疆多民族分布格局的形成》，新疆人民出版社 2010 年版，第39 页。

② 苗普生：《清代维吾尔族人口考述》，《新疆社会科学》1988 年第 1 期。

③ 华立：《清代新疆农业开发史》，黑龙江教育出版社 1995 年版，第 61—64 页。

④ 同上书，根据其数据计算。其原因可以参见刘超建《异地互动：自然灾害驱动下的移民——以 1761—1781 年天山北路东部与河西地区为例》，《中国历史地理论丛》2013 年第 4 期。

⑤ 霍维洮、胡铁球：《近代西北少数民族社会变迁》，宁夏人民出版社 2009 年版，第 167—171 页。

⑥ 《平定陕甘回匪方略》卷 305，光绪二十二年（1896）活字印本。

⑦ 此数字仅包括迪化、昌吉、阜康、孚远、奇台、绥来及呼图壁分县人口（袁大化、王树枏等：《新疆图志》卷 1，东方学会 1923 年铅印本）。

表1—1 　　　　　　　　　　光绪年间乌鲁木齐地区各县人口统计①

民族 人口 县名	维吾尔① （人数）	汉族 （人数）	回族 （人数）	其他民族 （人数）	性别比例
迪化县 （今乌鲁木齐）	男：6200 女：3000 总：9200	男：10200 女：5690 总：15890	男：5488 女：2800 总：8288		190：100
阜康县 （今阜康市）	男：449 女：273 总：722	男：1310 女：1120 总：2430	男：653 女：487 总：1140		128：100
孚远县 （今吉木萨尔县）	男：525 女：463 总：988	男：4501 女：2598 总：7099	男：777 女：737 总：1514		153：100
奇台县	700 余 （170 余户）	12318 （3435 户）	1700 （500 余户）	满族 1847	
昌吉县②	男：123 女：84 总：207	男：3111 女：2221 总：5332	男：1520 女：1211 总：2731		135：100
绥来县 （今玛纳斯县）	男：792 女：435 总：1227	男：8003 女：5819 总：13822	男：938 女：545 总：1483		143：100
总计	13044	56891	16856	1847	

说明：①各乡土志书中的"回"即指维吾尔族；②此据《昌吉县乡土图志》所载。另《昌吉县乡土志》所载与此有所不同，为维吾尔族 105 户，汉族 951 户，回族 544 户。

其次，移民人口来源多区域化也是人口结构中非常重要的特征。根据表1—1 统计，截至宣统三年（1911），乌鲁木齐地区居住的汉、回、维吾尔及满族共 88638 人。从迁出地来看，与战乱前相比，人口来源方面存在一些明显的差异性。汉族来源的区域则更为广泛，由以前以陕、甘为主，则呈现出移民来源多区域化特征。

---

① 齐清顺：《1759—1949 年新疆多民族分布格局的形成》，新疆人民出版社 2010 年版，第 194 页，略有改动，其性别比例一项是新增加的。

汉人以湘籍为最多。因左宗棠所率皆湘军，后皆在新疆落户；其次为云南、甘肃、陕西、四川、山西、直隶省民；他省之人，则甚为寥寥。其中从事商业者多天津及山西之人，从事农业者多陕西、甘肃；四川人多兼营农、商二业，官吏则以湘、陕、甘籍者为多；①官吏中湘籍人数量占优，所以新疆有"小湖南"之称②。

笔者在乾德县（今乌鲁木齐市米东区）三道坝镇的头道坝、二道坝、三道坝、四道坝与湖南村做田野调查时，村民的祖辈大都是跟随左宗棠进疆的官兵，现居民中湖南籍约占90%以上，其中以湖南湘乡人为主。并且仍然保留了他们传统的饮食文化，水稻仍是主要的种植作物，大片的稻田随处可见（附录图2）。遣犯多是以直隶、四川、山东、山西、河南、陕西、甘肃7省免死减等人犯为主。随着社会的稳定，商业逐渐繁荣起来。乌鲁木齐成为新疆最大的商业中心，京津八大帮在此都设有分号。奇台由于地理位置优越，也成为商业重镇，素有"走趟古城子，挣得白银子"之谚，号称"小北京"。绥来县城则（今玛纳斯县）处于乌、伊交通要道上，也是重要的商业城镇之一。"金奇台，银绥来"，也说明了其商业繁荣的程度，而在此经商的多是天津人和山西人。他们除了经商外，还投资于蔬菜和粮食的种植，被称为"商屯"。总之，乌鲁木齐地区汉族来源于内地各省区皆有，多区域性特征十分明显，如阜康县汉族农户，"十八行省皆有，而北五省人为较多"③；绥来县人户，"关内迁居者有之，关外各处迁居者亦有之"④；还有一个重要的变化就是维吾尔族迁移于此，并成为该区主要居住民族之一。

最后，移民社会人口中的性别比例也是我们应该重视的。"性别比"是指被统计人口的男性人数与女性人数之比，通常用每一百个女性人口相对应的

①　华企云：《新疆问题》，甘肃省图书馆西北文献室藏（油印本），编号：681.561852，第8页。

②　陈志良：《新疆民族与礼俗》，文通书局1946年版，第10页。

③　（清）巨国柱：《阜康县乡土志·人类》，中国社会科学院中国边疆史地中心编：《新疆乡土志稿》，全国图书馆文献缩微复制中心1990年版，第30页。

④　（清）杨存蔚：《绥来县乡土志·人类》，中国社会科学院中国边疆史地中心编：《新疆乡土志稿》，全国图书馆文献缩微复制中心1990年版，第136页。

男性人口数来表示。它是反映人口性别构成的主要指标之一,① 是用来反映地区或国家人口的性别结构是否合理或协调的重要指标。当然,性别结构除了性别比之外,还包括男女人口的年龄结构、教育程度等多个要素。但方志的记载能给我们提供性别比资料已经是实属不易,那么我们根据表1—1 统计,对晚清民国时期乌鲁木齐地区人口"性别比"问题略作说明。

除奇台县无法计算外,我们把迪化、阜康、孚远、昌吉及绥来5 县性别比例对比,迪化县最高,男女比达到190∶100,阜康县最低也达到了128∶100,明显高于正常的比值范围。即使到新中国成立初期,男女比例严重失调的情况虽有所改变,但仍然存在。如绥来县长胜乡(乐土驿)赵家庄、东罐子地、文家庄、下庄子、焦家庄五个自然村,共有居民176户,903 口。其中男486,女417,性别比为117∶100,远远大于正常的比值范围②。这也反映了乌鲁木齐地区作为重要的移民区域,拥有大量的青壮年劳动力,致使男性人口远多于女性,也符合历史上移民社会的实际情况,但却带来了严重的社会问题。其重要问题之一就是较多的男性无法找到固定的配偶,尤其是社会底层的贫穷男性,有的不得不终生过着单身生活,如乌鲁木齐二工区八戽村在土改时仅有四户汉族,其中三户是光棍③。

家庭是社会的基本细胞,关系到社会稳定和发展。性别单一化,造成人口男女性别的失衡,使很多男子的婚姻问题得不到解决。女子过少,便造成了女子早嫁,彩礼攀高,④ 甚至使得有些男性达到了谈婚色变的程度。由此造成社会上的犯奸、通奸、强奸、鸡奸等一系列的案件层出不穷,成为影响社会稳定的主要因素。在有的城中小巷,夜晚专设逻卒,以禁淫奔。诸屯则日暮以后,驱逐外来男子,谓之"搜墙子"。⑤ 乾隆和嘉庆年间,仅根据军机处录副奏折和宫中档朱批中,涉及的犯奸案件共有

① 《中国大百科全书》第25 册,中国大百科全书出版社1993 年版,第257 页。

② 《北疆农村调查》,中共中央新疆分局宣传部印,1953 年,第1—2 页。

③ 郝鹏贵:《迪化二工见闻》,《新市区文史资料》第1 辑,1999 年,第18 页。

④ 高乐才:《近代中国东北移民研究》,商务印书馆2010 年版,第174 页。

⑤ (清)纪昀:《乌鲁木齐杂诗》,王希隆编:《新疆文献四种辑注考述》,甘肃文化出版社1995 年版,第172 页。

116 件，其中鸡奸（同性恋）44 件[①]。其当事人大多处于社会的底层，如佣工、矿工、剃头匠、鞋匠、裁缝、修脚匠等。性别比例严重失调，给男子择偶造成了很大的困难，以至于在地方文献中很多关于夺寡、抢醮行为的记载，尽管粗暴且触犯禁律，但多数系出于无奈，是男多女少、室女难聘所致[②]。

2. 移民与政府之间的关系

移民社会结构是十分复杂的，主要包括移民与原居民的关系、不同来源的移民之间的关系、移民与政府之间的关系、移民与祖籍地之间的关系等[③]。因此，作为一个初涉者，研究该时段乌鲁木齐地区社会将是一个非常困难的课题。鉴于目前笔者研究该问题的驾驭能力和史料限制，本书只对移民与政府之间关系中的乡村社会政权的构建与运转、水利纠纷与社会内部互动关系以及环境与社会秩序的构建三个方面做主要研究，对其他方面将不做重点涉及。并在历史社会地理视野下对该区域乡村社会进行较为初步的探讨和研究，以期能够起到一个铺路者的作用。

一般来说，在移民社会研究中，还是绕不开移民与原居民、移民与移民之间的关系问题。也就是说，任何一个社会都属于混合型，移民社会更是如此。移民与原居民之间（或称为土客之间）也存在相融和相斥的关系，在政治、经济、民俗、文化意识上也有所体现。但就本书研究区域的人口而言，除上面所归纳的几个结构特点以外，值得说明的是，由于同治、光绪年间持续十四年的战乱，原有居民已十不存一。易言之，即收复后的乌鲁木齐地区人口，至少 90% 都是移民，即移民占有非常大的比重。尽管如此，本书中关于移民与原居民之间的关系也会有所体现，如民国时期的屯垦队与当地居民之间争水争地事件等。但也由于目前资料限制，移民与原居民之间有时也不能够截然区分，因此，对于二者的关系，将不会有较多的涉及。

---

① 贾建飞：《清乾嘉道时期新疆的内地移民社会》，社会科学文献出版社 2012 年版，第 139 页。

② 郭松义：《清代婚姻关系的变化与特点》，《中国社会科学院研究生院学报》2000 年第 2 期。

③ 陈孔立：《有关移民和移民社会的理论问题》，《厦门大学学报》2000 年第 2 期。

二 研究区域：乌鲁木齐地区

本书研究区域所指的乌鲁木齐地区，即晚清时期的迪化州及古城营所辖区域。该区地处孔道，西北可达塔尔巴哈台和伊犁，南至吐鲁番可达阿克苏、喀什噶尔等地区，东南可达哈密地区。且该区良好的植被和比较充足的水源，也养育了肥沃的土地，成为清代新疆移民的主要安置区域。因此，无论自然环境还是人文环境，都体现出了独有的特征。

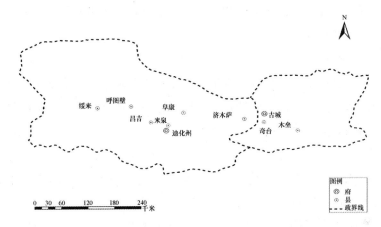

图1—1 晚清时期天山北路东部乌鲁木齐地区（即迪化州和古城营）

资料来源：谭其骧主编：《中国历史地图集》第 8 册，清时期（1852），中国地图出版社 1982 年版。

（一）人文环境

新疆建省后，于乌鲁木齐地区设置了迪化府和古城营，后行政区划虽有变动，但就所管辖的区域来看，基本上也保留了相对的稳定性。具有地理学上行政界限的特点，"客观存在性、人为性、普遍持久性和等级的特性。一般而言，高层政区所搭界政区越多，周边环境越复杂"[1]。该地区南与东疆的哈密、吐鲁番，北与外蒙古相接，西与塔城地区相连，并且民族众多，移民来源多区域化，这就决定了该区人文与自然环境的复杂性和多元化。

迪化州设于乾隆三十八年（1773），隶属于巴里坤道管辖。同年设乌

---

[1] 侯甬坚：《区域历史地理的空间发展过程》，陕西人民教育出版社 1995 年版，第124—128 页。

鲁木齐都统，驻扎于巩宁城。都统下辖镇迪道，所属"镇西府一及宜禾、奇台县二，直隶迪化州一及昌吉、绥来、阜康县三，吐鲁番同知一，库尔喀喇乌苏、精河、喀喇巴尔噶逊粮员三"①。光绪十一年（1885）九月，升迪化直隶州为迪化府，"增设迪化县，为附郭首县。第二年，清廷批准新设迪化府及迪化县，迪化及旧设昌吉、绥来、阜康、奇台五县，从奇台县于古城迁巡检于旧治"②。民国二年（1913）三月，撤销迪化府建置，由迪化县管理城乡钱粮民刑诸事。在州下较早设置了迪化县、昌吉县、奇台县、绥来县等，其区域大致相当于今天的乌鲁木齐市和昌吉回族自治州及沙湾县东部地区。

（二）自然环境

首先是热量条件。乌鲁木齐地区位于天山北坡东部，准噶尔盆地东南缘，众多河流交汇所形成的冲积扇平原上，属于典型的中温带大陆性气候区。太阳辐射强，日照时间长，光照资源十分丰富。高于10℃的积温可达2500—2700℃③。无霜期约180天。且昼夜温差较大，积温的有效性高。日照优势和温差大的特点，对于农作物光合作用有机物积累十分有利，促使农作物产量较高。

其次是水利条件。中温带大陆性气候和地势特征，决定了该区降水较为稀少。北部平原区年降水量大概在180—210毫米，且多集中于6—9月，适于经营旱地农业，雪水灌溉是农业发展的必要条件。地势条件使得该地区冬季漫长、严寒，但积雪相对深厚和稳定，因而能够保证有充足的雪水，"沿界尽是冰山，固阴沍寒，盛暑不尽消化，故南山水源六道，四时不绝"④。从东部的木垒到西部的玛纳斯和沙湾，形成了众多的河流，如济木萨尔河、白杨河、乌鲁木齐河、头屯河、塔西河、玛纳斯河、罗克伦河等。准噶尔盆地和天山有着明显的相对高度差，使河水流速增大，而且还能够渗入地下，形成了丰富的地下水库。

---

① （清）和宁：《三州辑略》卷2，成文出版社1968年版。

② （清）袁大化、王树枏等：《新疆图志》卷1，东方学会1923年铅印本。

③ 新疆维吾尔自治区概况编写组：《新疆维吾尔自治区概况》，民族出版社2009年版，第3页。

④ 《孚远县乡土志·水》，中国社会科学院中国边疆史地中心编：《新疆乡土志稿》，全国图书馆文献缩微复制中心1990年版，第47页。

最后，土壤条件也是非常重要的自然环境因素之一。该区域地表有良好的原始植被。树叶和草木经过长期腐化，提高了地表土壤的肥沃程度。经过农业开垦后，就能成为肥沃的农田，为多种作物种植提供良好的生长条件。

总之，充足的热量、丰富的水源及肥沃的土地，为农业垦殖，提供了得天独厚的自然条件。

三 研究时段：1821—1949 年

本书的研究时段之所以选择在 1821—1949 年间，主要是基于两个方面的原因：一是该时段乌鲁木齐地区社会处于变动的频繁期。道光、咸丰年间，和卓后裔不断在南疆叛乱，并时常波及乌鲁木齐地区；同治三年至光绪四年（1864—1878）全疆持续十四年的社会动乱；光绪十年（1884）新疆建省，政区重新进行了整合；宣统三年（1911），清朝灭亡；次年民国成立，但直到民国三十三年（1944）前，新疆经历了杨增新、金树仁与盛世才三大军阀统治。民国政府接管新疆后，出现了三区革命。总之，在这近 130 余年间，动乱和战争持续不断。由于政局频繁变动，经济、教育、乡村社会制度等方面受到了严重影响；二是该时期历史资料相对较为丰富，能够支撑本书研究的需要。清代乌鲁木齐地区，文化相对较为落后，历史资料严重缺乏。但 1821—1949 年，留下了相对较多的方志、乡土志、地方档案及民间文献等。而且距离现在时期也较近，通过田野调查可以收集和整理较为丰富的民间资料和口述史料，这些都是本书研究所必不可少的基层资料。

四 "界"与"互动"及水利共同体
（一）"界"与"互动"

以往我们对互动问题的研究多集中于交界地区，如像北方农牧交错带①、鄂豫陕、闽粤赣、云贵川等省际交界区。还有的涉及四省交界区，

---

① 李智君：《边塞农牧文化的历史互动与地域分野——河陇历史文化地理研究》，博士学位论文，复旦大学，2005 年；李大海：《政区变动与地方社会构建关系研究——以明清民国时期陕西地区为中心》，博士学位论文，陕西师范大学，2009 年；冯玉新：《界域变动与地方社会——以明清民国时期黄河上游农牧交错带为中心》，博士学位论文，陕西师范大学，2011 年。

如直豫晋鲁四省交界地区①等。交界地区的互动研究已经成为一个热点。相对而言,对同一个地区内的互动性关注度仍然不够。虽然大部分的学者认为交界地区,由于行政层级不同,其在政治、经济、文化、风俗、民族等方面存在明显差别,并具有各自特点。这种差异性和特点的存在,相对容易发生互动关系,这是不容置疑的。但是在同一行政区内,即使在微观个体上,这种差异性也是无处不在的。其次,即使在同一行政区以内,也存在所谓地缘、业缘、血缘,甚至心理之"界"。而且这种"界"有时在一个小区域内的影响是非常深厚的,以至于今天还是根深蒂固的。对各小行政区内部人群而言,双方都会恪守着彼此之界,从而就会造成在一个行政区之内,由于各小行政区或者"心理行政区"的存在,相对应地在政治、经济、军事、水利、交通等诸方面产生许多矛盾、纠纷,甚至冲突,而这些都是在一些所谓"交界"区的空间特征所产生的。

因此,本书通过对天山北路乌鲁木齐地区的"田野调查",来探讨区域内各因素的地域互动机制,包括县际、村际行政边界、自然边界,甚至心理边界,因何产生互动、如何互动、互动所造成的后果以及在互动过程中有哪些因素能够起作用,从而对该地区国家政权与移民乡村社会的互动关系进行探讨和研究。

(二) 水利共同体

"共同体"的概念,较早的是德国社会学家滕尼斯于19世纪80年代在《共同体与社会》②中提出的。而至20世纪30年代,日本学者大肆宣扬"共同体"的概念,其主要目的是为军国主义侵略服务,以满足其宣扬"大东亚共荣圈"的军事需要。而钞晓鸿则认为"除了民族、国家这样的大共同体外,还有所谓的小共同体——一般是指农村具有高度认同感的内聚性团体,其具体形态多样,水利共同体即是其一"③。而"水利共同体"理

---

① 程森:《明清民国时期直豫晋鲁交界地区地域互动关系研究》,博士学位论文,陕西师范大学,2011年。

② [德]滕尼斯(Ferdinand Tonnies)在《共同体与社会》一书中率先提出来的,也有的学者将其翻译为"社区",滕尼斯用这个词表示一种具有共同价值观念的同质人口所组成的关系亲密,守望相助,存在一种富有人情味的社会关系的社会团体,人们加入这种团体,并不是根据自己意愿的选择,而是因为他们生长在这个团体内。

③ 钞晓鸿:《灌溉、环境与水利共同体》,《中国社会科学》2006年第4期。

论最早却是由日本学者清水盛光在中国水利组织的开山之作中提出来的①。根据其"水利共同体"所包含各种因素和理论，再来看本书研究区域内的用水情况，与其在较大程度上有契合之处。于分水制度中，除要考虑"水利共同体"所提出的地、夫因素以外，还要参照耕地与灌溉渠的距离问题，共同体内各方势力的大小等。下面根据文献资料和档案来举一个例子加以分析其影响因素。如发源于迪化县西南乌可克达坂的水西沟，在其下游的头道口、二道口、三道口和四道口分别开挖了长胜渠、太平渠、永丰渠和公胜渠。而这四渠共有公胜中渠、公胜下渠、乱山子渠、小渠、永丰东渠、永丰西渠、太平渠七个村庄，从而由同渠组成一个水利共同体。渠的开口大小（坪口或分水口）也由灌溉面积的不同而决定，公胜渠共灌溉 3145 亩，其坪口为 7 尺 5 寸；永丰渠灌田 2932 亩，坪口为 4 尺；太平渠灌田 6417 亩，坪口为两丈②；并且每年春秋两季对沟渠的疏浚，也是按照它们的灌田面积进行夫役的分配；此外，公胜渠与永丰渠灌溉耕地面积相差不多，但其坪口相差较大，其原因就是永丰渠在其上游。

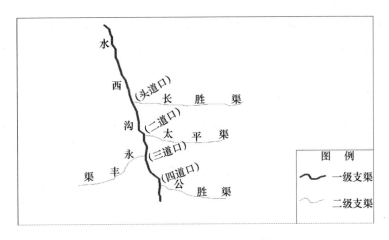

图1—2 水西沟下游水利共同体灌溉渠示意图

① Mark Elvin（伊懋可）. Introduction, Edited by Mark Elvin, etc. *Japanese Studies on the History of Water Control in China: A Selected Bibliography, the Institute of Advanced Studies.* Australian National University Canberra, With Centre for East Asian Cultural Studies for Unesco the Toyo Bunko, Tokyo, 1994. pp. 3–35；[美] 杜赞奇：《文化、权力与国家——1900—1942 年的华北农村》，王福明译，江苏人民出版社 1995 年版，第 195—196 页。

② 吴廷燮：《新疆大记补编》卷 3、卷 5。

第四节　研究史料、方法、基本思路与框架结构

一　史料与方法

近几年来，契合社会史"眼光向下"的学术理路和趋势，关注基层社会、关注普通民众成为一种潮流①。因此，能够反映乡村社会生活的大量民间文献及口述史料、档案等资料逐渐受到学者们的重视，并且被进一步地挖掘和利用。当然，新史料对历史研究能够取得突破的作用也是不言而喻的。同样的道理，中国乡村社会研究的逐步深入，也必须和乡土文献及口述史料的大量收集、挖掘与利用密不可分，对于移民社会研究更是如此。毫无疑问，我们在以往区域社会史研究中，主要则是利用官方文献、方志及上层社会人士的私人记述等，如政书、文集、日记、家训、族谱，因为我们总认为这些史料具有较高的权威性和说服力。但采用这样的文献，显然也存在一些明显弊端。正如有学者指出的那样："在一定程度上，这种国家控制与地方自治的二元对立的范式可归因于如下事实：早期研究者对地方自治的研究，主要是建立在传统史料之上的，这些资料主要有官方文献，方志和私人著述。"② 那么，这样来看，我们在其他学科视野下研究国家政权与乡村社会关系时，所得出的"控制论"及"国家与绅士"共同对乡村的治理的观点，与所利用的史料，特别是官方和社会上层所记载的文献有很大关系。而对于乡村社会的民间史料和口述史料却有所忽略，并没有得到应有的重视，甚至还存在根本没有得以利用的情况。因此，随着大量民间资料的挖掘和利用，其观点也不断受到后来学者的质疑。

基于本书研究的区域和对象，就决定了史料的重点将是以非官方的地方文献、民间资料、县级档案和口述史料为主。也就是说，对乡村社会史料的发掘、整理与解读，将是本书研究的主要史料来源，即口述史料以及地方档案，将是本书重要的史料支撑。为了本书的研究，笔者曾多次对乌

---

① 吴琦：《明清地方力量与地方社会·总序》，中国社会科学出版社2009年版。
② ［美］李怀印：《华北村治——晚清至民国时期的国家与乡村》，中华书局2008年版，第11页。

鲁木齐市和昌吉回族自治州的所属县市做了长时间的田野调查，所收集的资料主要包括民间回忆录、少量族谱、民间地契、村际的水利文书乃至神话传说等口述史料及地方档案等。当然，并不是所有收集的资料都可以利用，但这些民间资料无疑为本书研究提供了丰富的新材料和研究背景，也为历史社会地理视野下对该地区乡村社会研究提供了扎实的史料支撑。

当然，我们在利用资料的过程中，还需要对所收集的各种资料进行认真仔细的鉴别，为此笔者在重视民间资料收集的过程中，并没有忽视上层官方文献和地方志的记载。易言之，就是对同一个问题，要做到官方记载和民间资料的对比和鉴别，然后笔者再将史料放到发生的历史背景与活的乡村现实环境中去加以实践与验证。所以，不仅要将所收集的民间资料和官方文献记载相互验证，而且还要对这两种资料，采用不同的研究思路，并要把这两者能够很好地结合起来，这样才能对研究区域乡村社会有一个较为完整的理解，才可能对该区域的经济、政治、文化、风俗等社会特征有一个总体性的认识。

在对地方志、官方文献和民间资料进行综合利用的同时，我们还必须要面临一个对史料如何解读的问题。记得导师在给我们上课时曾经说过："作为历史学者，对史料的解读，我们应该尽量以接近历史事实为原则，来恢复或者还原历史本来的面貌，而不应该掺杂著者的主观意识。"晚清时期的迪化府及古城营，其地方志和官方文献相对不多。同时由于编撰者文化水平的限制等多方面原因，也存在一些人为作伪的记载，幸运的是，史料所描述或反映的历史事件的发生时间相对较近，有些记载只要通过田野调查，就可以对一些相关文献进行验证，从而达到对史料进行辨伪的目的：

（对于史料）光做到辨伪还不够，必须由此深入下去，进而揭示作伪的动机。只要资料有作伪的可能，作伪的后果必有难言之隐值得进一步分析，可见，证明了他是伪造的，任务才完成了一半①。

---

① ［法］马克·布洛赫：《为历史学辩护》，张和声、程郁译，中国人民大学出版社2006年版，第80页。

前面已经说过，本书研究的时间段距离现在较近，对于方志或官方文献的记载，往往利用田野调查的方法可以得到验证。因此本书研究采用了文献分析和实地调查相结合的方法，将各种历史文献去放到它所产生的历史环境中去进行验证和解读，这样常常也会收到意想不到的效果。对这些具有"草根"气息的移民社会研究，如再仅仅利用"书斋式"史学的研究方法，很难取得我们所要达到的研究效果。

笔者于2012年暑假参加了美国匹兹堡大学、陕西师范大学和西北大学等十五所大学联合进行"黄土高原水资源可持续利用"的田野调查活动，再一次感受了田野调查的魅力，也学到了以前未曾掌握的调查方法。2010年至2013年，笔者在乌鲁木齐市和昌吉回族自治州做了多次的田野调查，收集了比较丰富的民间文献资料。尽管自己独立做了几次田野调查，但不得不承认，还不能够真正理解人类学的含义。"学习人类学，最主要的不是要背诵什么方法论的准则，而是要逐步形成一种洞察力，使自己能够在遥远的地方敏感观察各种文化中生活方式及其暗含意义的重要性。"① 当然，像王铭铭教授所说的这种洞察力，并不是一朝一夕我们所能培养出来并能够掌握的。尽管现在笔者还不敢奢求自己具备这样的"洞察力"，但也不得不承认，如果我们经常进行田野调查和参与调查，那么对于较为深刻地理解文献来说还是颇有帮助的。而对于如何在田野调查中解读史料，杨国安有一个非常朴素的比喻："研究鱼儿，仅仅在实验室解剖和观察是远远不够的，必须到鱼儿生活的水域中去观察，才能获得对鱼儿生活习性的完整理解。对史料的解读也是如此，只有在史料产生的环境中去阅读史料，方能体会深刻。"②

二　基本思路与框架结构

本书研究所选择的区域是乌鲁木齐市、昌吉回族自治州及沙湾县东部地区。在区域面积来看，近九万余平方公里，但相对于中国这样一个疆域辽阔的国家来说，仍是微不足道的。其所具有的特点而言，却具有典型

---

① 王铭铭：《人类学是什么》，北京大学出版社2002年版，第61页。
② 杨国安：《国家权力与民间秩序：多元视野下的明清两湖乡村社会史研究》，武汉大学出版社2012年版，第27页。

性。自然环境差别很大，人口结构复杂多样，经济发展也呈现出明显的区域不平衡性。正是在这样的区域内，以往历史学者的研究，多是强调其统一性，却忽略了各个小区域之间的差异性。然而近几十年来，随着区域社会研究的兴起，在史学界逐渐重视区域史研究的同时，却对国家层面的存在有所忽略，这样就给人一种历史研究所具有的"碎片化"[①] 之嫌。本书研究的立足点是一个特定区域和时段，但是我们在研究区域的同时，也不得不兼顾"国家"这个整体的存在。所以，我们在研究地方的同时，要求将二者要做到统筹和兼顾。汪荣祖先生的"国家史与地方史"观点论述也可以给区域史研究以很大的启示：

> 地方史包含某时某地的社会经济结构与日常生活，固然有其特殊性，然也必须在整体的格局中来观察，故不能不注意中央与地方之间在史观上的循环互动关系。国史从地方史入手，基础才能稳固；而地方史又须从国史的大格局中去理解，才有意义。这两方面互动关系的厘清，当有助于国史的重新组合；因此欲扩大视野，求国史之再整合，以丰富国史的内容，自须加强地方史研究，少数民族的历史也是地方史的一部分；地方史既为国史之一部分，国史从地方史入手，才有稳固的基础。地方资料、色彩、观点很可能对国史里重要事件提出不同的看法与解释，并挑战或修正以常见或任何意识形态为主的中央史观[②]。

由上面的论述可知，我们在进行区域社会史研究的同时，绝对不能够脱离整体史观理论的指导。因此，我们在强调"眼光向下"的乡村社会考察和研究的过程中，要努力学习和吸收历史人类学、社会学、统计学、管理学等相关学科对于地方性知识研究所提供的正能量。而且我们还应该将地方社会看成一个整体进行综合性研究，要力争做到"既有官方的渗

---

① 关于这方面的情况，夏明方教授在 2012 年中国首届"环境史与人类文明"博士生论坛（南开大学）上曾比喻为：现在的历史研究，有像"捡垃圾"之嫌。法国学者弗郎索瓦·多斯对此也有详细的论述，《碎片化的历史学——从〈年鉴〉到"新史学"》，马胜利译，北京大学出版社 2008 年版。

② 汪荣祖：《史学九章》，生活·读书·新知三联书店 2006 年版，第 109—117 页。

透，又有民间的根底；既有文人书面文化，也有从民俗文化中产生的社会价值观和群体规范。他们相互作用、相互渗透，呈现为总体的构架"①。

当然，关于国家政权与移民社会关系研究要素比较繁多，但限于研究区域和史料的限制，本书选取了移民社会与政府之间关系中的社会基层组织体系的构建与运转，水利纠纷和社会内部互动关系，环境与社会秩序的构建三个方面作为主要的研究内容。一般来说，对于一个移民社会的认识，首先我们要关注其基层政权的建设，其次对本区域内重要事件给予分析，最后不断深入社会内部的问题进行探究。即从表象到本质、由粗到细不断深入的认识过程。那么以上三个专题方面的研究，也符合这样的社会认识规律。试图从历史社会地理视野之下，对国家政权与移民社会的动态关系做一个较为系统的探究。对这三个主要方面而言，在研究内容上虽各有侧重，但其主题都是围绕国家政权与移民乡村社会的关系进行的，体现出国家试图对移民社会进行控制和消融，来维护社会秩序的长久稳定作为研究的主线，同时对二者所产生的复杂的互动关系展开不同层面的探讨。其框架结构除绪论和结语外，主要有以下三个方面：

（一）移植与模拟：移民乡村社会组织体系的构建与运转

晚清民国乌鲁木齐地区属于典型的"移民型"社会。从以往的研究来看，对移民型社会的研究大多集中于移民过程及人口迁移、地区开发的影响②等方面，而对于该区域的教育③、乡村社会行政体制的设置④、民团等问题，虽有所涉及，但大部分采取了叙述性质的描述，而没有上升到理论分析的高度来加以提炼和概括。当然也不可能将乡村社会组织体系的构建与运转和国家政权之间的互动关系联系起来。

在中国乡村社会研究中，乡村政权组织无疑是一个特别值得探讨的重要问题。更何况本书所研究区域属于边疆地区的乡村社会，乡村政权组织与内地相比，是一个从无到有不断移植与模拟的过程。但在这个特殊的区

---

① 杨国安：《国家权力与民间秩序：多元视野下的明清两湖乡村社会史研究》，武汉大学出版社 2012 年版，第 29 页。

② 张国雄：《明清时期的两湖移民》，陕西教育出版社 1995 年版。

③ 马文华：《新疆教育史稿》，新疆教育出版社 2006 年版。

④ 石向焘：《民国时期新疆基层政权研究》，硕士学位论文，新疆大学，2008 年；杨艳喜：《民国时期新疆乡约制度研究》，硕士学位论文，新疆大学，2011 年等。

域，却保留了自己独有的特征，进而政府试图对这些特征不断进行消融，意图达到该区域的乡村社会管理与内地整齐划一。并且政府在移植和模拟的过程中，也结合本地区的一些特点和需要，做了相应的变动，从而使边疆内地化取得了一定成功，对于保持新疆与内地的紧密联系起到了重要的作用。

本部分的主要内容包括从里甲制到保甲制的转变；乡约、农官、水利等基层官员的设置及其职责；民团在乡村秩序的构建与运转中的作用；教育、交通以及清政府由军台、营塘向驿站的转变，从而实现了从军控到民控；连接政府与乡村的纽带——大户和宗族研究等几个方面。也就是说，晚清至民国，政府对乡村社会秩序构建采取了"软、硬"两种措施，以维护乌鲁木齐地区乡村社会秩序稳定。

（二）水利纠纷与社会内部互动秩序

晚清民国乌鲁木齐地区的水资源相对较为丰富，但对于农业发展来说，由于水利工程技术及用水理念等方面比较落后，导致了水资源利用较为粗放，致使水资源还处于相对不足的状态。清至民国时期，乌鲁木齐地区是新疆主要的农业区及军粮供应基地，所以灌溉渠道、分水闸、坪口、海子等水利设施的建设和维护，在农业发展中就显得尤为重要。为了更好地使水资源在农业发展中发挥作用，地方政府设置了"水利"、渠正、渠长等负责水利事务的乡村管理人员，以便使当地水资源得到合理的分配，从而实现最好的经济效益和维护乡村社会秩序的稳定。

本部分也是全书中比较重要的一个部分，因为水资源在该区乡村社会中占有非常重要的地位。乌鲁木齐地区短缺的不是耕地，而是水资源，素有"有水则成田园，无水则为荒漠"之谚。所以，在乡村社会中，共同体的形成是以水为纽带，而不是耕地。本部分主要从以下几个方面来说明这个问题：历史时期新疆水资源开发的时空特征；分水制度及社会内部互动秩序，基本上是以地方用水秩序为中心，作为本部分的上篇。下篇是以国家与地方争水个案分析为中心，主要包括争水原因及在争水过程中民众的无奈表现，水利共同体内部的用水矛盾，区域互动中的争水个案分析等内容。

（三）环境与社会秩序的构建

乌鲁木齐地区属于典型的移民社会，移民人口来源及结构对社会秩序构建和稳定运行均有着重要影响。移民来源区域多元化，民户流动也更为频繁。汉、回、维吾尔及哈萨克构成了该地区的主体民族。民族众多，且各阶层的人口十分繁杂，各种遣犯、哥老会、地痞恶霸、宗教极端分子、流匪等灰色群体使该区域社会秩序的稳定存在着严重的隐患。而且以屯垦为主要目的的移民社会还存在一个重要的人口结构问题，就是男女比例的严重失调，从而引发一系列重要的社会问题。人口、环境和社会秩序存在着明显的互动，且这种互动对社会秩序的构建具有重要作用，尤其在婚姻方面则表现得更为突出，所以本部分主要是以婚姻及其相关方面为研究对象。

　　金妇、贞妇和烈女，妇女观的宣扬和转变及转变原因等问题将是本部分上篇研究的重点，其主要依靠清代和民国档案资料，对当时人口结构变化所引起的社会问题进行分析和探讨；本部分下篇主要是对社会环境互动中的婚姻类型、婚姻关系等方面进行研究，尤其社会中所出现的一些赘婚、服役婚、骗婚、买卖婚姻、霸婚等社会问题给予关注，对其所发生的自然和社会原因进行概括和提炼。对于当时女性作为一种稀缺资源，并由此所引起的社会与婚姻问题亦给予高度重视。

第 二 章

移植与模拟（上）：移民社会 组织体系的构建与运转

——以乡村管理体系的设置为中心

乾隆二十四年（1759）勘定新疆，对于新疆治理采取了历朝的治边政策——屯田养边。乾隆二十六至四十六年（1761—1781），在政府的支持下，实行了较大规模地从内地移民至乌鲁木齐地区从事屯垦的浪潮。移民来源区域以陕、甘为主，而尤以甘肃河西地区为多。仅二十余年间，共安置了各地民屯 52250 人，其中来自河西地区达 46500 人，约占 89%[①]。从移民安置区域看，呈现出了明显的阶段性，乾隆二十六年至三十年（1761—1765），主要是以迪化及其附近地区为主，包括昌吉、罗克伦、特讷格尔（阜康）等地；乾隆三十一年至三十七年（1766—1772），安置重心也逐渐向东移至到今天的木垒地区，主要以奇台为中心，向四周逐渐扩散，包括木垒河、东西吉尔玛太、东西噶根、吉布库以及更格尔等地；乾隆四十二年至四十六年（1777—1781），在乌鲁木齐地区进行全面安置的同时，重点充实了乌鲁木齐及其以西的呼图壁和玛纳斯[②]等区域。经过移民几十年的辛勤开垦，该区域已经成为清代新疆重要的农业区和主要的军粮供应基地。由移民所形成的乡村社会已初步形成并逐渐稳定下来。在当时乡村社会采用什么样的治理模式，也是清政府所考虑的主要议题。但

---

① 刘超建：《异地互动：自然灾害驱动下的移民——以 1761—1781 年天山北路东部与甘肃河西地区为例》，《中国历史地理论丛》2013 年第 4 期。

② 华立：《清代新疆农业开发史》，黑龙江教育出版社 1998 年版，第 61—64 页。

总体来看，基本上实行了移植与模拟的方式，把内地的乡村治理政策移植到该区域，且此管理模式不断地消除与内地之间的差异，以求二者日趋统一，以更好地维护西北边疆地区的稳定与安全。

第一节　由主角到配角：里甲制向保甲制转换

里甲制实行于明朝和清朝前期，作为乡村社会重要的职役组织，其主要功能是保证国家赋役的正常征收。按学界通行说法，里甲制在全国普遍推行始于洪武十四年（1381），其渊源我们最早可以追溯到中唐以前的乡官制度。至中唐以后，地方行政体制由郡县两级制发展为州郡县三级制，这是中国行政区划史上的一次重大变革。因此，县级地方官员就成为当时社会最基层的"父母官"，这样就使最初的乡官制度至明朝洪武年间时，逐渐演变成为由百姓轮流充任的职役制度——里甲制①。

学术界普遍认为，里甲制度最早是在江南的湖州和苏州范围内开始实行。洪武三年（1370），里甲的编制已经比较完备了，"黄册、里长、甲首，洪武三年为始。编制小黄册，每百家画为一图，内摊丁力田粮近上者，十名为里长，余十名为甲首，每岁轮流。里长一名，管甲首十名；甲首一名，管人户九名。催办税粮，以十年为一周"②。至洪武十四年（1381），经过不断修订与完善之后，江南地区的里甲制在全国范围内予以推行，其户数最初是以十进制的标准进行编制的。

> 以一百一十户为里。一里之中，推丁粮多者十人为之长，余百户为十甲，甲凡十人。岁役里长一人，甲首十人，管摄一里之事。城中曰坊，近城曰厢，乡都曰里。凡十年一周，先后则以丁粮多寡为次。每里编为一册，册之首总为一图。其里中鳏寡孤独不任役者，则带管

① 徐茂明：《江南士绅与江南社会（1368—1911）》，商务印书馆2006年版，第105—106页。
② （明）解缙等辑：《永乐大典》卷2277《湖州府三》，第1册，中华书局1986年版，第886页。

于百一十户之外,而列于图后,名曰畸零①。

里甲制于江南地区推行和实施之初,里长、甲首大多是由里甲编制内的乡民进行推选而产生的,皆被编为官府"正役",并给予备案和签发委任书,任期一般为十年。它的主要职责则是催征钱粮、维护社会秩序、负责地方治安、编制黄册、调节民间纠纷、教化乡民、劝督农桑和传播农业技术等方面,以此减轻地方官府行政管理的压力。但至明朝末年,随着土地兼并和商品经济的发展,里甲制度的弊端却日益显露,并逐渐成为乡村社会经济发展的桎梏。更为严重的是,由于里长和甲长在乡民中处于出力不讨好的境地,因此很多地区出现里长、甲长无人愿意充任的情况。因此,里、甲长也由以前的选举制转变为轮充制。明清更替,里甲制在乡村社会中得以沿用,仍是乡村社会中的主要管理制度。但随着康熙年间"'滋生人丁,永不加赋和摊丁入亩'的政策实施后,丁税劳役俱免,人们不再需要以逃亡和隐匿的办法逃避丁银"②,这样就使里甲制失去了存在的社会基础,乾隆三十七年(1772),清朝政府不得不宣布"永停编审"。③

里甲制度在新疆实行的时间,目前从考古资料来看,可以追溯至唐朝时期的高昌地区以及东部的横截、高宁等县。"县以下分乡、里。郡县及军府的曹司和职官,以及乡设啬夫,全部承袭汉晋以来的制度。"④ 这条考古资料的记载中所说的乡、里,可能与唐朝的乡官相似,与明清的里甲制应该有很大的不同。自乾隆二十四年(1759)以来,乌鲁木齐地区实行的是州县制,行政上隶属于甘肃省管辖,乡村社会政权实行的是里甲制。较早的史料是乾隆三十一年(1766)吴达善的奏折,于屯内"每里应选里长、渠长、约保,以专责成,以资钤束"⑤。可以窥见,"里"在当时天山北路东部各民屯中应有设置。但至乾隆三十七年(1772),里甲制

---

① 《明太祖实录》卷135,上海书店1984年版,第2143—2144页。

② 郑天挺主编:《清史》上册,天津人民出版社1989年版,第375—376页。

③ 栾成显:《明代黄册研究》,中国社会科学出版社1998年版,第126页。

④ 新疆社会科学院考古研究所编:《新疆考古三十年》,新疆人民出版社1983年版,第36页。

⑤ 中国历史第一档案馆:《乾隆年间徙民屯垦新疆史料》,《历史档案》2002年第3期。

在全国予以废除，逐渐被保甲制度所代替。而保甲制度在新疆却出现于乾隆三十二年（1767）闰七月，乌鲁木齐办事大臣温福奏请："将人犯刑满为民者，照内地户民之例编立保甲进行管理。"可见，里甲制和保甲制在天山北路东部地区实行只差了一年时间，这可以说明里甲制和保甲制经历了一段共存期。从二者职责来看，里长主要催粮纳税和编制黄册，多是从事出力不讨好的工作；而保长则主要维护地方治安和调解民间纠纷，为村民服务，因此保长威信远远超过里长，以至于后期出现了里长无人充任的状况。可以说，正是里甲制的日趋弱化催生了保甲制。乾隆三十七年（1772）后，里甲制的职责也逐渐被保甲制所取代。但在社会实际实践中，里甲制在屯区中仍然残存，并没有立即废止。

乾隆时期在全国范围内推行保甲制的主要目的是加强对人民的控制，维护地方社会治安与稳定等。从其演变的过程看，保甲制是肇端于秦朝的什伍连坐法，保甲的名称最早出现于北宋王安石推行的保甲法，是一种寓兵于农的社会组织。保甲制在乌鲁木齐地区全面推行应该于乾隆四十九年（1784）以后。是年，乌鲁木齐都统海禄奏请清廷批准："按照内地制度，编保甲、设牌头、甲长、保长，按户制门牌，立户口。"清廷批准再到全面实施还需要一定时间。建省以后，随着人口增加，聚落恢复，保甲制在乌鲁木齐地区又得以重新建制。至民国时期，盛世才为了迎合南京国民政府，在乡村社会也极力推行保甲。其所推行的保甲制与清代保甲制具有很大程度上的相似性，即便是连坐性质仍然得以保留。现将昌吉县所发生的一个案例摘录如下，以作旁证：

> 为今创案挺，该县回、维族户民索（所）称，具呈回、维族寺为口角生衅纠害命，恩准做主，以儆凶恶事。情因元庄杂工凯家有水（水稻地）半户，租与杨老三叔侄杨生玉耕种。民国二十四年至二十五年，叔侄纠扭，持刀行凶。经昌吉公安局理讼，有案可稽。后叔侄成仇，伊侄另居。杨老三夜内窝留匪类聚赌，吸大烟，明敌邻左均不知情。至二十六年十月，伊杨老三将猪、麦卖数十余石，银两被伊侄杨生玉借贷，不遂，陡起行凶。于十一月二十九日，天未明，将伊叔用斧砍伤，伊叔头角毙命。代（带）着金沙、官票避走。苦害左右邻居不得安生。现今，伊压好人，伊命案未结。诈害好人回、维族，

知情呈报督办。座前电请做主，调查办凶匪，在元庄二工隍田种地，将来发展互营人命，后来陷害好人，民等感鸿慈无既矣，等情①。

此案例中可以看出，当时杨生玉犯罪潜逃后，在他未归案前，其邻居受到了牵连，迫使他们的生活不得安宁。后来经检举，将杨生玉拿获后，邻里才得以恢复原有的生活秩序，保甲连坐的性质表现得十分明显。1946年1月23日，乾德县在三道坝召开了乡长、镇长、保长和甲长大会，要求严格按照民国三十年（1941）国民党颁布的《各县编查保甲户口条例》的规定："保甲之编组，以户为单位，户设户长，十户为甲，甲设甲长，十甲为保，保设保长，实行各户相互监视和相互告发的连坐法以及实行各项强迫劳役办法。"②迪化县二工村当时建立的保甲连坐法，即"一甲内有一户犯事，那一甲各户要负连带责任。刑事犯如跑了，要由其他九户找人"③。保甲制在新疆实行的时间来看，可以分为三个阶段，从推行到新疆建省前为第一阶段；第二阶段是建省后至民国三十二年（1943），保甲制虽然存在，但其主要职能被乡约制所代替；第三阶段则是在民国三十三年（1944）以后，盛世才为了迎合国民政府，在全疆废除了刚刚建立的区、村制，恢复保甲制。新中国成立后，才予以废除。

乾隆四十六年（1781），清政府停止了向天山北路东部乌鲁木齐地区的政策性移民，但人口仍不断增加，基层社会的各项制度亟需建立和完善。乾隆四十九年（1784）四月，乌鲁木齐都统海禄奏请"按照内地制度，编保甲，设牌头、甲长、保长，按户制门牌，立户口"。即是说，地方官员也要求按照内地的治理模式，在辖区内普遍推行保甲制度，以加强对基层社会的控制和治理。就目前资料来看，还不能对该期新疆保甲制的实行情况做详细的探讨。但可以肯定的是，在移植内地保甲制模式的过程中，政府会根据本区域聚落分散的实际情况，做出相应的变动。

同治、光绪年间持续十三年的战乱使清政府在新疆原有的统治秩序几

---

①　新疆边防督办公署训令字第 1240 号（民国二十六年十二月二十八日），昌吉市档案馆藏，档案号：J1—10—22。

②　李惠兴：《乾德历史上的宪政保甲法》，《米泉文史》第 3 辑，1992 年，第 162 页。

③　刘振新：《二工轶事》，《新市区文史资料》第 1 辑，1999 年，第 14 页。

乎崩溃，乡村社会政权已不复存在。乌鲁木齐地区的人口损失也尤为严重，以至于收复后农业经济的恢复受到劳动力严重缺乏的制约。政府采取了汰勇归农、鼓励内地民户出关承垦、助垦人犯携眷实边及本地人户迁移整合等多种措施，以弥补劳动力的不足，恢复农业经济。由于优惠的屯垦政策，吸引了大量的人口来此屯垦，很快村落得以重建，农业逐渐恢复并发展起来，地方官员就保甲制也得以重新实施。如光绪二十二年（1896），奇台县知县朱煐就"捐廉百余金，倡修平山书院，并设保甲、练团勇，士民深德之"①。护理甘肃新疆巡抚魏光焘奏："伊犁为新疆重地，经画宜周，现在整顿营伍，修理水渠，兴办屯田，联络保甲，推广义学，修建城署，修正卡伦，清理交涉，或次第推行，或同时并举，认真办理，总期裨益边疆。"② 可见，收复新疆后，保甲制在地方官员的重视之下，逐渐得到恢复并得以完善。战乱中杀害保长、甲长的情况，也引起中央政府的重视③。

光绪十一年（1885），新疆地区基层社会政权发生了一次重大的改革，就是废除伯克制，改为乡约制，乡约制在全疆各地得以实行。保甲制在乌鲁木齐地区仍然存在，但保长、甲长的很多职责逐渐被乡约制所取代。保长、甲长在社会中的地位也越来越轻微，但并没有退出新疆历史的舞台。

民国二十三年（1934），盛世才主新，对乡村行政管理体制进行了较大改革，废除农官、乡约旧制，代之以区、镇、保、甲制。但民国三十一年（1942），已经严重弱化的保甲制又被重新推行。其原因是国民政府的倡导和盛世才政治趋向的转变。南京国民政府 20 世纪 30 年代倡导并强制在全国推行保甲制度，由于新疆的实际情况，并没有得到实施。

国民党于 20 世纪 30 年代初大力推行保甲制，并对其寄予很高的期望，但实际上却收效甚微。原因就在于已经成为历史陈迹的保甲制在乡村

---

① （清）杨方炽：《奇台县乡土志·政绩录》，中国社会科学院中国边疆史地中心编：《新疆乡土志稿》，全国图书馆文献缩微复制中心 1990 年版，第 59 页。

② 《清实录》卷 285，第 55 册，中华书局 1986 年版，第 794 页。

③ 《镇迪道为整顿保甲以杜游枭匪危害百姓事札吐鲁番厅文》，中国边疆史地研究中心、新疆维吾尔自治区档案局编：《清代新疆档案选辑》第 2 册，广西师范大学出版社 2012 年版，第 172 页。

社会制度中存在很多弊端，造成了"一般公正人士多不愿担任保长或甲长，而一般的不肖之徒又多以保长、甲长有利可图，百般专营。所以正人不出，自然是坏人的世界，良好的制度也就变成了剥削人民的工具，因此民众怨声载道"①。正因为如此，"这些乡村的领袖是不愿冒着与乡民们疏远的风险，从事这些出力不讨好的赋税征收的职责，因此，许多人辞职不干，从而留下权力上真空，让'村棍''恶霸'之流来填补"②。尽管如此，但在国民政府的大力推行之下，至民国三十年（1941），全国已有650个县推行了新县制，并编查了保甲制度③。当时的新疆还在盛世才的控制之下，没有完全投靠国民政府。他认为新疆暂时还不能实行新县制，其主要原因是："一是语言文字不同一。新疆各族语言文字不同一，因此对于编查乡（镇）保甲户口工作在文字上不能确切适用，因此编查不能及时；二是地区辽阔居民星散，城镇与乡村的距离，乡村与乡村的距离较远，还有零散居户，因此有各乡（镇）有编查上的不便；三是游牧民族迁徙不定。游牧民族系逐水草而居，在地域上游离不定，区域难以界定；四是固有封建王公、贝子、台吉等传统组织形式，由于行政的习惯，给编查工作带来不便；五是风俗习惯宗教不同，阿訇、毛拉、依玛木、活佛、喇嘛等宗教上的地位，有很浓厚的宗教势力，且一保之中，还有同名者难以分析与稽查。"④尽管存在这样或那样的实际情况，但在1942年夏，由于国际国内形势的变化，盛世才政治趋向发生了转变，由亲苏亲共转向了反苏反共，并投靠了南京国民政府。为了表明自己投靠国民政府的诚意，他迅速废除了乡村社会中刚刚建立的区、村长制，并大力推行保甲制。

在新疆推行保甲制度的过程中，由于存在诸多不利因素，省政府也没有完全照搬国民政府的《县各级组织纲要》方案，而是根据新疆各地区的实际情况，另行草拟和编查乡（镇）保甲户口实施办法和程序。笔者在玛纳斯县档案馆查到一份当时关于保甲组织的抄件。我们通过这个抄件

---

① 李宗黄：《现行保甲制度》，中华书局1936年版，第18页。

② ［美］李怀印：《华北村治——晚清和民国时期的国家与乡村》，中华书局2008年版，第23页。

③ 冉绵惠、李慧宇：《民国时期保甲制度研究》，四川大学出版社2005年版，第67页。

④ 张大军：《新疆风暴七十年》，兰溪出版社1980年版，第5241页。

可以对当时该区保长、甲长的产生、组织、职能等方面有一个大概的了解。

　　甲之组织：甲以六户以上至十户，至多不得超过十六户而组成之；

　　甲长之选举：本甲所属户民内择其贤明公正者推选为本甲之长（选举以授条方式）；

　　甲长职务：承乡长、保长令办理本甲一切事宜：（1）户民清查；（2）户民行动；（3）户民迁徙；（4）人口生死；（5）隐匿奸宄；（6）公共卫生。

　　保之组织：每保以六甲以上至多不得超过十六甲而组成一保，保分经济股、教育股、文书股、粮库股、调节股、建设股；

　　1. 经济股：经理本保公有财产，如庙产、会产、公共利益之收入而保管之。办理本保公共事业费用之开支，入不敷出时呈请政府帮助；

　　2. 教育股：设保国民学校一所，分为四班制，用强制教育男女儿童以年满六岁者为入学限龄；

　　3. 文书股：承上启下文书之缮写，业拨拟及档案之保管；

　　4. 粮库股：收集粮秣及本保公有生产之管理与支出；

　　5. 调节股：本保人民发生斗殴或其他纠纷时以公正之排解，否则转送乡公所或县府；

　　6. 建设股：本保公有事业的建筑与修理。（1）桥梁道路；（2）墙垣碉堡；（3）水渠河堤；（4）水井卫生。

　　保长职务：承县长与乡长命令及指示办理本保一切事宜，有监督甲长执行命令之权。

　　保长选举：由本保所属甲长内择其贤明练达者推选为正副保长，呈请县府及乡公所备案并加委①。

---

　　① 关于保甲组织的抄件（民国三十三年十二月二十一日），玛纳斯县档案馆藏，档案号：J2—8—1935。

从这份抄件中,可以看出当时每甲并没有完全按照国民政府十户为一甲的标准建立,而是根据该地区村落居住分散,且村落中民户较少的实际情况,以六户到十六户这样的范围来进行一甲编制,相应的每保也不是以一百户作为标准。对保长、甲长实行选举产生,并对其职能都有具体的规定,应该说还是比较完备的。并编制了《新疆省编查乡(镇)保甲户口实施办法》的小册子,并在各乡村中散发。该区还存在一个较为棘手的问题是哈萨克族居民较多,他们从事游牧经济,居无定所。就哈萨克族保甲制度的实行,并没有留有太多可靠的资料,但在内部实行了保甲制度,应该是可信的。吉木萨尔县档案馆中有一份档案可以证实。

> 具报,近来南山东各游牧区域,时有抢劫牲畜事情发生。初因少数人之不正当行为引起误会,致相猜忌。继则凭凌意气,集体行为,互相报复。为科勒依部、典乃曼丁之对立,可为例证。查社会进步,首在安宁于互助合作之中,始收和平幸福之效。年来各部牧民生活日益改善,文化日益提高,基此原则出发而获致必然之结果。长官张和卓政策之降大感召,乃近来极少数牧民不明斯上,以杀人未成或自夸豪强。该部头目或疏于防范或失于纠正,而被害方又未予张□□□□途径要求解决。致归源日深,仇恨日积,相互报复,牧民无安宁日。此种行动惟卫有政府和平政策,抑具触犯。政府处理危害和平案件办法,第一、二两条之规定,为令其常比续,诚恐小来大往,来影响本省和平以及广大牧民生活之安定。政府组织以来殷于求治,当错节盘根之际,正刮垢磨光之时。除通饬各该补(部)政府剖切晓谕,暨函□□部予以制止外,并抑该口经速各集、各牧乡的保、甲长头目人等,会议和解牧民之间的一切悬案①。

民国时期,哈萨克族仍然保留了游牧经济的生活方式,因此其居住习惯与农耕为主业的汉、回、维吾尔等民族存在较大的差异,"哈萨克以游

---

① 省政府训令制止游牧纠纷及根绝盗匪由(民国三十四年十月二十六日),吉木萨尔县档案馆藏,档案号:J2—22—3。

牧为主，逐水草，住穹庐，与蒙古同"①。但他们也保留了古老的基层社会组织形式——以血缘关系为主而形成的"阿吾勒"（牧村）。阿吾勒大小不等，有的只有3—5家，也有多达10家或者更多一些。这种组织形式的存在也为保甲制在牧区推行提供了良好的条件。总之，该时期的乌鲁木齐地区，无论是游牧区还是农耕区，保甲制度得到了全面推行并加以实施。

民国时期所推行的保甲制度，具有"管、教、养、卫"四项任务，"管"即清查户口，监视居民的言行；"教"即宣传国民党的党化教育；"养"即摊派各种苛捐杂税；"卫"即组织反革命武装②。可见，保甲制是作为一种统治手段而在基层社会中实行的。就其所实行的历史环境而言，有着维护其独裁统治，违背社会制度的一面。但不可否认的是，处于西北边疆的乌鲁木齐地区，在这个特殊的区域中，对维持社会秩序的稳定、地方自治事务的发展以及促使传统封建王公和氏族制度的消失等方面具有较为重要的意义。同时对促进基层社会制度与内地社会制度的整齐划一及边疆内地化也具有一定作用。与此同时也改变了"在中华民国成立以后，新疆与中央政府的关系只有形式而没有什么实际，所以关于新疆的经营反而中断了"③的处境。无论是晚清还是民国，保甲制在乌鲁木齐地区推行和实施的过程中，结合该区的实际情况，与内地的保甲制还是存在一些差别。但在乾隆三十七年（1772）至建省前后保甲制代替了里甲制成为乡村社会主要的管理制度，国民党主新时期更是强化了保甲制。

第二节　由配角到主角：乡约、"水利"和农官

一　乡约

"北宋神宗熙宁九年（1076），陕西蓝田的《吕氏乡约》，是学术界公认的中国历史上第一部成文的乡规民约。"④乡约起初只是一种约定，并

---

① 曾问吾：《中国经营西域史》，商务印书馆1935年版，第579页。
② 冉绵惠、李慧宇：《民国时期保甲制度研究》，四川大学出版社2005年版，第67页。
③ 蒋君章：《新疆经营论》，正中书局1936年版，第41页。
④ 杨建宏：《〈吕氏乡约〉与宋代民间社会控制》，《湖南师范大学学报》2005年第1期。

不是乡村社会管理制度的名称，与官方没有任何的联系。明清时期，乡约被政府开始重视并不断地得到推广，其内涵逐渐发展和日趋完善。嘉靖年间，乡约得以"有正式的规条，几乎成为一整个乡治系统"①。自明清以降，乡约逐渐向官方化形式过渡，大都是在官府的主导之下进行设置并逐渐推行，且逐步形成了一整套完整和成熟的乡村自治制度，对于控制和维护地方社会秩序方面无疑起到了非常重要的作用。

乡约官办后逐步演变为一种基层社会的管理体制。从实行的情况来看，乡约是一种乡村社会自治制度，也是"中国古来昔贤先觉建设乡村的一种理想"②。乡约制不仅在中国，而且在越南、日本、韩国甚至菲律宾等东亚及东南亚国家也不断得到受容③，在"出入相友，守望相助，疾病相扶持"④ 的思想指导下由乡民自发组织起来并制定各种规章制度，用来处理乡村民众之间的各种问题。其宗旨是"凡同约者，德业相劝，过失相规，礼俗相交，患难相恤"⑤。并且每约都设有"约正一人或二人，众推正者、不阿者为之，专注平决赏罚当否"⑥。从演变过程来看，乡约是由最初的一种约定逐渐演变为官方对基层社会进行控制和管理的一种制度。

(一)　乡约在乌鲁木齐地区的实施

乡约制在乌鲁木齐地区实行于何时，并没有确切的史料记载。目前来看，最早的史料是乾隆三十一年（1766）陕甘总督吴达善的奏折。吴达善也是根据内地乡村社会管理的建置方式，奏请在各屯区"每里应选里长、渠长、约保，以专责成，以资钤束"⑦。从这条史料中可以看出，此时乡约在该地区的设置也仅仅是雏形而已，乡村政权主要还是以里甲制为主，乡约仅是其中之一，并不占据主导地位。根据史料记载，乡约也仅限于在各屯区设置，"乌鲁木齐之民凡五种，由内地募往耕种及自塞外认垦

---

① 杨开道：《中国乡约制度》，山东省乡村服务人员训练处印，第20页。

② 同上书，第1页。

③ ［日］殷晓星：《试论乡约在前近代东亚的流通——浅探〈吕氏乡约〉在德川日本的受容》，兰州大学《"反思与重构" 2013 年历史学博士生学术论坛论文集》，第60—76页。

④ 朱铭实：《中国历代乡约》，中国社会出版社2005年版，第3页。

⑤ （元）脱脱等：《宋史》卷340《吕大防传》，中华书局1985年版，第10844页。

⑥ 朱铭实：《中国历代乡约》，中国社会出版社2005年版，第3页。

⑦ 中国第一历史档案馆：《乾隆年间徙民屯垦新疆史料》，《历史档案》2002年第3期。

者，谓之民户；因行贾而认垦者，谓之商户；由军士子弟认垦者，谓之安插户；发往种地为奴当差，年满为民者，谓之遣户。各以户头乡约统之"①，在屯区之外的城乡并没有得到推广和实施。乡约真正在该地区普遍实行并逐渐取代了保甲制而成为乡村社会组织的主要形式之一，则是在新疆建省以后。1942年，盛世才当时为了表示投靠南京国民政府的诚意，于乡村社会中不断强化和推行保甲制，乡约制才逐渐退出新疆的历史舞台。

乡约制在新疆的实施情况，也可以分为三个阶段：第一阶段是新疆统一至建省，其主要职能就是教化乡民和稽查匪类；第二阶段是新疆建省至清政府的灭亡。建省后，全疆与内地一样，实行了整齐划一的行政区划，这也为乡约在全疆推行提供给了良好的政治条件。当然，乡约制在全疆普遍推行主要是针对当时废除南疆地区伯克制度而进行的。段自成认为，乡约制在新疆的推行主要原因有以下几个方面："首先，尽管清政府对伯克制度进行了几次改革，但伯克制度的积弊并未完全根除。晚清时期各级伯克已经成为剥削和压迫当地维吾尔族人民的腐朽势力；其次，是伯克制度不适应新疆改置州县的需要；另外，设置乡约可以为一些伯克解决出路问题，从而减少废除伯克制度的阻力。"② 从新疆普遍推行乡约的原因可知，其普遍推行之时，乡约即被赋予乡村行政管理的职能，"设省之初，巡抚刘锦棠裁撤伯克，改设乡约，听地方官之指挥，以办理地方之公事"③；"新疆自乾隆时平定准回，设大小头目于各城，名为伯克，各有职掌，亦即乡官也。光绪初年，建行省后，改为乡约、保长，犹其意也"④。可见，南疆乡约制并没有经历像内地那样由教化型向行政型转变的过程。乌鲁木齐地区则不同，虽然于乾隆三十一年（1766）已设乡约，并有参与地方行政管理的记载，直到建省后，乡约职能才由教化型向行政管理型的转变，与南疆地区乡约占有同样的社会地位。第三阶段则是从1911—1942年。杨增新担任了民国后主政新疆的第一任都督，他为了使当时政局能够

---

① （清）纪昀：《乌鲁木齐杂记》第二峡，上海著易堂印行，第121页。
② 段自成：《清末民初新疆乡约的特点》，《清史研究》2004年第4期。
③ 杨增新：《补过斋文牍》，甲集上，1921年版，第66页。
④ （清）袁大化、王树枏等：《新疆图志》卷45，东方学会1923年铅印本。

平稳过渡，从上自下基本上沿袭了晚清的整套行政制度，所以乡约制被沿用并保留下来。尽管当时乡约制的弊端已经凸显出来，但杨氏对其只是略加整顿，并没有裁撤的打算。其主要用意则是用乡约来"羁縻城乡居民"，使乡约与乡绅之间能够相互牵制，从而达到依靠乡约来管理乡村社会和维护秩序稳定的目的。金树仁主新时期，治新思想秉承了杨氏的做法，对乡约制没有做出大的改变。尽管当时国民政府颁布了《县组织法》，但乌鲁木齐地区并没有执行，乡村社会中仍保留了乡约旧制。盛世才治新期间，是乡约制由盛走向衰败的时期。盛世才治新的十余年中，乡村社会行政体系的变化颇大。民国二十六年至二十八年（1937—1939），他着手改革乡村社会行政管理系统，并提出了由乡约制逐步向区、村长制度的转变，但并没有获得切实的实施，乡村政权中仍保留了乡约旧制。只是将县划分为几个区，但乡约仍是乡村社会中主要的管理人员之一。

表2—1　　　　　民国二十七年（1938）阜康县政府所属农会、区、区长、乡约姓名①

别区	农会		第一区			第二区			第三区			第四区			第五区			第六区		
职务	理事长	副理事长	区长	头工乡约	兵户乡约	区长	六运乡约	十运乡约	区长	毛药厂乡约	黄土棵乡约	区长	五运乡约	五工棵乡约	区长	西山沟乡约	八户沟乡约	区长	东泉乡约	二道河乡约
姓名	杨建中	张素龄	张仁	陈万仓	彭凤鸣	车忠成	李进吞	丁发元	马有才	马万有	张吉福	白万有	马得福	马贵	曾效植	蓝正明	杜云才	郑锡龄	剿得仁	丁应奎

从表2—1可以看出，区长与乡约并存，成为当时乡村社会的主要行政管理人员。尽管在此期间，乌鲁木齐地区已实行了区长、村长制，并且在省政治干部训练班中内设初级班，开始培训区长、村长。但在乡村社会中，政权名称并没有发生改变，乡约还没有被区、村长所代替，实际上仍保留了乡约旧制。直至民国三十年（1941），在毛泽民的主持下，新疆民政厅颁布了《新疆省区村组织章程》，于各县乡村推行区、村二级行政管

① 阜康县政府所属农会、区、区长、乡约姓名表（民国二十七年四月二十八日），阜康市档案馆藏，档案号：M1—2—787。

理制。《章程》规定县下设区，区下设村。区、村的行政机构分别为区公所和村公所。区设正、副区长，村设村长，由民众选举产生。直1942年底，全省已有50余县实行区、村制，选举了正副区长、村长[1]。国民党掌控新疆后，乡约制最终被彻底废除，成为历史的陈迹。

综上所述，乌鲁木齐地区乡约制与内地存在较大的差异。首先，职能不同，内地乡约以劝化乡人为主，而本区乡约虽然也强调劝化的职能，并将其排在稽查匪类之前。但由于聚落分散、民族复杂，加之地广人稀，所以政府对乡村社会的控制能力相对较为弱小，因此乡约的稽查职能不断被强化。有时其范围还突破了辖区的限制，不仅仅限于内部的"奸宄"，还包括非法越境的外国牧民、逃民及侵略分子。即乡约职能也不仅限于维护本乡内部的社会治安，而重点在于消除外来不安定的因素，确保边疆地区社会的稳定[2]；其次，1912—1942年，新疆一直"游离于"中央政府之外，内地乡约制得以废除的同时，新疆地区却得以继续沿用并持续了三十余年，这在乡约制实行空间上是一个较大的差异；最后，乡约的综合管理职能与内地有明显的区别。除具有劝化乡人、稽查匪类等共同职能外，本区乡约还具有参与水利事务管理、协调官府与乡村之间的各种矛盾、参与对外交涉、处理民间纠纷、监督遣犯等各种职能。

（二）乡约的请辞和公举

晚清民国新疆地区的乡约设置方式来看，学界普遍认同有四种[3]，一是每百户设置一乡约，这是内地设置乡约的普遍方式。但在乌鲁木齐地区，由于民户居住分散，乡约的设置可能是要几个村庄联合起来，共置一乡约。相对于屯垦区来说，百户设置一乡约的情况有可能存在。如乾隆年间，木垒垦区"每百户选立渠长一名，乡约、保正各一名"[4]；但在散居性居住区，则可能是把几个村庄联合起来，公举一乡约，如奇台"西地附近熟地六十余户，旱沟、连水底窝子并计，有庄民十家，熟地三十余

---

① 新疆通志编撰委员会：《新疆通志·民政志》，新疆人民出版社1992年版，第31—32页。

② 段自成：《晚清民初新疆乡约的特点》，《清史研究》2004年第4期。

③ 同上。

④ 中国历史第一档案馆：《乾隆年间徙民屯垦新疆史料》，《历史档案》2002年第3期。

家，归西地乡约管辖"①。二是按渠设置。乌鲁木齐地区地处欧亚大陆的腹地，属于典型的中温带大陆性气候区，干旱少雨是其主要特征。农田灌溉主要依靠天山雪水，往往几村共享一渠，即前文所说的"水利共同体"。这样共享一渠之水农户在农业经济和社会生活中形成了紧密的关系，乡约是按渠设置。"奇台境内共三十二渠，每一渠为一堡，有乡约、农官司之。"② 民国初年，绥来县（今玛纳斯县）有"新胜渠渠正张培发，乡约卢发有"③ 的记载。三是按明设置，这主要是在南疆地区设置的一种方式。明是维吾尔语，即千的意思，按明设置就是按千户设置。四是按乡设置。《镇西厅乡土志》就有按乡设置乡约的记载："东乡一百四十八户，乡约十三名；西乡八十二户，乡约三名；北乡三百九十二户，乡约十七名。"④ 可见，新疆乡约的设置不仅是在南疆地区，即使在北疆以汉、回等民族为主的乌鲁木齐地区，也有较大的灵活性，户数没有像内地那样固定。这就为乡约在该地区的推广和实施提供了良好的条件，也是乡约制持续到 20 世纪 40 年代初的重要原因之一。

本书研究区域的居民主要是以汉、回、维吾尔为主，哈萨克、蒙古、满等民族为辅的地区。乡约多是以公举或保举，由政府加以考察并给予任命、签发谕文的方式产生。并且每届乡约都有规定的任期，一般为 1—2 年。但至民国初年，杨增新对乡约的任期进行了改革，将乡约任期延长到 6 年。"除因案革黜不计外，其平日办公无误，未经人民控告者，至多以六年为限，期满即行更换。"⑤ 任期一满，有的乡约主动请辞或请求更换。如宁夏工乡约马祥玺任期满后，就主动请辞并经过公众选举田百成为下届乡约。现就马祥玺的请辞和政府对田百成的谕文摘录如下：

　　大老爷案下，敬禀者，窃小的自去岁充当乡约迄今一年，期满理

---

① 谢彬：《新疆游记》，商务印书馆 1936 年版，第 323 页。

② （清）袁大化：《抚新纪程》，《中国近代史料丛刊》第 95 种，文海出版社 1967 年版，第 167 页。

③ 杨增新：《补过斋文牍》第 2 册，丁集上，1921 年版。

④ （清）阎绪昌等：《镇西厅乡土志·农》，中国社会科学院中国边疆史地中心编：《新疆乡土志稿》，全国图书馆文献缩微复制中心 1990 年版，第 210 页。

⑤ 杨增新：《补过斋文牍》第 5 册，辛集三，1921 年版。

应更换。今众户民公举得田百成，（田百成）为人勤快，办事可靠，堪以充当乡约，恳求恩施验放。为此禀恩，伏乞。电鉴核夺，示遵谨禀①。

马祥玺充当乡约还是在清末，当时任期为 1—2 年，所以他的请辞，当地政府给予了批准。政府并就田百成进行了考察，认为他符合公众所说"为人勤快，办事可靠"的情况，堪以充当乡约，并给予任命谕文。当然，这种谕文并不同于现在的聘书，充其量就是一张通知，但却代表着一种全新的乡村治理理念和制度设计。与传统的乡地不同，这时的村庄已经被纳入国家行政体系，乡约、村官还是出于村庄，但已经是官方的身份了，其任充需要由政府的正式批示②来确认。这也是乡约等乡村管理人员产生的官方程序。

镇迪道督抚为众户民公举田百成充当乡约给该众户民谕文

谕宁夏工户民田百成，知悉照得本府案，拟该处乡约马祥玺称充当该处乡约也已一年期满，应请更换。经众户民等公举该户民田百成，做事可靠，堪充乡约等情。拟此合行谕。该为此谕，仰该户民遵照充当该处乡约，务将应管一切事宜秉公妥为经理，勿得始勤终怠，致干查究不贷，切切毋为，此谕。右谕宁夏工乡约田百成准此③。

乡约请辞还有另外的一种情况，就是年龄偏大或患有疾病，精力不济，以免延误本辖区的公事，造成不必要的损失而主动请辞，这在地方档案资料中也屡见不鲜。新城乡约高文奎和洋海回族乡约马金昌即是此例：

具恳恩人，新城乡约高文奎，年六十五岁，住新城。为叩乞恩准，

① 中国边疆史地研究中心、新疆维吾尔自治区档案局编：《清代新疆档案选辑》第 1 册，广西师范大学出版社 2012 年版，第 209 页。
② 任吉东：《多元性与一体化：近代华北乡村社会治理》，天津社会科学院出版社 2007 年版，第 145 页。
③ 中国边疆史地研究中心、新疆维吾尔自治区档案局编：《清代新疆档案选辑》第 1 册，广西师范大学出版社 2012 年版，第 245 页。

批行另放饬充事。缘由约民于前府主奎宁,饬放新城乡约,小心办事,莫敢误公。迄今年近七旬,行步艰难,意欲明正归里,以终天年,惟恐有误公事,只得预为禀明。思天勘验殷实谨慎之人,饬令充当新城汉民乡约,以资公务,不致临期有误,是以不揣冒昧。永叩乞仁明大人案下,电请恩准批行,另放勘验饬充,则约民倾感文德于世矣!①

洋海回民乡约,小的马金昌叩禀:大老爷案下,敬禀者,窃小的在洋海充当回民乡约已数年之久,矢勤矢慎,不敢有误。因小的身得患疾,调治不愈,诚恐办公有误,事关非轻,今小的同众公议,另举回民何成举。(何成举)办事可靠,恳恩准其。小的辞退乡约之贡,如蒙恩准,伏候遵行②。

这两个乡约请辞个案中也存在一些问题,其一是两人充当乡约,他们的请辞可能都是在任期未满之时。高文奎在请辞中,仅说明请辞原因,但并没有经过公举或者保举其他人来接替,这不符合当时的请辞惯例,只是希望政府勘验殷实谨慎之人来充当新城乡约,恐怕此中另有隐情。易言之,高文奎的请辞,可能是出于被迫,年龄大只是其中的一个借口而已。就马金昌的请辞中,不仅说明自己充任乡约数年之久,而且他充当乡约已经数届,这说明他在洋海民众中有着较高威信,得到了民众的信任。并就下一届乡约问题,也举行了公众选举,推举何成举为下届乡约,经过了现任乡约推荐的程序。当然,马金昌的请辞得到政府的批准,并就何成举充当乡约,政府也给予下了谕文:

现按洋海民众回民等公举何成举按充乡约,业已批准。此谕在案,并按尔称及病未愈,准其辞退③。

乡约产生还有另外一种情况,就是可能由于户民户数较少,不符合设

---

① 中国边疆史地研究中心、新疆维吾尔自治区档案局编:《清代新疆档案选辑》第3册,广西师范大学出版社2012年版,第77页。

② 中国边疆史地研究中心、新疆维吾尔自治区档案局编:《清代新疆档案选辑》第1册,广西师范大学出版社2012年版,第316页。

③ 同上。

置乡约的条件，但由于其处于交通便利位置或者商业发展中心，往来商旅较多，经常发生口角之事，为维护地方秩序，要求政府设置乡约。像这种情况，政府一般是要求当地民户经过选举或公举一人，报请政府，再由政府对其考核后，予以批准设置与否。当然这种情况并不多见，煤窑沟乡约的产生即是一例。

> 具公禀：煤窑沟员黄金德、李进城、毛嘉朋、张正兴同窑户民张光隆、屈占奎、赵义顺等年籍不一，恳恩做主，府准充放乡约事。缘民等煤窑沟虽户民不多，逐日来往驴骡载煤人民辐辏之区。每有小屑口角之事，非有公正之人从中婉处不能了事，恐生事端。去岁，乡约毛希鹏已经告辞。现今乡约尚未举充，遇事务着甚至时。民等查有陈德福，素行端方，人地熟练，民等不揣冒昧，公举乡约之责，以便地方而安闾阎，为公便诚不负①。

总之，乡约的产生是较为复杂的，并且在不同地区的现实社会实践中存在一些差别。但根据大量的档案资料可以看出，主要是经过乡民选举，且规定"一听民意，县知事不得稍加干涉及授意、强迫"，再由本届乡约的推荐和政府考核后，"经县知事查明，实系公正妥人，方可任命"②。公举之人，如符合事实，则给予任命谕文，这是乡约产生的主要形式。可见，尽管乡约是经民众选举产生，但选任在很大程度上要由地方官员控制。且上级政府还要求地方官员加强对乡约的经常性管理，意图通过乡约来建立官府与民众之间的联系，能够实现对乡村社会秩序的了解与控制。

（三）乡约的职能

关于乡约的职能问题，研究者多有涉及③。但他们仅是对晚清民国时期新疆乡约职能做了粗略的归纳，与内地或其他地区乡约并没有进行对

---

① 中国边疆史地研究中心、新疆维吾尔自治区档案局编：《清代新疆档案选辑》第 1 册，广西师范大学出版社 2012 年版，第 317 页。

② 杨增新：《补过斋文牍》第 5 册，辛集一，《训令各属严禁卖放乡约文》，1921 年版。

③ 段自成：《清末民初新疆乡约的特点》，《清史研究》2004 年第 4 期；杨艳喜：《民国时期新疆乡约制度研究》，硕士学位论文，新疆大学，2011 年；石向焘：《民国时期新疆基层政权研究》，硕士学位论文，新疆大学，2008 年。

比，从而不能反映出不同区域的空间差异性。但总体来看，乌鲁木齐地区与新疆其他区域乡约的职能存在着明显的差别。在某种程度上，乡约的职能转化更接近于内地乡约，但也有所区别，前文已有所述及。乾隆年间各屯区乡约的设置主要有两大功能，"一是劝化乡人；二是稽查匪类。并且陕甘总督吴达善把劝化乡人冠于稽查匪类之前"①。可见，各屯区设置乡约之初，其主要职能还是在于"劝化乡人"。但由于乌鲁木齐地区地广人稀，各屯区相距较远，居民不便聚集。因此，乡约除了在人口相对集中的屯区给绿营兵丁和八旗子弟讲读圣谕外，而对于居住分散的居民，乡约则很难实际履行其职能。由于自然和人文环境的影响，稽查匪类则成为乡约的主要职能之一。

建省后，刘锦棠为了恢复因战争而被破坏的农业经济，实行了大规模的遣犯助垦政策，短时期内大量的遣犯来此屯垦。安插到不同屯区的遣犯也由原来屯兵改为乡约进行管理和监督。"由地方官酌量多少，随处安插，交乡约领保。"②但这主要涉及屯区的汉、回族乡约。此外乡约还有催缴赋税、强化生产活动和参与其他社会管理职能，这在很多史料中可以得到验证。镇西厅乡约"藉资催科，互相劝诫。一切水利种植，必取责焉"③。到了民国初年，昌吉县是"由乡约派令由昌吉来省粮车，回头拉炭，以供县署之用"④。绥来县的乡约、渠正和农官共同管理水利事宜，当地新顺渠改用水轮木槽，县知事"传同区（渠）正、农、约等查勘研究"，以了解是否与地势相宜。新胜渠被洪水冲坏后，乡约卢发有等联名禀报，要求修渠。知县传集农约估计修渠费用，并由政府借款五千两，"传集农约等书立借约两份，分别存贮备案"⑤。可以窥见，由于本地区特殊的自然和人文环境乡约最初的教化职能不断被弱化，但参与乡村社会的行政管理职能却不断得以加强，就其参与程度及影响力来看，即使内地乡约也是难以企及的。

---

① 中国第一历史档案馆:《乾隆年间徙民屯垦新疆史料》,《历史档案》2002 年第 3 期。

② （清）刘锦棠:《刘襄勤公奏稿》卷 9,全国图书文献缩微复制中心 1986 年版。

③ （清）阎绪昌等:《镇西厅乡土志·农》,中国社会科学院中国边疆史地中心编:《新疆乡土志稿》,全国图书馆文献缩微复制中心 1990 年版,第 210 页。

④ 杨增新:《补过斋文牍》第 5 册,辛集二,1921 年版,第 2547 页。

⑤ 杨增新:《补过斋文牍》第 2 册,丁集上,1921 年版,第 992—995 页。

　　除以上所列举的职能以外，乡约还有一项比较重要的有关司法的职能，就是调解民间纠纷，参与判决乡村社会民事纠纷案件。主要是由于当时里甲制度衰败，民间纠纷诉讼事件增多，为减少和缓解地方政府行政管理的压力，乡约逐渐被地方政府赋予处理一些乡村社会的纠纷和诉讼事件的权限。乡约具有司法职能，除乡约推行与废除伯克制的关系外，还主要与本区的地理环境以及人口分布状况有关，当然其司法职能是有限的。一般来说，各屯区乡约处理事务的范围也仅仅限于辖区内民间口角纠纷、钱债琐务等相对较小的司法案件。如若遇到大的司法案件，乡约必须上报县署，由县署进行办理。如在镇西厅，就规定民间"遇有口角细故，钱债琐务，必关白乡约，量为调处。若有别项大故，禀官究办"①。而鲍戈亚夫连斯基则认为："乡约主要是执行警察职务。他负责维持所辖居民中的治安工作。当发现犯罪行为时，他首先进行初步的案件调查，找出犯罪者，并送往县衙门；此外，乡约还处理一些类似如口角纠纷、各种违法行为等。"②

　　民国时期，随着人口增加和来源区域复杂化等方面的原因，民间的司法纠纷案件日趋增多。因此，乡约的司法职能在继承清末的基础上，司法权限不断得以延伸，甚至还逐步渗透到乡村社会的方方面面。如遗产分割、田产、婚姻及财产纠纷、参与水利案件以及地方政府所分配的其他事务等。迪化县在安宁渠地方设农官，二工地方设乡约。农官、乡约管理春耕、开渠引水、派粮派草、田赋粮分配交仓以及民事纠纷调解等事务③。商民乡约杨洪顺、邓荻东、何锦荣等查办郭亨威呈控杨委员和史委员指公诓骗一事，三人接到此事件后，尽心尽力，并把查证的详细结果如实禀告县署。

　　　　大老爷案下，敬禀者，窃约等奉谕查办郭亨威呈控杨委员、史委员指公诓骗等情一案。约等于初三日，将原、被等齐集一处，按实查

　　① （清）阎绪昌等：《镇西厅乡土志·农》，中国社会科学院中国边疆史地中心编：《新疆乡土志稿》，全国图书馆文献缩微复制中心 1990 年版，第 210 页。

　　② ［俄］尼·维·鲍戈亚夫连斯基：《长城外的中国西部地区》，新疆大学俄语教研室译，商务印书馆 1982 年版，第 100 页。

　　③ 刘振新：《二工轶事》，《新市区文史资料》第 1 辑，1999 年，第 13 页。

办。从郭亨威账内,查勘杨委员欠银一百余两;从杨委员账内查勘并无郭姓银两。欠吴赵脚银十四两五钱,郭亨威欠银二百零四两零。又查史委员账内欠银一百九十一两零,内有借银一百两。郭亨威有账,史委员称并未借使,史委员无账。所查实情,理应禀明,伏乞①。

当然还有一些民间诉讼案件,经过乡约的调解,双方不能获得满意解决,不得不禀告县署,由县署给予决断。马生花与丈夫冶木沙之间的婚姻关系就是此例。由于马生花不堪忍受丈夫冶木沙的家庭暴力,曾经离家出走三次,并报告县公安局。后经过马农约、李永清、张荣、马专福各乡约从中调解后,给予解决。但冶木沙仍不断纠缠,马生花不得不将其状告到县署。

> 将小民之女持(刺)得远跑三次。伊又用刀子戳小民之女,苏古拜子将刀子刁去,马农约知此事。伊将民女打急了,因此自来报告公安局。马农约,李永清、张荣、马专福各乡约从中解说,小民之女死活再也不跟伊为妻。由此说了六十万两,大军户张阿洪以回族经礼,吩示三个月以后限满,准其改嫁,再为与伊交银。该冶木沙又说,除过去在迪化嫁了这个人而外,任凭嫁谁,伊不再过问。准其由马农约年内用银为是,马太原作保,并小民及马福娃四人担任,由此诚恐走去。过了六七天,前伊又前来昌吉,小民非伊要前蒙县长做主,查明讯白,小民害怕伊,不敢在乡约下。
> 原告:马生花②。

当然,从以上材料中可见,晚清民国时期乌鲁木齐地区的乡约,在乡村社会中被赋予各种职能。尤其在基层社会司法职能并不是名义上的摆设。相反,他们在处理案件中确实具有较高的权威性,即是说具有一定

---

① 中国边疆史地研究中心、新疆维吾尔自治区档案局编:《清代新疆档案选辑》第1册,广西师范大学出版社2012年版,第108页。
② 马生花起诉冶木沙,县长恩准调查惩究(民国三十年七月二十一日),昌吉市档案馆藏,档案号:J1—1—13—1。

"实权"。这些乡约在县级政府的授权之下处理乡村社会民众的口角纠纷、财产分配、婚姻案件等，很显然已经充当了司法仲裁人的角色与作用；但从另一方面来说，这也充分显示了乡约职能具有综合管理的一面，对维护乡村社会秩序稳定有一定的作用。但不可否认的是，有些乡约凭借官府给予的权力而歪曲事实，使纠纷变得更为复杂。

除此之外，乡约在一定情况下，还有负责推荐给县级政府从事公务人员并有作保的职责。这种职责在笔者查阅资料的过程中，虽不多见，但也是乡约职能中的一部分。如乡约陈德三、商民春和堂、复昌永等向县署推荐袁昌麟充当驿书并做保人的请折。

> 大老爷案下，为保结事。兹有商民袁昌麟恳充驿书，恩批示觅保出结等。因约、民等向知伊平素核实、信可质众、兼试文字，是以联结名具保，叩恳赏准。如有不法情弊，为约、民等是问，所具保结是实。
>
> 须至保结者，乡约：陈德三、商民春和堂、复昌永①。

乡约杨荣、李生有等向县署推荐会云、马建功充当驴揽头以承运仓粮的恳祈。

> 具保禀：乡约杨荣、李生有等谨禀。大老爷案下，敬禀者，窃约顷奉盼示省城提运仓粮，招募脚户以资转运等。因奉此，约等遵即招就脚户驴脚听候装载。惟查此项转运，攸关军粮饷非（比）寻常，谩无分别可非比，查举揽头一二名，专责承保，难保潜逃虚挪情弊。约等查有回民会云，马建功办事可靠，堪以充当驴揽头，以资得力。恳请谕放，以示办理，试不负培植之至。意肃具范。禀敬请均安，伏乞。允佳施行②。

---

① 中国边疆史地研究中心、新疆维吾尔自治区档案局编：《清代新疆档案选辑》第 2 册，广西师范大学出版社 2012 年版，第 130 页。

② 同上书，第 152 页。

就清代新疆地区乡约的职能,白京兰也认为其主要包括三个方面,
"调解、直接参与司法活动和劝谕教化"①。总而言之,晚清民国乌鲁木齐
地区的乡约,其综合管理职能日益突出,并在整个乡村社会管理系统中的
地位越来越重要,成为国家对乡村社会治理的主要人员之一。毫无疑问,
起初国家本想通过乡约在移民社会中的建制,不断消融与内地社会管理系
统的差异。但没有想到的是,乡约的社会地位和功能在本区域内却不断得
以强化,直到民国三十三年(1944)后才予以废除,而此时内地的乡约
制已经废除了近 30 年。

二　"水利"

"水利"是管理乡村水利事务和调解水利纠纷的管理人员。根据文献
记载和目前考古资料证实,"北凉时期,吐鲁番地区就设有专门管理葡萄
园用水与维修水利设施的政府官员,当时称之为'行水官'"②;乾隆年
间,水利工程开发与建设大都由政府大员会同当地农业生产者进行勘探。
易言之,水利事务是由政府大员与基层行政管理人员共同承担。如伊犁将
军布彦泰在开垦阿不勒斯荒地时,他就会同基层官员勘察水利情况及结合
当地实际,制订灌溉渠修建方案。"是河界乎东西两山之间,水自北来,
折而西注。其势甚猛,迎溜开渠,最为得势。建瓴西下,直达渠门。由此
前进,随山盘绕,迤至阿不勒斯正地界内,则源泉四达。灌陇盈畴,向西
转南,直至吉尔嘎朗回庄东界,并入大渠,泄于该处河内。"③ 光绪年间,
于分巡各道之兵备道中单独设立一员,来督饬本道所属地区的水利、屯
田、钱粮及刑名等事宜。当然,随着垦区的增多,农业开垦规模不断扩
大,政府在各屯区设立了水利管理人员。文献记载的主要有大小"水
利"、渠正、渠长等,并且乡约和农官有时也会参与水利管理。这些水利
管理人员主要负责日常用水资源的管理和分配、对所辖渠道定期进行疏濬
和维护以及对同渠用水所产生的矛盾纠纷进行协调等。

---

① 白京兰:《一体与多元:清代新疆法律研究(1759—1911)》,中国政法大学出版社 2013
年版,第 84—85 页。

② 柳洪亮:《吐鲁番出土十六国时期文书——吐鲁番阿斯塔纳 382 号墓清理简报》,《文
物》1983 年第 1 期。

③ 华立:《清代新疆农业开发史》,黑龙江教育出版社 1998 年版,第 172 页。

如上所述，屯垦民户的组织形式仍采用内地乡村通行的里（保）甲编制。十甲为一里，"每里选里长、渠长、约保等管理人员，负责基层社会的行政、赋税、生产、水利、治安等事务，渠长管理水利"①。水利事务在新疆社会中所起的作用是非常重要。"水利"的作用是其他区域很难想象的。且水利事务繁多，每渠往往仅凭一人之力是难以管理的，所以因水利问题酿成的较大事故是经常发生的，水利争讼事件更是屡见不鲜，频繁发生，上告诉讼者甚多。民国时期很多村落发生过水利纠纷事件，甚至还曾出现大规模的械斗等较为严重的流血冲突。因此，为了加强水利事务管理，有时乡约、农官、区长、保长等都要参与其中。而这些乡村社会管理人员则是国家政权的代表，他们的参与就意味着国家加强了对移民社会的控制和治理。20世纪初期，乌鲁木齐地区各县成立了农管会，并一度成为水利管理的主要机构。"新疆土田全恃渠水，百姓往往上下争水，致酿大故。故农管会主持分水轮灌之事。"② 可见，水利管理是一项十分复杂的工作。

（一）"水利"的产生及任期

鉴于水利事务在农业发展中的重要性，作为乡村社会水利的管理人员——"水利"、渠正和渠长，他们与农民接触最多，形成的各种关系也最为错综复杂。不可否认，他们在发展农业和维护社会稳定方面是不可或缺的重要力量。"不愁无地，仅愁无水"，水作为稀缺资源，成为凝聚乡村社会共同体的纽带。"新疆水少地多人稀少，有水则生，无水则死；有水则富，无水则贫；水之宝贵胜于一切，人民视水如命，争水如同拼命。"③ 正因为水在本区农业发展中如此重要，所以政府对于"水利"、渠正、渠长等乡村水利管理人员的选用标准和任期都有非常严格的规定。遗憾的是，关于"水利"和渠长等乡村社会水利管理人员的各种情况，在文献资料上并没有留下记载，因此只能根据笔者所做调查时的记录，进行整理和予以说明。

上文已经交代，安宁渠镇四十户村的黎文玉老人，其祖父和父亲都曾

①　华立：《清代新疆农业开发史》，黑龙江教育出版社1998年版，第104页。

②　（清）袁大化、王树枏等：《新疆图志》卷52，东方学会1923年铅印本。

③　倪超：《新疆之水利》，商务印书馆1948年版，第1页。

经做过新中国成立前的小"水利"。据他回忆，"水利"大都是经过选举产生的。由于"水利"的任期为一年，但可以连选连任，没有限制，所以每年都要进行"水利"的选举工作。"水利"选举是以河系为单位，并有固定的程序和隆重的仪式。由乡约、农官、"水利"、渠正、会长等乡村管理人员，带领全渠户民在庙前举行祭拜仪式。有时选举大"水利"时，县长都要亲自参加。每个参选人的背后放一只碗，所有户民手拿一粒黄豆，你选举谁就把黄豆放到他背后的碗里，最后数黄豆的多少来确定"水利"的当选人。被选为"水利"者最后还要宣誓和举行相关庆祝活动，然后报区长或乡长批准和备案即可。每年农历二月二日，是选举"水利"的法定日期，各渠都进行"水利"的选举事宜。因为二月以后，天气将要变暖，河水解冻。新当选的"水利"，要带领全渠户民疏濬渠道，以保证灌溉渠道的畅通，对渠道的各分水口（坪口）进行检查，确定各村的分水量等各项工作，所以在河流解冻之前，"水利"必须要选出，以免耽误春灌。而被选举为"水利"之人，必须勤劳能干、能秉公办理水利事务，并要在当地具有较高的威信和一定的社会势力，否则，即使当选后，其工作则是难以开展的。可见，被选为"水利"之人，多是大户、乡绅、地主等具有相当势力者，当然也不乏地痞流氓等无赖之徒的混入。但平民百姓几乎没有机会进入水利管理系统的。

　　一般来说，小"水利"大都由同支渠内的户民选举产生，有时还存在另一种情况，就是由大"水利"直接任命，但这种情况较少。绥来县富农王宝山就是被该县历任县长一贯授意为大"水利"的，全权处理全乡东大渠、养渠两大水利事宜。其下东大渠五支渠五个小"水利"，养渠三支渠三个小"水利"，也都由他任命和负责管理。并且规定了大"水利"每年得十份水，小"水利"四份水，这是给他们公开的"劳金"①。尽管王宝山的"水利劳金"与政府规定的报酬："如在灌溉期，可以增加两个时辰的用水。如果本人不用，则可以卖给别人"的规定相违背的。但只要在自己辖区之内，不因争水发生严重事件或群体冲突，乡村社会秩序能够平稳运行，国家权力对这样的事情是不会介入的。

---

① 《北疆农村调查》，中共中央新疆分局宣传部印，1953年，第11页。

"水利"在本区域中占有重要的地位,是握有很大"实权"的管理人员,因此具有较高的权威性。所以在不少地区,"水利"的选举只是走形式而已,大多被当地的地主、士绅等大势力者所把持,甚至他们轮流充任。如安宁渠的大"水利"一直被当地公认的宋、徐、刘、田、李、葛六家大户所把持。而且还有地主、富农与官府相互勾结,图谋长久霸占"水利"一职的事情也是存在的,像上面所举的绥来富农王宝山等,下文还将有实例。由此可见,乡村社会秩序一般都是由民间大势力者所把持,而中下层阶级则成为这些社会管理人员长久控制的对象,很难进入社会管理系统。并且国家权力对民间事件选择性地介入,更助长了这种态势的发展。

(二)"水利"的职能及与民户之间的矛盾

从上文"水利"在本区的最初设置来看,"水利"是负责协助政府大员对水利工程的勘探、兴修及灌溉渠的疏浚和日常维护。后来,随着移民的增加,耕地开垦增多,用水量不断增加,从而逐渐引起人、地、水之间的矛盾日趋激化,水利纠纷和案件频繁出现。这样促使乡村社会的"水利"职能发生了转变,由原来协助政府大员的职责逐渐转变为调解争水矛盾和纠纷,并负责辖区内水量的分配、渠工摊派、规定当年用水规矩、监督水利工程的施工等方面。其中调解争水矛盾和水利纠纷,在很长时期内成为其主要职能。吉木萨尔县档案馆保存了关于公盛渠"水利"职能的一份档案,可以帮助我们了解当时"水利"的主要职能。

> 一是解决炭炭窝水利纠纷,规定时水及改善浇灌;二是解决南山公盛渠水案;三是解决三台水利案①。

这份档案虽短,但从中我们可以看出两个方面的问题,一方面是处理争水矛盾,调解水利纠纷和案件是"水利"较为重要的职责;但从另一方面来看,当时水利纠纷和水利案件的出现是非常频繁的,需要专人进行及时处理与解决。笔者在其他县市档案馆查找和整理资料的过程中,对有

----

① 关于农业水利、畜牧、矿产、工商森林统计表(民国十二年八月十四日),吉木萨尔县档案馆藏,档案号:J2—24—8。

关水利的案件及纠纷的数量进行了粗略统计，可知占到所有案件的40%左右。一则可以说明当时人、地、水之间的矛盾已经严重激化；而从另一角度上来看，由于争水所引起的事件已成为影响乡村社会稳定的重要因素之一，并引起了政府所重视。而关于大有渠改变轮灌周期的一则档案也足以引起我们的注意。

> 禀拟该乡大有渠参议员马全福及户民杨积据称：该渠所属田，水利向系十八天轮浇一次。兹为改议浇种及配合实际，当经众议改为十六天轮浇一次，拟示布告周知①。

县府参议参与所在区域的水利事务，说明了当时"水利"之权在一定程度上可能被限制，更多的人员可以参与水利事务的管理并影响其决策权；但从另一个角度也能够说明当时水利事务繁杂，仅凭"水利"一人已难于处理和解决水利事务，需要其他管理人员的参与和协助。水利决策权的改变，要以布告的形式告知同渠所有户民，可以看出乡村社会水利管理具有一定的法律效力和民主性。

除以上所述"水利"具有水利管理中经常性事务的职责外，有些"水利"也参与到了乡村社会的综合性管理方面，成为重要的管理者之一。如在吐鲁番和奇台县分界之处的南山，有吐鲁番回王所属民户越界在奇台从事打猎，并焚烧山上之松树数天，当地政府官员即要求"水利"与之进行交涉。"遥间南山之南，火光烛天。询问业已延烧数日，因而查究。据半截沟乡约苏怀智报称，有吐鲁番缠回房子十余顶，来石河子一带放牧羊打牲，将该处松树尽行焚烧。因此，无树荫雪大有疑乎，（要）'水利'等卑职查办。"② 但是，"水利"一般在所属区域有较高的威望和权力，一旦超出所属区域，也只能是与之协商，更何况牵扯到民族之间的事务，其权威性也大打折扣。在整个事件中，"水利"虽参与其中，但并

---

① 关于大有渠用水的法令（民国二十四年五月十六日），吉木萨尔县档案馆藏，档案号：J2—24—7。

② 中国边疆史地研究中心、新疆维吾尔自治区档案局编：《清代新疆档案选辑》第1册，广西师范大学出版社2012年版，第390页。

没有达到实际效果，"卑职伏恩，吐、奇各有界限。奇台既有水草之利，以言乎一视同仁。原不可禁缠回之牧放，今该缠回焚林以歧荫雪，无荫大有疑乎。水利要（他们）不应准其再来，合无仰恳，爵帅府赐鉴核，可否行知吐鲁番厅转饬该回王，嗣后不准缠回再来。奇境牧放并将此起缠回调回，放火之人惩办。所有缠回越境牧放，焚烧树林，有疑水利。各缘由合数村禀恭，叩爵安，祗候训示等情。到本大臣爵部院，据此除批示据禀，已悉放火延烧大干例禁，即无疑之于，水利亦应从严查惩"①。虽然此事件也涉及水利上的一些情况，但经过"水利"的交涉，问题并没有得到解决，不得不求助上级政府。由于"水利"与民众的联系较多，关系也较为错综复杂，这为他们能够参与到乡村社会综合治理的职能提供了条件，在民国时期体现得尤为突出。

"水利"大都是由同渠内户民选举而产生的，但不得不承认大多数的选举也只是走形式或掩人耳目而已。"水利"一直被少数大势力者所把持，他们在与户民长期交往的过程中，不可避免造成了户民与"水利"之间的各种矛盾，根据田野调查与所查找的档案等资料，主要有以下几种情况。

首先是霸水，即"水利"常利用职务上的特权霸占份水，侵占公众用水量，据为己有。并将霸占水量出卖，以亏众利己。还时常强办水差，以便捞取更多的钱财。就其与民户之间的矛盾，有关这方面的资料是屡见不鲜的。昌吉县第三区玉堂渠，众民户状告该渠"水利"马德保一案，在当时社会上造成了很坏的影响。

具状人，第三区玉堂众户民等，叩祈县长，均前作主讯究，以儆估霸差务、办事不公事。窃查小民（小民窃查）本渠户民马德保，办理玉堂渠水利差务，今已三年。伊将去年众户之水卖银十二万两，亏众利己。偏情向愿，私心太重。今年春间，伊等领（另）要公举别人办此水差。马德保估霸不舍，非强要办水差。伊于去年，他令几个儿子将户民闵长贵之弟，因浇水压在水中，未曾淹死。二次将李老

① 中国边疆史地研究中心、新疆维吾尔自治区档案局编：《清代新疆档案选辑》第 1 册，广西师范大学出版社 2012 年版，第 391 页。

三之子压在水中,又未淹死。种种刁恶霸水,不能省事。小民又怕今
年伊办水差,开出事件,苦累众户。因此,民等不能令伊再办水利差
务。又因二月二十七日,尚未规定时节,忽然大河雪水下来,
□□□□□□闵长贵浇完,又埃(挨)(马金福)。马德保之子,不
尊老例,恃其强横,非要估浇。马金福之老母,看守水口,上前阻止
马德保之子木沙子,(其)竟敢将此老弱之妇,连衣带鞋拉到水中争
执,此妇冷冻不堪言状。马德保父子如此霸道逞刁,致民受亏,因此
不能令伊办差,伊言非与民等拼命破肚。昨日,正在商酌时间,马德
保父子手持铁锨要砍谢福。因此,民等畏怕,只得前来说明。

从众户民的控告中,可知马德保充任"水利"已达三年。更为重要
的是,其种种恶行已引起极大的民愤,对此,政府不得不做出相应的处
理,以杜绝民众诉端与累民情况的再次发生。

县长恩准:惩究刁凶,准予民等另行保举良善公正之人办理水
差,以杜诉端而免众户受累,理合①。

其次,侵吞修渠工程款项和摊派不公。当时修渠款项来源主要有三种
形式:一是官款。光绪十二年(1886),署迪化知县李庆棠组织修建太
平、永丰、公胜三条灌渠坝口。光绪十三年(1887),迪化知县陈希洛倡
修安宁渠。渠长75里,宽4尺6寸,可灌溉耕地2890亩。像这些较大的
水利工程,仅仅依靠民间力量是无力承办的,必须由官府出资并派出专员
或委托地方"水利"等管理人员负责修建和疏濬;所修渠内受益民户必
须在水利工程中出工服役,政府给予一定的工程款以作补贴之用,但大多
被"水利"据为己有。二是民办。主要是一些规模较小的水利建设,则
由民户独立承办或出工集资伙办。他们依靠附近的河流或泉水开渠引水,
进行小规模的河渠建设。如果稍大一点的水利建设,则非大户、士绅或
"水利"参与不可。尤其是"水利",有时强行参与和办差,以图从中渔

---

① 玉堂渠众户民状告水利马德保强办水差等事务(民国二十六年三月十三日),昌吉市档
案馆藏,档案号:J1—1—27—3。

利。"迪化县城西八十里的新南渠开凿于西工南渠之坪，由民间集资，于光绪三十二年（1906）修建。"[1] 三是官督民修。这种形式一般是政府把资金拨给"水利"，由他们负责进行河渠的修建。尽管有官府人员监督，但这也给"水利"、渠长、渠正等水利管理人员提供了侵吞工程款的机会。昌吉县第三区二十四户户民、乡约、农管等联名状告渠正吕锁岳就是很明显的一例，并且民众列出了他的六宗恶迹。

> 具禀：第三区二十四户、东沟众户，禀控渠正吕锁岳内差不公、私心利己、借端摊派、苛苦众户、倚势压迫、民不聊生等事。吕渠正数年霸定乡约，无人不怕。卢城充当乡约九年，无论何项要公示，敢与伊派差？此后，因为县府要此供支军队，卢城与伊派车辆，被伊用鞭子殴打。见以吕渠正倚势压迫，此是一宗；第二宗：李奎充当乡约，因为走孚远拉粮，见我们东沟户民贫寒，无（心）中情不得已，派伊渠正之车马往孚远转粮。吕渠正结恨在心，估（鼓）令众户要告李奎，伊说弊端大批。众户告案之后，清查账项，并无私弊。民等恨问李乡约实无过错，见（无）可控告端呈告。该吕渠正说，是李奎初当乡约，与伊派车走了孚远，因而伊心中不悦。该渠正办事不公，第二弊端也；第三宗：伊将所收我们众户戏价十万两，伊私自吞昧。与我们控故（鼓）交代此银，告了乡约李奎尽数花用。该吕渠正实是侵吞公项，屡累众户，籍众报复私仇，此三弊端也；第四宗：去年公家借发渠工银两二百七十万两，愿（原）为维护农民春耕间挖管道义款。该吕渠正不知做了自己什么事业，伊将合作社麦面借出，自吃又顾及伊之亲属，并未与我们东沟贫寒小户分散一斤半两。此后交还麦价，该渠正强占，又向我们每户摊派银一万两抵还麦价。小民并未吃麦面，又莫使用渠正贷款，压迫、强占我们出银，苦累不堪言说。该渠正藉公摊派，此四弊端也；该渠正向我们每户照一万两收去渠工贷款，伊与县府交了一百三十五万两。其余贷款是否向众户收清，有无吞用利己情弊。迨后，县府追款，将伊管押数日。开放回乡，伊又向我们二次摊派，每户要去六千两，言说伊坐班房子花费等

① （清）袁大化、王树枏等：《新疆图志》卷73，东方学会1923年铅印本。

语。渠正办理公差，不知自受剥削民众，此五弊端也；从前公家拨发官牛、官马，吕渠正压定众户，伊先检去上好牛马又用又卖，不顾众户困难。失无和平，何能办公？我们二十四户，从前焦渠正办水差多年，每岁向众户只收一年升帮钱，亦无差水。该吕锁岳接充渠正，每年非向我们收计帮钱，夏田粮食七斗，如交秋田，就要八斗。又另外估定要交我们东沟两个时辰之差水。该吕渠正压迫、苛苦民众，此六宗弊端也；因此民众不得不叩求县长鉴核，根查除弊，以恤民累，（民）则等感激。

从上面的诉状中可以看出，吕锁岳的势力之大。虽然仅为渠正（相当于大"水利"），不但贪污工程款、向众户摊派各种杂款，而且还可以掌控合作社麦面以及官府配给农户助耕的官牛、官马的分发等。不仅犯有贪污之罪，而且篡夺了乡约、农官的大部分职能，损害了他们应得的利益，因此与乡约、农官存在较大矛盾。以至于乡约刘建、周珍、周进宝、刘成太、周进贤、刘奎，农官白春荣、袁丰年及二十四户众民户联名状告。

对于乡约、农官及众农户的联名控告，而该渠各渠长也串联了一些户民，以乡约、农官与吕锁岳素有矛盾，并借故现在需要吕锁岳领工，要求保释。从下面的诉状中可以看出，"水利"与乡约、农官形成两个派别。乡约、农官想借此趁机扳倒吕锁岳，而各渠渠长却力保吕锁岳，从而形成两个集团势力的博弈。

具恳禀，小西河、中渠、大西渠、凉州渠、兰州湾、十二家等处渠长、户民等恳祈县长恩准，保释渠正，以资督工、压水而免有误浇灌冬麦事。缘有二十四户、东沟户民周珍、刘奎两姓人民素与吕渠正有微小邪嫌，串联数人呈告吕渠正吞昧公款、贪污利己、压迫霸水等情。蒙恩堂讯管押，吩示以俟调查明确，再为核办等。因渠长等五渠之众均系小西河户民，现在正值压种冬麦，用水在急。该吕渠正是否有无苛苦（民众），该二十四（户）、东沟民众情形尚在调查之中。现在民等浇灌冬麦，无人领工压水，各渠长无有专责，因此叩求县长，俯赐格外体怜。众户用水浇灌在即，准予保释吕渠正，以便督促办理水利，并候讯解。所恳之处，伏乞核准①。

而当时县府对这样的势力大户却不敢轻易得罪，从其处理结果就可以看出。

> 二十四户、东沟渠众户、周珍、刘建等状告渠正吕锁岳，吞昧公款、霸持水利等各情。蒙恩收管核办间，该吕锁岳自知悔过，情愿捐助办公。作洋式马鞍子一副，限期五日交案；卷柜一个，限期一个月交案。如有拖故、抗延不交等各情，即由担保人是问，所具保结是实。
>
> 保外人：吕锁岳
>
> 具保人：张洪元、李秀山、洪聚华
>
> 民国二十八年九月②

县府迫于众怒，不得不将民众对吕锁岳的控告立案处理。但处理的结果却是吕锁岳自知悔过，即承认自己的过错。并表示悔过自新，情愿掏出一部分钱财捐助办公，由张洪元、李秀山、洪聚华三人作保，以了结此案。显然，此案在处理的过程中，必有隐情。但这也说明了吕锁岳在当地还是有比较大的势力，官府可能拿他也没有其他办法。且在某些方面，有可能不得不依附于此人。广大民众对此处理也无可奈何，这样就造成了官府、乡村水利管理人员与民众之间在乡村秩序运转中构成了矛盾的累积和加剧。

此外，"水利"、渠正或渠长除了霸水、贪污各种水利工程款项外，而且在水量分配、夫役摊派等方面存在不公平的情况，以及"水利"选举中的营私舞弊等。总之，在乡村社会运作中，"水利"、乡约、农官等管理人员相互勾结，苛苦百姓，从而激化了社会矛盾，一定程度上也影响

---

① 众渠长要求对吕渠正的保释（民国二十八年八月二十二日），昌吉市档案馆藏，档案号：J1—1—26—26。

② 二十四户东沟众户民状告吕锁岳的六宗恶迹（民国二十八年八月二十二日），昌吉市档案馆藏，档案号：J1—1—38—1。

了乡村社会秩序的稳定。

　　这里是每家照份数常淌水浇地,水利在各家应淌水的份数上虽没有进行掠夺,但从渠水总量上把水份加多,归自己使用或出卖。追溯杨增新、金树仁时期,当乡约能任意卖水,如王义每年卖三十到四十份水。王玉山河坝上有个尺六宽的独水口(就是十份的水口,因在上源实际淌到一百份上下)。每年挖渠只上一张锨,做五六个工。此外,下养渠、小东渠也都有他的水口。除自己浇水外,有四家租户共种八石地,浇水也是他包给的。可知他在水利上的专利了。每年春天上渠时,水利、工头、先生相互勾结,在梢草木料上以少报多,对人工大吃空工,每年舞弊约到二百份水上下(合二百八十石麦子左右)。同时藉送木料修渠占到便宜来徇私情,穷人想送也难得送上。前年梁清仁老汉想送付闸子,水利王亨金说"你早没说,别人都送够了"。当水利既如此有利可图,因之十多年来,水利操纵在少数人手里。如第五村的水利老是王玉山、杨发德、张玉、柳发茂轮流包办①。

从"水利"产生及演变来看,国家对水利的管理也存在一个移植与模拟的过程,试图达到对移民社会进行控制与消融。乾隆年间,"水利"一职大都是由有丰富的水利经验者充任,并得到了政府的任命。但后来由于移民的增多,人、地、水之间矛盾不断激化,水利事务上的问题逐渐增多。国家也试图将内地的乡村治理模式移植到乌鲁木齐地区,不断吸纳和融合士绅阶层与宗族及大户中精英分子参与乡村水利管理体系中来。"水利"由最初政府"任命制"逐渐被乡民"选举制"所代替。结果造成了"水利"一职长期被地方大势力者所把持,一般民户是很难有机会参与其中的,这种体制本身就容易造成了二者之间矛盾的产生和不断加剧。另外,有些"水利"在处理水利纠纷和案件时,并不能做到公平、公正,这也是造成二者之间矛盾产生的一个主要方面;当然,水利管理系统中也不乏混入一些"地痞无赖"之徒,主要就是利用"水利"职务之便以达

---

　　① 《北疆农村调查》,中共中央新疆分局宣传部印,1953年,第11—12页。

到发财的目的。当然，作为乡村社会水利的重要管理人员，与广大民众之间，有着紧密的联系，对于水利纠纷及案件，相对于官府而言，他们更了解个中的原因，所提出的解决方案使矛盾双方更容易接受，能够较为及时平息突发的水利纠纷和冲突，因此，他们在乡村水利管理和维护社会稳定方面无疑具有重要的作用。

三　农官

中国农业的起源至少可以追溯至八九千年以前，也正是农耕文化创造并哺育了灿烂和古老的中华文明。农业是中华民族的本业，而它的存在和持续发展必然需要管理者，这说明了中国农官起源应该是极其久远的。《易·系辞下》《帝王世纪》及《史记·五帝本纪》等古老历史文献中都有关于农官方面的记载。但在不同时期，其记载农官名称也不尽相同。譬如农师、后稷等都是当时管理农业的政府官员的名称。从上古的尧、舜直到今天，不管国家或地方政权如何更替，无论哪一个朝代，农官的设置却一直从未间断过，且从中央到地方形成了一套完整的农业管理体系。这与中国历朝以农为本，农业及其发展一直受到各级政府的重视有密切关系。

新疆统一之初，清朝政府便沿用了历朝的屯垦政策，在新疆地区实行了军屯、犯屯、民屯和商屯等。初期以军屯和犯屯为主，随后民屯和商屯逐渐兴起，成为屯垦的主要形式。经过几十年的农业开垦，乌鲁木齐地区已成为新疆重要的农业区和主要的军粮供应基地。为了便于加强农业管理，各屯设置了农官。"塔尔巴哈台屯田设有五屯，头工专管把总一员，经制外委一员，兵丁八十名；二工，专管千总一员，经制外委二员，兵丁八十名；三工专管千总一员，经制外委二员，兵丁八十名；四工专管千总一员，经制外委一员，兵丁八十名；五工专管把总二员，经制外委一员，兵丁八十名。"[①]工是当时兵屯的最小单位，后来便成为聚落的名称。且在工之上设屯，屯之上设立副将、参将、游击都司等来管理屯垦事务。道光年间，乌鲁木齐中营七屯设以参将；左营六屯设游击一员；右营六屯设都司一员；库尔喀喇乌苏二屯设游击一员，精河一屯设都司一员，巴里坤

---

① （清）永保：《塔尔巴哈台事宜·屯田》卷4，禹贡学会辑《边疆丛书六种》，1937 年。

四屯设游击一员①,以管理屯田。从这两条史料中可以看出,屯、工是当时最基层的屯垦组织,尤其是"工",目前该区很多村镇名还是沿用"工"的名字,如头工、二工、三工、四工、杂工、五工梁等,几乎每个县市都有这样的聚落名称,他们也是清代兵屯的主要分布点。当然各"工"大小不一,大的有屯兵几百人甚至上千人,小的也有十几人,一般在一百名至二百名之间。相应的是设置了千总、把总和经制外委来管理农业,可以说他们是基层的农业管理人员或农官的雏形。因为各垦区内需要有专人负责发放农具、耕牛、籽种等工作,事务繁杂,其人员的设置相应较多;由几屯或一屯联合组成营,设置了游击或都司一员,负责整个营的农业管理。在营之上负责农业管理的是乌鲁木齐提督和都统,"乌鲁木齐提督,驻扎迪化城,统辖巴里坤镇总兵暨本标、中、左、右城守四营、巩宁城守营、哈密协、玛纳斯协、库尔喀喇乌苏营、晶河营、喀喇巴尔噶逊营、济木萨营等处弁兵操防,总理屯田、马政、台站事务,仍受都统节制"②。同时在《北路舆图乌鲁木齐》中也有记载:"乌鲁木齐提督所属中、左、右城守四台共有标兵五千三百四十六名,其中屯田兵为两千名。"③ 可见,当时屯田主要是由乌鲁木齐提督和都统负责,即总理屯田是他们主要职责之一。依上述可以得出,乾隆年间,乌鲁木齐地区从上至下已设置了都统、提督、游击、都司、千总、把总和经制外委一套完整的农业管理系统。但当时是以军屯为主,因此农业管理人员也为军职,只是随着民屯的发展和移民的增加,逐渐演变为专职的农官。

相对于军屯,民屯则具有一定的独立性,各屯设有屯长进行管理。对于刚迁移到乌鲁木齐地区的民户,政府给予耕地、籽种、农具、牲畜等农业生产的必要条件,而这些事务也需要指定专人负责。很明显,此时设置的农官,主要是为农业生产服务,并不具备像内地那样的管理职能。随着农业不断发展,乌鲁木齐地区已成为新疆重要的农业区和军粮供应基地,农官的职能逐渐演变,才逐渐由原来的服务型向管理型转变。

---

① 《乌鲁木齐事宜·屯田》,王希隆:《新疆文献资料四种考述》,甘肃文化出版社1995年版,第129—130页。

② (清)和宁:《三州辑略》卷2,《官制》,成文出版社1968年版。

③ (清)松筠:《钦定新疆识略》卷2,《北路舆图乌鲁木齐》,道光元年(1821)刻本。

尽管农业管理系统在乾隆时期已经相当完备了，但直到光绪十年（1884），以我们现有史料来看，并没有发现"农官"一词的记载。当然就其"农官"一词在新疆出现的时间，目前已无法考证。笔者于安宁渠镇安宁渠村调查时，当地人仍然流传这样的一句谚语："先有刘农官，后有迪化县。"迪化县设于光绪十二年（1886），那么农官至少在光绪十二年以前，该区即设立并有"农官"之名称，应是毫无疑问的。而至清末民初时，农官一词已大量存在于文献及档案等资料中，可见，此时农官已成为乡村社会中比较重要的管理人员并发挥着应有的职责。

该时期乌鲁木齐地区农官的职能也有一个不断演变的过程。如上面所说，设置之初，主要是为农业发展服务的，后来逐渐演变为农业的管理者。因此，农官的具体职能具备了传统性，如督促及指导农业耕种、传播农业技术、规划整治农田等①，清末及至民国时期，农官的职能发生了一个重要的变化，就是综合行政管理职能逐渐得到了强化，即突破了传统职能，不断向其他方面渗透，如兴修水利、核定田役、民众教化，甚至还参与婚姻及水利纠纷调解等。像上文所引用的史料中，很多水利工程的兴修必须有农官的参与，而且一些民间纠纷也多愿意请农官参与调解。如昌吉县户民马太和的儿子开赴和阗公干，长时间未能回家，马太和的儿媳马氏被其母亲叫回娘家去住。且回娘家时，其母带走了女儿所有的金银首饰和衣服，走时其母声称住一个月或两个月即送回。但一个月过后，却将女儿改嫁到迪化。马太和在这个事件中就求助于农官马忠仁给予调解。

> 民媳要走娘家向浪。小民细因伊父马太亢已死，只有寡母。（寡母）前已来过，民家屡向小民诉述艰难，无人照看。因此，小民允许。伊母声称或住一月或二月即送回等语。临走时，同伊母带去金牙千（签）子一付，重一两；金耳环一对，金手左（镯）一对，共重三钱二分；金峰一个，重三钱；金寺字一个，重一钱二分；银手镯二对，重六两五钱；所有穿用衣服完全带去，住了一个月。小民因农忙在急（即），赴彼叫媳。伊母声称，民子未回，待民子回昌时，随即送回等语。小民无奈，告知农官马忠仁，民媳不回等情，并且带去金

---

① 王勇：《中国古代农官制度》，中国三峡出版社 2009 年版，第 22—26 页。

银首饰衣服等项。农官劝慰小民，两家原系自好亲戚，有伊担任赴彼
说合，叫媳妇回来等语。况且民子尚在，每年来信不能脱身归家，俟
有机会速回。小民思之，民子未在，亦未见农官回音，只得任其在娘
家向浪，亦是无法①。

虽然在这个事件中，农官马忠仁并没有起到决定性的调解作用，
但从马太和有意请农官帮助并打算从中调解，也说明了农官在乡村社
会管理中具有一定的权威性和综合管理的职能，这应是毫无疑问的。
农官之所以能够在乡村社会中树立自己的权威，主要是由于各级政府对
农业的重视，农官的各项工作能够得到地方政府的支持和其他管理人员的
协助。就农官在社会中的权威性而言，可能与内地无法比较。总之，从农
官及职能的演变过程中可以看出，国家将内地的农官制度移植到乌鲁木齐
地区，除了农业管理的需要以外，也是在不断消融边疆与内地之间的差
异，试图二者达到统一。但当时现实社会实践中，他们之间的差异性还是
明显存在的。

第三节　政区格局与民团:社会秩序
控制体系的演变

乾隆年间勘定新疆以来，乡村社会控制体系基本上是移植与模拟内地
的设置模式。初以里甲制，后逐步演变为保甲制、乡约制等管理体系。嗣
后由于移民大量增加，乡村社会综合管理体系不断得以完善，除保长、甲
长、乡约外，农官、"水利"、渠正（长）等也参与其中。建省后至民国，
乡约、农官、"水利"取代了保长和甲长，成为乡村社会行政管理体系的
主角。同治、光绪年间持续十余年的动乱，使清政府一度失去了对新疆的
控制。为了维护社会秩序和稳定，在政府的支持和帮助下，由地方士绅出
面，各地开始组建民团，以实施村堡联合自卫，编练乡勇就成为强化地方
社会控制的重要措施之一。因此，在不同的政区格局中，形成了以赵兴

---

①　户民马太和呈控王义等偷卖人口，循盗家财等情一案（民国二十五年八月二十六日），
昌吉市档案馆藏，档案号：J1—1—6。

体、徐学功和孔才为主的三大民团,他们就成为动乱时期官府控制乡村社会的主要力量。同时,以此为契机,造成了军功士绅的兴起,从而改变了原来仅以庶民士绅为控制乡村社会主要力量的格局。在军功士绅力量扩张的同时,国家通过一定的措施,将这些军功士绅纳入自己控制的体制之内,借此在一定程度上加强了政府对乌鲁木齐地区社会的间接控制。

一 同治、光绪年间持续动乱时期的社会控制

(一)"贼"[①] 与"民":民团及其出现的社会背景

首先,为了便于区分"贼"与"民"之间的关系,所以在本节开始之前,笔者先把二者之间的定义交代一下。这里的"贼"是指阿古柏侵略军队以及跟随他的叛乱分子和所谓的"农民起义军",当然,这里沿用了清政府对他们的称谓。"民"是指那些能够积极参与平叛并协助清政府维护地方社会秩序的人或人群,应该说这两者的出现是相对立的。还有一点需要说明的是,由于当时社会形势复杂多变,"贼"与"民"之间没有绝对的界限。可能由于二者之间力量对比发生了变化,"贼"变成"民"或"民"变成"贼"都有可能随时发生。因此,"贼"与"民"之间在某些时候和某些群体身上是很难截然区分的。

"贼"的出现与阿古柏的侵略、沙俄侵入伊犁和陕甘回民起义紧密相连的。同治三年(1864),受内地农民起义的影响,新疆地区的维吾尔族、回族等各族人民掀起了反对清政府的起义。此次农民起义的领导权却被安集延反动军官阿古柏所夺取。在英国的支持下,阿古柏在南疆建立了所谓的"哲德沙尔"政权。他对新疆各族人民实行了残暴统治,进而鼓吹"圣战",激化了民族之间的矛盾。同治九年(1870),阿古柏开始入侵乌鲁木齐地区。由于出现了马仲、马人得父子及索焕章等内奸,天山北路东部地区(巴里坤除外)都沦于阿古柏的铁蹄之下。阿古柏侵入后,

---

① 这里沿用了新疆社会科学院历史研究所编的《新疆简史》中,对阿古柏及其追随者称为"匪徒"。(新疆人民出版社 1979 年版,第 168 页)苗普生、田卫疆《新疆史纲》中,也称为"匪或匪帮"。(新疆人民出版社 2004 年版,第 368 页)而官方文献和新疆乡土志中对阿古柏及服从于其并参与叛乱者称为"贼",故本书在行文中,仍沿用官方文献记载的说法。

城镇和乡村不断受到骚扰并大肆屠杀汉、回等各民族群众。同治三年六月二十日，"集乌鲁木齐各逆，来尽杀汉民，得脱者少。自是呼城靡有孑遗矣"①。后来，随着白彦虎败逃到新疆后，阿古柏和白彦虎相互勾结，他们在乌鲁木齐地区不断地利用宗教地位煽动和蛊惑民众叛乱。乌鲁木齐提督索焕章与河州回族头目妥得璘狼狈为奸，相互勾结在一起，并引诱回族头目马泰，"将奇台厢关房屋烧毁殆尽，连夜走至古城，焚杀掠夺。幸有驼户苏发智纠同驼夫数百人奋勇突击，贼不能支，向西奔窜。与乌垣逆回联为一起，大股回扰，倍形猖獗；奇台捕役马福率回众陷奇台，分掠绥来、昌吉、阜康、济木萨、古城皆陷"②。而且，吐鲁番逆回常世和马仲，暨逆缠依沙克和若等拥众万余来捣木垒。得城后，大肆屠戮，汉民几无噍类③。不仅城镇中居民遭到屠杀，而且乡村居民也未能幸免，"陕回大股勾结乌鲁木齐、玛纳斯、昌吉、古牧地等处贼众，分扑沙山子、沙湾地方，攻破村堡，乡民惨遭屠杀"④。阿古柏匪徒在乌鲁木齐地区的暴行，也激起了当地回族人民的强烈反抗。活跃在南山一带，"常以马队拦截安夷（指阿古柏匪徒）的汉族民团徐学功部，便受到了乌鲁木齐回族人民的关注和支持"⑤。正是阿古柏的入侵和部分"民众"参与了叛乱，致使清政府在新疆的统治秩序的崩溃。而一些家族、大户或乡绅为了维护地方社会秩序的稳定，在政府的支持和帮助下，组织民团，以保家卫国。"孔才倡议练团，忠勇之士，从之者众"⑥；而绥来县北五岔户民赵兴体，则"团练户勇，筑立镇西营堡，所有本境之难民均收之变为团勇，与逆回相

①　《呼图壁县乡土志·兵事录》，中国社会科学院中国边疆史地中心编：《新疆乡土志稿》，全国图书馆文献缩微复制中心1990年版，第156页。

②　《昌吉县乡土图志·兵事录》，中国社会科学院中国边疆史地中心编：《新疆乡土志稿》，全国图书馆文献缩微复制中心1990年版，第98页。

③　（清）杨方炽：《奇台县乡土志·兵事录》，中国社会科学院中国边疆史地中心编：《新疆乡土志稿》，全国图书馆文献缩微复制中心1990年版，第60页。

④　《清实录》卷362，第51册，中华书局1986年版，第796页。

⑤　新疆社会科学院历史研究所：《新疆简史》第2册，新疆人民出版社1979年版，第175页。

⑥　《孚远县乡土志·耆旧录》，中国社会科学院中国边疆史地中心编：《新疆乡土志稿》，全国图书馆文献缩微复制中心1990年版，第44页。

仇杀，而该逆亦畏葸而不敢肆焉"①。该时期形成比较大的民团主要有活跃在玛纳斯和呼图壁一带的赵兴体，昌吉和乌鲁木齐一带的徐学功以及奇台、木垒和吉木萨尔一带的孔才三大支。并且，他们也都得到了清政府提供的各种资助。"军功孔才一营，既在巴城异常出力，自难令其枵腹从事，着李云麟、麟兴、荣全、锦丕勒多尔济于新疆军饷内，自本年三月起，每月拨孔才一营饷银五百两，以拯饥军。"②且政府不断拨给各民团粮食以解饥困。甚至在军队粮食不足的情况下，优先保证民团的需求。"据报营官孔才所部因哈密乏食，众议东行。经乌城委员途遇劝阻，拨给口粮，众勇投回沁城。魏忠义以孔才营勇饥不可待，拨给粮两千余石，不过暂济目前。文麟、景廉现已派兵弁前往敦煌守催粮石，着于此项粮石到日，迅速拨哈密驻防各营，免致饥军哗溃。一面饬令魏忠义将孔才营勇口粮，设法通融均拨，毋任缺乏。"③徐学功和赵兴体两部同样受到了政府的资助，甚至直接被清廷授予顶戴花翎与相应官职。"据赵兴体等禀请续支牛具价银，恳拨民勇粘补衣履之需及战马军火等项，请将该营奖励各情。经奎昌等发给牛具价银两千两，并于科城军火内拨给火药、铅丸，复发银两千两，俾资粘补。尚不能畛域，仍着奎昌、文硕、文麟、景廉悉心会商，随时接济。俾各民勇皆乐我用，益形雀跃，其请拨援兵战马应如何调拨之处，并着妥为筹划"④；"军功赵兴体董率有方，着赏给守备衔，并赏戴花翎，以示鼓励"⑤。也就是说，在外有侵略、内有叛乱的情况下，地方士绅及大家族得到政府的鼓励和资助，民团逐渐出现并成为抗击外来侵略、镇压叛乱和维护地方秩序的主要力量。"徐学功所率民团军，起初反对妥明的民族之间的屠杀，保护以汉族为主的各民族的生命财产安全，维护了活动地带的农业经济和人民生活，继又抗击阿古柏及其帮凶白彦虎的侵略骚扰，并协助清军收复呼图壁、玛纳斯等地，堵截了伊犁沙俄侵略

① （清）杨存葳：《绥来县乡土志·兵事录》，中国社会科学院中国边疆史地中心编：《新疆乡土志稿》，全国图书馆文献缩微复制中心1990年版，第133—134页。

② 《清实录》卷210，第49册，中华书局1986年版，第722页。

③ 《清实录》卷235，第50册，中华书局1986年版，第247页。

④ 《清实录》卷321，第51册，中华书局1986年版，第247页。

⑤ 《清实录》卷303，第51册，中华书局1986年版，第26—27页。

军的东侵。"① 可见,民团在收复新疆的过程中做出了较大的贡献。

(二) 民团与"叛贼"的斗争及特点

同治、光绪年动乱期间,各民团与"叛贼"之间发生战争达数十次。他们的作战区域涉及整个天山北路东部及吐鲁番甚至哈密等东疆地区,在斗争的过程中,呈现出不同的特点。

首先,采取流动作战及灵活的战术和战略。同治五年(1866),清政府在新疆的统治已仅限于巴里坤一隅,军队几乎损失殆尽。再加上内地战乱未靖,清政府遂难勤兵于远。易言之,清政府当时没有足够的军事力量来镇压新疆的叛乱和抵御外来的侵略。所以在动乱初期,民团由于不能得到清政府及时的支援和帮助,他们的力量在当时也较为弱小。与"叛贼"相比,战斗力与实力相差较为悬殊,不得不频繁转换根据地。他们采取灵活的战术和战略,以便争取更大的生存活动空间,以空间来换取作战的胜利。

徐学功部民团起初驻扎在乌鲁木齐南山。他的活动区域主要在乌鲁木齐一带。妥明、阿古柏几次对徐学功民团调兵进攻,但由于双方实力相差较为悬殊,经过几次战争后,民团根据地被洗劫一空。徐学功率部先后退守芳草园、马桥成、沙山子、花树林、博罗通古等地。随后在战略上采取马队埋伏、步兵偷袭等灵活的作战策略,取得了几次战役的胜利。同时,为阻止沙俄东犯起到了非常重要的作用。"时俄人已入伊犁,又声言代收乌垣,纠缠回伪为赴绥来贸易,将乘机袭乌垣。学功率兵要击之,破其众,夺获驼马洋货,并俄纱二万两,俄人始不敢东犯。乌垣之不陷于俄者,学功之力也。"② 孔才率领的民团不断在天山北路东部地区转战各地,且根据地的转移大都由政府的需要来决定。逆回白彦虎,"于本年六月间纠党扑犯济木萨,经景廉饬令孔才,并添派队伍,在三台等处会剿获胜,迭有斩擒。该匪虽经西窜,难保不复图回扑,仍着景廉督饬孔才,勤加侦探,严密设防,毋得稍涉大意"③。赵兴体与"贼"相比,由于军事力量悬殊,不得不进行战略转移,但仍然没有改变杀"贼"的信念。"绥来县

---

① 戴良佐:《清末新疆民团首领徐学功评传》,《伊犁师范学院学报》2007年第4期。
② 诸葛宸:《新疆纪游》,《中国西北文献丛书》第35卷,第110册,第307页。
③ 《清实录》卷369,第51册,中华书局1986年版,第889页。

民人军功赵兴体等，于该县失守后，率众避居沙山子等处，能于流离困苦之余，团练杀贼。"① 尽管在同治、光绪动乱初期，由于很少得到政府的支持与援助，但他们通过灵活的战术和策略，借以承担起抵抗"贼"军和维护地方社会秩序的重任。

其次，且耕且战，寓兵于农，以保障后勤供给。三支民团还有一个重要的特点就是且耕且战、兵农结合，以求能够做到生产自救。动乱期间，造成了人口的大量死亡和逃散，耕地大量荒废，几成弃地。这样对民团筹粮十分困难。

> 此次大乱十四年，人民死亡极众，而汉人受祸尤惨。平定后采访所得各城陷时，汉满官绅兵民妇女死亡最惨烈者，计二万四千八百三十八员。采访未及者，尚不知其数也。至于罹兵燹而流离死亡者，更不知几千几万也。兹仅就迪化州、昌吉、阜康、绥来、奇台、济木萨、呼图壁、精河八属户口而观察之，原有户数共计两万四千余，至光绪四年实存之户只有六千余。以今比昔，减去四分之三，死亡之众，殊可惊人也。乾隆以来，移民屯垦之成绩，至是几完全消灭②。

可见，这次动乱给乌鲁木齐地区的农业与民众带来的巨大破坏，人口的损失造成了该区粮食缺乏。因此，民团在没有外界接济的情况下，很难维持自身粮食供给的需要。像上面所列举民团军受到饥饿的威胁，随时都有可能发生。徐学功在南山口太平渠，"结碉寨，集精壮"不断收容各地逃奔来的难民，且耕且战，自耕自养。后来文麟在收编的徐学功部的"散勇两千余，任耕战。于是古城、济木萨屯政大举"③。同治十一年（1872）春天，乌鲁木齐都统景廉为了解决军粮问题，招"学功制绥来之沙山，集旧部三千余人，开屯田，且战且耕。于是，学功擢提镇，然事事承将帅指，英气渐减，异于初起血战时也"④。可见，当时军粮不能获取

---

① 《清实录》卷303，第51册，中华书局1986年版，第26—27页。
② 曾问吾：《中国经营西域史》，商务印书馆1936年版，第378页。
③ 《清史稿·文麟传》，中华书局1977年版，第1267页。
④ 《昌吉县乡土图志·氏族》，中国社会科学院中国边疆史地中心编：《新疆乡土志稿》，全国图书馆文献缩微复制中心1990年版，第105页。

足够的补给，仅仅依靠自耕自养，严重削弱了民团的战斗力。

再次，受反"贼"宣传的蛊惑，一度"认敌为友"，却能够及时醒悟。民团在与"叛贼"作战的过程中，由于自身文化素质相对较低，对当时阿古柏的侵略目的和本质分辨不清，并一度受到"叛贼"的宣传迷惑，出现过"认敌为友"的不和谐事件。这其中最为典型的是徐学功曾与阿古柏联合，以达到共击妥明回民军的目的。正是徐学功所犯之"错"，清政府对民团的控制不断加强，"参将白世泰回营后，即将所探安集延及乌城确实情形，迅速所奏。勇目徐学功等所带练勇各卫身家，不肯从贼，洵堪嘉尚，自应收留拊循，以固众心。即着照文麟等所筹，妥为办理"[1]。可见，政府加强了对徐学功部的监督，并实行了严加约束政策。"徐学功回营后，尤应妥为驾驭，令其带队进剿"[2]。而对其他各支民团，则采取了保证他们后勤供应的同时，对其加强了监督和控制，以免再出现像徐学功那样"认敌为友"的事件。尤其是"叛贼"对民团军的投诚方面，政府也剥夺了各支民团接受"叛贼"投诚的权力。"该逆曾差人赴赵兴体营投诚，未允所请。嗣后如回逆、安集延等复有投诚之说，景廉仍当妥慎筹办，断不可为其所给。"[3] 民团的行动受到政府的严格限制，并对他们的行动实行了严密监督，剥夺了某些方面的权力，对他们的控制更加牢固。

最后，各族人民相互团结，共击"叛贼"。阿古柏及其跟随者在迪化和古城地区所犯下的种种暴行，并不仅针对汉族、满族的民众，回、蒙古、维吾尔、哈萨克等族群众也遭到了大批杀害。因此，以阿古柏及白彦虎为首的"贼"众就成为新疆各族人民的共同敌人。民团在与之斗争的过程中，加强了与回、蒙古、维吾尔等民族群众之间的联系。同时在战争中也得到了各兄弟民族人民的支持与帮助。"所需粮草，皆系乌鲁木齐、玛纳斯等处回民供支。"[4] 同治十一年（1872）正月，徐学功攻打乌鲁木

---

① 《清实录》卷308，第51册，中华书局1986年版，第89页。
② 《清实录》卷333，第51册，中华书局1986年版，第405页。
③ 同上书，第404页。
④ 《平定陕甘新疆回匪方略》卷265，光绪二十二年（1896）活字印本。

齐时，与回族头目马明①部的"武装"联合作战，并攻占了乌鲁木齐，迫使阿古柏退居达坂城。五月，阿古柏第三次侵占乌鲁木齐时，杀害大批回、汉的民族群众。并将一批回、汉民众强行押赴南疆，途中马明带领"武装"解救了被押群众。可见，当时各支地方武装力量打破了民族之间界限，以求对付共同的敌人，这充分体现出了各民族相互团结，共击"叛贼"的情景。

二　变乱格局下的地方秩序：阿古柏对乌鲁木齐地区乡村社会的入侵

嘉庆年间的白莲教起义，清政府遭受到了沉重打击。至此之后，清朝社会就进入了多事之秋，国力衰退，江河日下。鸦片战争、太平天国运动期间，清政府在不断镇压内乱的同时，也面临着外来侵略的威胁，内部力量遭受到了严重消耗，致使清政府无暇顾及西北边疆的动乱。尤其是阿古柏和沙俄入侵，使清政府在新疆的统治秩序土崩瓦解，处于崩溃的边缘。阿古柏鼓吹"圣战"，煽动、蛊惑并掀起了民族之间的仇恨，激化了民族之间的矛盾，对汉、回、满、维吾尔、蒙古、哈萨克等民族的无辜群众，进行了疯狂的屠杀。为了反抗这种屠杀政策，在政府支持和各地乡绅、大户的倡议下，组建民团及各地方武装，以保家卫国，维护地方社会秩序。在动乱的过程中，"贼"与"民"都到了疯狂的地步，从而使天山北路东部地区社会秩序完全处于"无序"的状态。在这种情况下，政府、"贼"、"民"三者之间为了各自的目的，采取不同的对策，对社会产生了非常严重的影响。本节试图通过在战乱中，通过三者之间对策抉择的论述，借以揭示出变乱格局下地方秩序的解体以及他们之间的互动关系。

（一）政府、"贼"与民的疯狂：阿古柏侵入乌鲁木齐地区后社会秩序的"无序"

肇端于同治三年（1864）六月四日的库车维吾尔族、回族等农民起义，攻占了库车城。随后新疆各地民众群起响应。同治五年（1866），伊犁起义军攻占了惠远城，伊犁将军明绪自杀。"回逆索焕章阴使杨春潜越南山，纠集回众二千，于六月初十日攻打达坂城，破之。业布冲额犹信任

① 马明民团军，起初与徐学功民团军联合作战，后来归附了阿古柏和妥得璘，但最终还是归附清政府，在收复新疆的过程中，积极与敌作战，屡有战功。

焕章益坚，是月十二日二更，迪化南关作乱，守门纳之，业布冲额仓卒调兵，无一应者，遂自尽。都统平瑞坚守满城，飞檄伊犁请援。会伊犁将军某与都统有隙，故延其行。城中粮尽，都统与士卒分牛马皮，掘草根，剥树皮以为食，而伊犁援兵不至。九月初三日城陷，平瑞饮药死。"① 在短时间内，南疆、伊犁和乌鲁木齐等地尽失，残余清军退守在巴里坤、哈密等新疆边缘地区坚守，清朝在新疆的统治机构基本瓦解。

同治九年（1870）、十年及十一年，阿古柏三次攻打乌鲁木齐，每次都残酷掠杀群众。尤其是在第三次时，杀害一大批汉、回群众后，并把一批回、汉民众强行押赴南疆；"妥得璘之变，知县裕厚简带城防勇五十名，城陷，裕厚北飏。杨存与杨寅分带防勇，全家十余口皆殉难。同时死事者，六品外委杨春福，什长王佐良、石林，民人吕云、罗易义、谢永福、谢永存、王章、李建威、范春举、王积义、石学福、袁绪生、赵王良、张肇兴十五人，计男女大小百余口，皆在难，此外不知姓名者约四、五万人"②。"逆回常世和马仲，暨逆缠依沙克和若等拥众万余来捣木垒。得城后，大肆屠戮，汉民几无噍类。十五日贼陷古城，汉城游击吴殿魁以下俱死之，兵民殉难者约三百余人。"③ 绥来县回逆铁福元及其叔铁五率叛党冲入城内，大肆焚掠，军民几千人死难，汉民几无噍类。阿古柏和"逆回"的屠杀政策，激起了民团军和清政府的极大愤慨，使他们采取了特别不理智的政策，造成了民族之间的矛盾越来越严重。

同治三年（1864）六月，妥、索两逆攻占迪化城后。呼图壁回兵、回民同日回应，戕杀王守备，占据该城。是月十九日，本地乡约王宾、张文升等倡户民，商民张德元倡众商民，磨菇湖高四倡芳草湖民，阗杀入城。烧死逆眷老弱千余丁口于西关外。回逆骑马东窜者百一十余人，至三十里墩，复被东滩、十四户两处汉民截杀大半。九月

① 《迪化县乡土志·兵事》，中国社会科学院中国边疆史地中心编：《新疆乡土志稿》，全国图书馆文献缩微复制中心1990年版，第9页。

② （清）巨国柱：《阜康县乡土志·耆旧录》，中国社会科学院中国边疆史地中心编：《新疆乡土志稿》，全国图书馆文献缩微复制中心1990年版，第29页。

③ （清）杨方炽：《奇台县乡土志·兵事录》，中国社会科学院中国边疆史地中心编：《新疆乡土志稿》，全国图书馆文献缩微复制中心1990年版，第60页。

十五日，回逆再败遁。二十日集乌鲁木齐各逆来，尽杀汉民，得脱者少，自是呼城靡有孑遗。同治八年、九年，靖边菅徐学功自迪化南山带士勇攻杀回逆。札呼城月余，旋移驻洛克伦河北岸、马桥子筑城护卫，汉民壁垒尚存。迄光绪二十五年，又有绥来回逆马三被奸回无奈者子，煽诱谋逆，朴城之祸，而呼境大土古里、宁州各户各回，复相率挈眷助逆，攻绥城，幸登时灭①。

更为严重的是，清政府也采取了同样的报复政策。即使攻破城池后，对于跟随阿古柏以及被裹挟而参与叛乱的民众，清政府不是采取安抚为主，而是采取"剿杀"的错误政策。

同治十年（1871），金（顺）军和刘（锦棠）军同时攻城，用开花大炮轰开城缺。刘军由东北肉搏登城，金军由东南上，一拥而入，勇气百倍。城中悍贼五六千人一律（被）砍杀净尽，无一漏网。逆首王治、金中安，暨安集延贼目绷塞、奇玉孜巴什等均歼焉②。

在清军收复奇台县时，"谨考本境于旗汉户口外，唯有回、缠两种，其回回一种。在同治三年（1864）变乱时，不下三四千家。同治十年（1871），大军进剿，或被官兵搜杀，或逃窜他方，几无噍类"③。更为严重的是，孔才收复了济木萨和古城两城后，认为古牧地马明，会与乌鲁木齐、玛纳斯等处回逆勾结，对古城新渠进行反扑，唯恐济木萨、古城的城内回民做内应，经禀明，也对他们采取了错误的政策。

古牧地回目马明，与乌鲁木齐、玛纳斯逆回勾结，图扑古城新渠，经孔才等将济木萨、古城贸易回民剿洗，绝其内应，并在滋泥泉

---

① 《呼图壁乡土志·兵事录》，中国社会科学院中国边疆史地中心编：《新疆乡土志稿》，全国图书馆文献缩微复制中心1990年版，第156页。

② 《迪化县乡土志·兵事志》，中国社会科学院中国边疆史地中心编：《新疆乡土志稿》，全国图书馆文献缩微复制中心1990年版，第10页。

③ （清）杨方炽：《奇台县乡土志·人类》，中国社会科学院中国边疆史地中心编：《新疆乡土志稿》，全国图书馆文献缩微复制中心1990年版，第65页。

地方与贼接仗获胜。据孔才等所禀，情形是该回等诡谲性成，中怀叵测，投诚之说，万不可恃第。回众经此惩创，马明得信，难保不报复寻仇。投顺安集延回，伺隙滋扰，景廉务当檄饬各营，严密侦探，妥为防范，以备不虞①。

总之，持续近十四年的动乱中，无论是"贼"、民，还是政府，都采取了十分不理智的行为。阿古柏的侵入和"叛乱回众"占领天山北路东部地区以后，并不是采取安抚民众以恢复由于战乱所破坏的社会秩序与农业生产，而是不断激化民族之间的相互矛盾；对此，作为回应，由乡绅和大户等组成民团与之对抗，面对民族之间的矛盾，民团也采取了同样的错误政策；清朝政府作为统治秩序曾被推翻的一方，也做出了不理智的行为，并没有采取正确的策略。不幸的是，该时期所产生的民族矛盾在新疆历史上造成了极大的负面影响，民族之间的隔阂较为严重，成为影响社会稳定的重要研究课题。

(二)"从贼"与"反贼"：变乱格局中乡绅与民众的反应

近百余年安静美丽的家园在顷刻之间惨遭动乱的毁弃，致使有序的乡村社会陷入了空前无序的状态。原本民族庞杂的移民社会中，不同阶级和阶层本身充斥各种利益和激烈矛盾。在空前剧烈的社会变动面前，如何站好队也是一个十分令人困扰的问题：是站在政府一边来维护原有的社会秩序，还是站在反叛者的一边来打破旧有的平衡？易言之，是"从贼"还是"反贼"的问题，这是乡绅民众所面临着一种艰难的抉择。那么，在这种抉择中，乡绅和广大民众如何反应？以及做出何种反应？这也是很值得我们做进一步探讨的问题。

咸丰元年(1851)爆发的太平天国起义，沉重打击了清王朝的统治。随后捻军起义、陕甘回民起义以及全国各地的农民起义进一步动摇了清政府统治的根基。受内地农民起义的影响，新疆协饷断绝，生产几乎停滞，各族军民生活状况也迅速恶化，政府与地方社会之间的矛盾不断加深。除表现出来的矛盾外，而且也有有些方面的矛盾处于一种"暗涌"状态。阿古柏三次对乌鲁木齐入侵，也逐渐确立了在该地区的统治地位。他利用

---

① 《清实录》卷349，第51册，中华书局1986年版，第616—617页。

宗教宣传优势，煽动回、哈萨克等民族民众加入反对清政府的行列。本来社会民众对于清政府的统治带有极大不满情绪，经过侵略者的蛊惑和煽动，社会动乱便迅速成为燎原之势。绥来的铁福元、乌鲁木齐的索焕章、妥得璘及马仲、马明等，都投靠了阿古柏的麾下，他们成为挑拨民族矛盾的工具和主要力量。阿古柏集团的蛊惑和煽动，对于那些长期处于社会底层或者长期被排斥在清朝权力网络之外的民族文武官员来说还是具有一定的号召力。如前面史料中列举的孔才唯恐济木萨、古城回民做内应，以充当"土贼"①。从这条史料中，一方面说明了孔才所采取政策的失误；但从另一个方面也说明了当时受阿古柏鼓吹"圣战"的迷惑，从而参与叛乱的回族民众亦应不少。

与大部分的回族民众相对比，乡绅和地方精英人物则与之走的则是相反的道路。他们要么组织民团与之斗争，要么保持名节以死抗争。如奇台县附生李恒秀、岁贡生连登甲、贡生黄某父子及古城巨富王朝贵等，在阿古柏侵入乌鲁木齐地区时，就采取了不同的人生抉择。

　　附生李恒秀，在回匪变乱时，乃捐资团练乡勇四百余名屯札永林庄。凡本境及他境避难于该处者，男妇共一千三百余人，嗣有汉奸喇嘛保诈称县官到此，可出去迎迓？恒秀误信其言，遂偕弟某前往。走至小屯庙前，适与贼遇，寡不敌众，遂被贼戕；又有岁贡生连登甲，原籍镇西厅人。学问渊博，品行端方，书画卜筮无所不晓。咸丰六年携眷来古，设帐于北乡西地，训迪勤勉，实繁有徒。回匪变乱时举家避于南山松林中。贼酋妥得璘闻其文名，屡次遣党延聘，登甲推辞不脱，阳许之以稔贼心，阴谓乡人曰："吾读圣贤书，受朝廷爵，岂肯从贼作幕乎？"遂诳家人，入深山采茶，乘间仰药而死；又邑贡生黄某，系古城回民。忘其名字，博学能文，曾为陕西延川县教谕。其子邑附生黄震亦一乡善士。城陷之日，举家均殉焉。又回民王朝贵，古城巨富也。回匪

───────────

① 日本学者吉尾宽把那些参加农民起义军队的民众称为"流贼"，与之相对应的还有一批留在本地和农民起义军相呼应的，并在暗中帮助起义军的民众，称为"土贼"。见氏著《明末の流贼反乱と地域社会》，汲古书院2001年版。

变乱时，被骗入伙者众，独王朝贵杜门不从，令其子逃走。将举家男妇十余口闭于室中，纵火焚死，自从墙上扑入①。

从上面所列史料中可以看出，作为普通民众，也许他们在日常生活中是不太会拘泥或者纠缠于"王朝正统"的争论，但几千年来积淀下来的儒家伦理道德观念却能够深深植根于他们的日常生活之中。巧合的是，正是这种观念却成为他们维系社会结构和秩序的主要精神依托。当然，不可否认的是，在参加"叛乱"的民众中，也存在一些地痞流氓及无赖之徒，他们借战乱之机以达到发财的目的。"乌鲁木齐逆首妥得璘，遣贼由南湖沿边潜赴肃州，沿途劫抢。统领魏忠义率领弁勇，由石槽折回小西梁，追至大疙瘩迤东，夺回其抢去的商驼等物。该逆复由北山窜至玉门县之黄花营，肆行抢掠。"② 除此之外，大多数的民众则更为关心与他们日常生活和生计更为密切稳定的生存环境。马明、马仲等回民头目的投诚并积极协助民团和清军对阿古柏势力的打击也能说明这一问题。易言之，"人类在追求生存所需的基本安全保障方面，普通民众和地方士绅领导的防御组织的目标有一定的契合"③。正是由于这种契合，普通民众会转而追随士绅阶层所领导的民团组织，继而就成为驱逐侵略势力和帮助政府平叛的主要力量。

（三）政府对民团政策：动乱社会中民团对政府的响应

社会动乱中，民团作为民间自卫或对抗叛乱和侵略的一种武力组织，无疑是一柄"双刃剑"，其中最为关键的是在于掌控者如何控制和利用它。地方武力是维护皇权的一种助力，但如果任其膨胀并监控不力的话，很可能则会变成对中央政府的一种威胁。太平天国运动期间，以曾国藩为首的江南团练组织则成为镇压太平天国的主要力量。但这一批文人士子出于对儒学道统的执着，更加坚定地站在了清朝统治者的一边，使得这一强大的地方武装并没有走向反抗清朝中央的道路。甚至有外国使臣曾对曾国

---

① （清）杨方炽：《奇台县乡土志·耆旧录》，中国社会科学院中国边疆史地中心编：《新疆乡土志稿》，全国图书馆文献缩微复制中心1990年版，第63—64页。

② 《清实录》卷283，第50册，中华书局1986年版，第918页。

③ 杨国安：《国家权力与民间秩序：多元视野下的明清两湖乡村社会史研究》，武汉大学出版社2012年版，第327页。

藩提出与清王朝"划江而治"的建议时也被曾氏断然拒绝。尽管如此，但团练势力的增长，却成为清廷统治者的一块心病。所以他们总结经验，对新疆的民团如何利用和控制，以免成尾大不掉之势，也是政府不得不考虑的主要问题。

民团的形成、发展和不断壮大是国家政权在该地区统治秩序已经崩溃的背景下出现的。但这种崩溃也并不是完全、彻底性的崩溃，即国家政府对于那些地方士绅或宗族还没有达到完全失控的一种地步，即是说，这些地方精英人物与国家之间在心理和精神上仍具有很大的契合性。正是在这种情况下，"民团组织可以视为地方士绅权力的扩张，从而填补了官府在基层社会政权的缺失，以补充官府在地方防御功能中的缺位"①。无论是在太平天国期间的团练还是在乌鲁木齐地区动乱期间的民团，都存在一个明显的事实：他们在地方防御和反抗外来侵略活动中能够所表现出来的强大的战斗力。当然，这也得益于政府对民团的物质援助和支持，而且民团发展也需要官府的援助。同样，政府也需要借助民团的力量来恢复原有的统治秩序，从而政府与民团之间形成了某种互动关系。官府对民团的各项政策，民团与之也会有一个互动和响应。

逆首妥得璘遣"贼"由南湖沿边潜赴肃州，进行沿途劫抢时，统领魏忠义率领弁勇，追至大疙瘩迤东，夺回其抢去的商驼等物。"该逆复由北山窜至玉门县之黄花营，肆行抢掠，亦经该处民勇户民击败。仍著文麟、景廉一方面督饬兵勇，勤加训练，随时严加防范；另一方面也激励各处民勇，协同守御，毋任该逆乘虚肆扰，以靖地方"②；即使民团打了败仗，清政府仍然派员慰问并相机鼓励，以提高士气。"文硕接奉前旨，派员赴沙山子晓谕该处民人。该民人等团练杀贼，奋勇可嘉，仍着奎昌、文硕等随时相机鼓励。"③ 当然，除上文提到政府给予民团的资助、鼓励等政策外，也通过各种方式对民团给予了严格监督和强力控制。"参将白世泰回营后，即将所探安集延及乌城确实情形迅速所奏，勇目徐学功等所带

---

① 杨国安：《国家权力与民间秩序：多元视野下的明清两湖乡村社会史研究》，武汉大学出版社2012年版，第351页。

② 《清实录》卷283，第50册，中华书局1986年版，第918页。

③ 《清实录》卷317，第51册，中华书局1986年版，第195页。

练勇各卫身家，不肯从贼，洵堪嘉尚，自应收留拊循，以固众心。即着照文麟等所筹，妥为办理"①；"景廉驰抵巴里坤后，探悉赵兴体等民团尚知大义，特恐该营粮饷缺乏，见异思迁，已派员赴西路一带抚慰各营，分别给予银物，所办甚是。惟当随时驾驭拊循，俾赵兴体、孔才等营，始终团结，不知涣散，以助声势"②。且清军还在民团中直接安排军事将领进行监督和控制，如提督张玉春就曾与孔才、徐学功等营一同驻扎，并负有对他们进行监督的义务。"着景廉相机妥办，所请将徐学功等分立营名。仍着饬令张玉春等妥为钤束，以资得力"③；"孔才办事未能妥协，景廉已派提督张玉春驰赴古城，会同孔才办理防剿并屯垦事宜。着即饬令该提督悉心部署，以资战守。徐学功回营后，尤应妥为驾驭"④。清政府对民团一方面给予支持和援助，另一方面不断进行监督、控制和利用的两面政策。主要就是唯恐民团走向自己的对立面，并达到使各民团"为我所用而不为贼用"⑤ 的目的。

　　那么作为对政府政策的响应，民团也积极与政府配合，服从政府的军事调配，打破了原来的军事活动区域。即使"叛贼"投诚之事也交给政府办理等，从而使二者之间找到了"利益"平衡点。"逆回白彦虎，于本年六月间纠党扑犯济木萨，经景廉饬令孔才，并添派队伍，在三台等处会剿获胜，迭有斩擒。该匪虽经西窜，难保不复图回扑，仍着景廉督饬孔才，勤加侦探，严密设防，毋得稍涉大意。"⑥ 徐学功在"叛贼"围困吐鲁番时，主动请求给予支援，"据称，接据防堵奇台龙口山勇目邓生玉禀报，南疆安集延率众围攻吐鲁番，屡将乌鲁木齐赴援之贼击败。并据乌鲁木齐南山团练勇目徐学功禀报，聚集民勇千余，与贼接仗连胜，擒斩逆首多名。后安集延酋长乎什伯克带领所部回众围困番城，声称投诚报效。徐学功已带勇丁赴番城会剿，禀请大军西征。拟调孔才一营赴奇台，伕成禄

---

①《清实录》卷308，第51册，中华书局1986年版，第89页。
②《清实录》卷327，第51册，中华书局1986年版，第339页。
③《清实录》卷335，第51册，中华书局1986年版，第421页。
④《清实录》卷333，第51册，中华书局1986年版，第404—405页。
⑤《清实录》卷321，第51册，中华书局1986年版，第246页。
⑥《清实录》卷369，第51册，中华书局1986年版，第889页。

出关，即亲自带兵会同进剿，收复各城等语"①；"该逆曾差人赴赵兴体营投诚，未允所请。嗣后如回逆、安集延等复有投诚之说，景廉仍当妥慎筹办"②；"回目马明等递禀投诚。据称，劝与安集延说和，以待外援，客请发兵驰救。其言虽未可深信，亦应设法羁縻，景廉拟佚该回将家属送至济木萨，即檄调徐学功等营赴古牧地帮同马明驻守"③。可见，政府与民团所存在的契合点是相当多的，并且在一定程度上积极抵抗沙俄的进攻，"时俄人已入（伊犁），又复声言代收乌垣。纠缠回伪为赴绥来贸易，将乘机袭乌垣。学功率兵要击之，破其众，夺获驼马洋货，并俄钞二万两，俄人始不敢东犯。乌垣之不陷于俄者，学功之力也"④。

清政府通过对各民团的各种资助，达到了"俾各民勇皆乐我用"⑤ 的目的；民团部分权力的出让和军事上的服从，使他们也成了清政府恢复对新疆统治秩序的主要力量。固然，这些士绅和家族、大户也通过借助于民团组织进一步强化了自己在地方上的权威，官府也仰仗了这些士绅和家族所组建的民团加强了对动乱中的乡村社会的军事控制。即使新疆收复后，民团作为控制乡村社会的主要地方自卫武装也被保留下来。新疆建省及至清政府灭亡，团勇作为维护地方社会安定的主要举措之一，受到了地方官员的重视。如奇台知县朱燧就"捐廉百余金，倡修平山书院，并设保甲，练团勇"⑥，以维护社会秩序的稳定。

里甲、保甲、乡约、农官、"水利"以及民团等都成为清代以至民国时期国家权力对乡村社会进行控制的主要管理人员，是维护社会秩序稳定的重要保障，也可以称为"硬措施"。乾隆统一新疆以来，就乌鲁木齐地区移民社会的治理主要采取了移植与模拟的方式，将内地乡村社会的管理体系移植到本区，以实现对移民社会的控制和消融，逐步泯灭内地与边疆的差异。但在社会实践过程中，其差异性不但存在，而且在一些方面还日

---

① 《清实录》卷298，第50册，中华书局1986年版，第1132页。

② 《清实录》卷333，第51册，中华书局1986年版，第404—405页。

③ 《清实录》卷341，第51册，中华书局1986年版，第494页。

④ 吴诸宸：《新疆纪游》，《中国西北文献丛书》第110册，第307页。

⑤ 《清实录》卷321，第51册，中华书局1986年版，第246—247页。

⑥ （清）杨方炽：《奇台县乡土志·政绩录》，中国社会科学院中国边疆史地中心编：《新疆乡土志稿》，全国图书馆文献缩微复制中心1990年版，第59页。

益凸显出来。尽管如此，对边疆地区的控制与消融的目的在很大程度上也得到了实现，促使乌鲁木齐地区乡村社会在长时期内能够做到"基本有序"的运行，使内地移民更安心地扎根于边疆。民团的组建并成为清朝政府收复新疆的主要力量，也是很好的明证。

第 三 章

移植与模拟（下）：移民社会
组织体系的构建与运转

——以教育、交通和民团为例

第一节　教育与地方社会——学宫、学堂、学校

　　学宫是由官方或民间独建或由官民合办，招收贫寒子弟或少数民族地区子弟，并向其提供免费基础教育的公益性质的学校①。后来，官学和义学是明清时期办学的主要形式，无疑对于推动教育的发展和普及、改变社会风气、促进社会教化以及维护社会秩序等方面起了非常重要的作用。20世纪70年代以来，学术界才开始对教育通史和区域教育史进行关注，并取得了一些有影响力的成果②，但对边疆地区涉及较少，研究成果也相对有限③，且这些成果主要集中于教育制度和教育状况等方面的研究，而对

---

　　① 《中国大百科全书·教育》，中国大百科全书出版社1985年版，第530—531页。

　　② 毛礼锐、沈灌群：《中国教育通史》，山东教育出版社1987年版；苏云峰：《张之洞与湖北教育改革》，"中央研究院"近代史研究所1976年版；梁庚尧：《宋代的义学》，《台大历史学报》1999年第24期；［丹麦］曹诗弟：《文化县——从山东邹平的乡村学校看二十世纪的中国》，泥安儒译，山东大学出版社2005年版；陈宝良：《明代的义学和乡学》，《史学月刊》1993年第3期；缪心毫：《清代义学生存困境分析》，《历史档案》2006年第2期；徐梓：《明清时期塾师的收入》，《中国社会经济史研究》2006年第2期。

　　③ 中国少数民族教育史编委会，韩达主编：《少数民族教育史》，广东教育出版社1998年版；马文华：《新疆教育史稿》，新疆教育出版社2006年版；顾先龙：《"苗疆义学"历史考察》，《贵州民族研究》1995年第1期；张羽琼：《论清代贵州义学的发展》，《贵州文史丛刊》2002年第1期；杨艳喜：《晚清新疆教育发展滞后原因探析》，《兰州教育学院学报》2010年第5期。

社会移民的教育涉及不多。

　　清代新疆教育的发展，呈现出明显的区域不平衡性。在南疆和东疆的哈密与吐鲁番地区，由于清政府实行了民族隔离政策，汉语教育直到光绪三十三年（1907）以后，才逐渐得以在全疆发展并不断普及；而北疆的伊犁和塔尔巴哈台地区，即使在道光年间，伊犁将军松筠和给事中永祚提出兴建教育的建议也得到了嘉庆帝的申饬①；唯有以汉族和回族为主要居民的天山北路东部，即乌鲁木齐地区和镇西厅，从乾隆三十二年（1767）起直到清政府灭亡，儒家教育一直得到政府的支持。当然，清代新疆儒家教育发展不平衡的原因，并不是本书探究的主要内容。本章拟以晚清民国时期乌鲁木齐地区为中心，各地方志和清实录等文献资料、档案和口述史料作为史料基础，从历史社会地理的角度，通过对当时官学与义学的分析，来探寻官方和民间力量在教育发展中的作用，从而揭示出政府通过发展教育来实现对移民社会的治理和消融及二者之间的动态关系。

一　1821—1944 年乌鲁木齐地区教育发展阶段

（一）道（光）咸（丰）时期（1821—1861）：教育的继续发展

　　道光、咸丰时期是乌鲁木齐地区教育发展的重要阶段。虽然南疆发生了几次较大的动乱，但乌鲁木齐地区却保持了相对的稳定。人口和地亩开垦获得了持续不断的增长，"道光元年（1821），户屯和兵屯的开垦地亩分别为 947231 和 114580 亩"②。咸丰元年（1851）乌鲁木齐地区开垦耕地达 152 万亩③；"到同治三年（1864），乌鲁木齐各族军民总人口应大大

---

　　①　"谕内阁，松筠奏请设伊犁学额一折。伊犁地处边陲，毗连外域，非乌鲁木齐建立府、州、厅、县，设有学额者可比，自应以武备边防为重。若令专习汉文，必至艺勇生疏，风气日趋于弱，且眷兵户口及种地商民又安能尽令通晓文义。近日给事中永祚条奏此事，经大学士会同礼部议驳，降旨明白宣示……此事断不可行。松筠时任伊犁将军，尤应留意边防，整饬武备，何不晓事体若此。著传旨申饬。"《清仁宗实录》卷108，嘉庆八年二月丁巳。

　　②　嘉庆十二年和道光元年的数字。（清）和宁：《三州辑略》，成文出版社1968年版；松筠等：《新疆识略》，日本早稻田大学图书馆藏，道光元年（1821）序刊。

　　③　中国科学院地理科学与资源研究所、中国第一历史档案馆：《清代奏折汇编——农业·环境》，商务印书馆2005年版，第483页。

超过 30 万"①。可以说，人口和耕地规模都达到了清代新疆历史上（1757—1911）的最高峰。

毫无疑问，人口增长对区域教育的发展具有极大的促进作用。咸丰五年（1855），"拨奇台县隶迪化州，其学额向系府学三名，宜禾县学四名，奇台县学四名。今改为厅学额进六名，奇台县学额进五名。九年议准镇西府学前经归并厅县，其廪增额缺各二名，亦应归并镇西厅各一名，奇台县各一名。嗣后镇西厅、奇台县即各作为廪生三名，增生三名，仍照旧六年一贡。至镇西府原有贡额一名，俟六年出贡时，先由镇西厅学考充，再出贡时即由奇台县学考充，轮流出贡，以符旧额"②。可见，当时由于人口增加与政区变动，该地区的学额也得以调整，奇台县学额较乾隆末年明显增多。在学额增加的情况下，乡村和营伍教育也受到了基层官员的重视："记名简放何琯（咸丰十一年，巴里坤总兵），故镇初莅巴里坤，整顿营伍，纪律严明；因边地风气强悍，商同地方官增设义学，令兵民子弟读书，其中贤惠并行，军民悦服。"③

当然，道光、咸丰时期新疆方志相对较少，对地方教育及相关的记载则少之又少。因此，对于该时期本区域的教育发展状况不能做较为全面的研究，只能依靠有限的史料简要地予以说明。人口增加，经济发展，再加上政府的重视，乌鲁木齐地区的教育不断得到发展应是历史事实。

（二）同（治）光（绪）时期（1862—1878）：教育遭受重创

同治、光绪年间持续十余年的动乱，给新疆社会造成了极大的破坏。城镇陷落，乡村被毁，90% 以上的人口被杀或逃亡。"同治二年春，索焕章自为伪元帅，围满城，八月陷之。其时奇台捕役率回众陷奇台，分掠绥来、昌吉、阜康、济木萨、古城皆陷"④；"迨至同治三年，逆回构乱，地陷于贼三处，城垣及民房官舍被焚毁，荡然无存"⑤。由于阿古柏鼓吹

① 齐清顺：《1759—1949 年新疆多民族分布格局的形成》，新疆人民出版社 2010 年版，第189—190 页。

② （清）王杰等修：《钦定大清会典事例·吏部》卷 377，嘉庆二十五年（1820）刻本。

③ （清）陶模：《陶模新疆奏稿》，台湾学生书局 1970 年版，第 331 页。

④ 《昌吉县乡土图志·兵事录》，中国社会科学院中国边疆史地中心编：《新疆乡土志稿》，全国图书馆文献缩微复制中心 1990 年版，第 98 页。

⑤ （清）杨方炽：《奇台县乡土志·历史》，中国社会科学院中国边疆史地中心编：《新疆乡土志稿》，全国图书馆文献缩微复制中心 1990 年版，第 57 页。

"圣战"，致使社会动乱演变成民族之间的矛盾爆发，人口死亡、失散严重。据英人斯凯勒记载，乌鲁木齐"共约有十三万满族和汉族人被杀"；"同治三年九月十一日，绥来北城失守，副将、知县均殉焉，城内男妇死难者千余人。该逆得城后大肆焚毁，汉民凡无噍类矣"①。战争的破坏，使近百余年的教育事业被摧毁，跌入低谷。"同治年间，疆域糜烂，学宫荡然，惟镇西一域较为完善，故学术甲于全疆而他属不及焉。"② 人民生命安全没有保障，故教育的发展根本无从谈起。因此，这场动乱致使该时期的教育遭到了重创。以至于新疆收复以后，学堂的重建则成为当时善后事宜的主要任务之一。"新疆善后事宜，以修浚河渠，建筑城堡，广兴屯垦、清丈地亩，厘正赋税、分设义塾、更定货币数大端为最要。"③ 当时政府限于财政拮据的情况，鼓励民间兴办义学是教育发展的主要方式。光绪十年覆奏准设义学："哈密五堂、库尔喀喇乌苏四堂……巴里坤四堂、奇台县四堂、济木萨三堂、阜康县二堂、迪化县六堂、昌吉县二堂、绥来县四堂、呼图壁二堂，共七十七堂，每堂月给束脩等项银十二两，一切杂款在内。嗣后义学经费在房租杂税内动支，按年报部查核。"④

（三）光（绪）宣（统）时期（1879—1911）：教育的恢复和鼎盛

光绪二十七年（1901），"中央政府拟行新政以后，各地官绅也纷纷回应清廷的兴学诏书，设立了不少的新式学堂。这些学堂或自立章程，或转抄酌改他校章程，程度、课程、年限参差不齐"⑤。在动乱后教育重建的过程中，乌鲁木齐地区的教育也得以恢复并发展到清代新疆历史上鼎盛时期。收复新疆后至光绪三十年期间（1879—1904），办学力量是以民间为主，官方为辅。大量的义学学堂得以兴建，不得不依靠民间资金，这在各乡土志中有较多记载。"光绪八年，古城满营协领魁庆，系正红旗人，捐廉创建六旗义塾；二十二年知县朱熿像（应为朱熿），湖南人，捐廉百

---

① （清）杨存蔚：《绥来县乡土志·兵事录》，中国社会科学院中国边疆史地中心编：《新疆乡土志稿》，全国图书馆文献缩微复制中心1990年版，第133页。

② （清）袁大化、王树枏等：《新疆图志》卷38，东方学会1923年铅印本。

③ 《清实录》卷113，第53册，中华书局1986年版，第655页。

④ （清）刘锦藻：《清朝续文献通考》卷97，上海古籍出版社2000年版，第8572页。

⑤ 孙培青：《中国教育史》，华东师范大学出版社2000年版，第343页。

余金，倡修平山书院"①；"光绪七年，欧阳振先以孝廉宰绥邑，于读书一项极力培植。当承平初，民不知学，视为畏途。欧阳振先教养兼资，遇颖悟子弟，既劝勉其父兄，复鼓励其师长，受怜寒士，视如家人子弟，所以有志者，咸知以读书为荣焉；光绪二十四年，知县黄廷珍官绥来，廉明正直，民之爱戴不忘者约有数端，一捐廉以设义学，一筹款以建文昌宫，一劝民户以修龙神祠"②。当然，这些义学的创办者，大多是基层官员、大户或乡绅居多。更有甚者，有的官员变卖官产以解决义学的资金问题，如"光绪二十二年（1896），任令兆观建言办九运街善后，变卖旧署，改修文庙，创建义塾两间"③。

由于行省设立，主持考试的官员由乌鲁木齐都统转为巡抚办理。"关外镇迪各属生童，向由乌鲁木齐都统代为扃试，将试卷移送学臣取进，现在都统裁撤，请改为巡抚办理。"④ 从光绪三十年至宣统三年（1904—1911），由于清政府的重视和近代化学堂的兴办，对新疆教育发展起到了极大的促进作用，也使得乌鲁木齐地区的教育发展达到了清代历史上的鼎盛时期。并且伴有以下主要特点：其一，学堂建立数量增多，分布遍及全疆，甚至南疆有的府、厅、州、县的学堂数量远超迪化州和镇西厅所属州、县。如疏附县二十三所，库车直隶厅二十四所，和阗直隶州三十四所，叶城县三十四所等，而迪化县最多才二十五所，其他各县大都在十几所至五六所之间⑤；其二，教育兴办以官方倡导为主，民间广泛参与为辅，民间资本为主。绥来县学共建学堂十五所，其中官建五所，民建九所，私立一所。即使民建和私立学堂，官方也给予了大力支持；其三，近代化学堂的兴办，并延请了外籍教习。巡警学堂、初级师范学堂、将弁学堂等都具有近代化学堂的特征，并且法政学堂还聘任日本教习林初贤次，中俄学堂聘任俄籍教习等；其四，城镇与乡村的学堂分布日益趋于均衡，

① （清）杨方炽：《奇台县乡土志·政绩录》，中国社会科学院中国边疆史地中心编：《新疆乡土志稿》，全国图书馆文献缩微复制中心1990年版，第59页。

② （清）杨存蔚：《绥来县乡土志·政绩录》，中国社会科学院中国边疆史地中心编：《新疆乡土志稿》，全国图书馆文献缩微复制中心1990年版，第132页。

③ （清）巨国柱：《阜康县乡土志·政绩录》，中国社会科学院中国边疆史地中心编：《新疆乡土志稿》，全国图书馆文献缩微复制中心1990年版，第27页。

④ 《清实录》卷233，第55册，中华书局1986年版，第143页。

⑤ （清）袁大化、王树枏等：《新疆图志》卷39，东方学会1923年铅印本。

南疆地区甚至乡村学堂的数量超过了城镇。根据《新疆图志》统计,迪化州共设有 91 所学堂,其中城镇为 52 所,乡村为 39 所;其五,学堂类型日益全面。除省城设有的近代化大学堂、初等小学堂以外,还设有蒙养学堂、实业学堂、教员讲习所、半日学堂、简易识字学堂等。

(四)杨、金、盛时期(1912—1944):近代学校的创设和发展

杨增新独揽新疆军政大权以后,为维护和巩固自己的统治,在新疆实行了愚民政策。杨氏主新十七年(1912—1928),教育不仅没有得到应有的发展,反而总体来看,还要落后于清末的发展水平。除社会因素影响以外,主要还在于杨增新是个老学究,看不起新学派,对新式教育也极不重视[1]。杨氏任内教育方面唯一值得提及的是民国十三年(1924)创办俄文法政专门学校。根据当时的实际与需要,主要是培养对俄交涉人才。"新疆与俄接壤亘数千里,自俄乱发生,政潮迭起,狂澜横溢,新疆首当其冲。审时度势,非造就深通俄文人员,并娴习法政国际诸学,不足以资驱策而应世变。"[2] 因此,办理此学校的目的主要有三:"一是培养对俄交涉人员;二是培养本地人才,'不致借材于内地';三是培养法政人才。"[3]金树仁在治新的五年中,对南疆的汉语教育、女子教育及派遣留学生教育等方面进行了整顿和改革。但由于政局不稳,收效甚微。限于目前资料,对迪化州的学校数量和在校人数没有明确的记载,但从全疆数量上也可以窥见当时教育处于较为落后的状态。"1912 年各类小学共 60 所,在校生 1802 人;1915 年小学共 98 所,在校生 3774 人;从 1915 年至 1928 年,小学在校人数维持在 4000 人左右。初等教育在金树仁主新期间略有增长。1931 年学校增加到 153 所,在校生已达到 7126 人;1933 年,学校仅为 95 所,在校生为 4132 人。杨增新虽于 1916 年、1920 年恢复设立师范和中学,但在校生数量很少,大致在 40—80 人之间;1931 年中学和师范生分别为 154 人和 162 人"[4],其远远不能够满足当时教育发展的需要。盛世才时期,在苏联和中国共产党的帮助下,制定了两期教育发展的三年规

---

[1]　赵宴安:《清朝末年奇台县教育情况》,《奇台文史》第 8 辑,1999 年,第 134 页。
[2]　杨增新:《补过斋文牍三编》卷 1,辛集上,1921 年。
[3]　马文华:《新疆教育史稿》,新疆教育出版社 2006 年版,第 47 页。
[4]　同上书,第 51 页。

划，从而使新疆教育发展达到了一个新的高度。小学、中学、高等教育、女子教育、实业教育及民族教育等学校数量与在校生得到了明显提高，"至1943年，各级公立学校、会立学校和民校在校生达到了283314人"①。

依照上述可知，晚清民国乌鲁木齐地区的教育发展呈现出明显的阶段性。道光、咸丰年间，尽管南疆地区出现了和卓后裔的暴动，但乌鲁木齐地区仍保持了相对的社会稳定，使得教育能够继续发展；同治、光绪年间持续十四年的社会动乱，清朝在新疆的统治秩序处于崩溃的边缘，教育不仅不能得到发展，而且原有的教育体系也完全遭到了破坏；新疆收复后，地方教育在当地官员的支持下，逐渐得到恢复。尤其在清末新政时期，由于中央政府的支持，使得新疆教育达到了清代历史上的最高峰。近代化学堂也得以建立，新式教育也不断得到发展；而到了杨、金时期，教育不仅没有得到应有的发展，而且还要落后于清末的发展水平；盛世才主新期间，总体来说，教育获得了较大发展，在校学生数量也突破了历史上的最高值。此外，我们还应该注意到，地方教育水平的高低，还取决于地方官员对教育的热心程度，如清末时的杜彤以及民国时期的盛世才，不可否认，他们对新疆教育的发展做出了较为重要的贡献。

二 几个教育方面的空间对比与分析

乾隆三十二年（1767），温福兴办教育的奏折得到乾隆皇帝的批准，乌鲁木齐地区所兴办的学堂主要设立在市镇，即使具有义学性质的各种书院，也大都设在县级治城。自从学额设立以后，各屯、营伍开始兴办官立、义塾、私塾等各种学堂。当然，限于史料的记载情况，对于新疆建省以前的学堂在市镇与乡村的分布情况，无法做出较为详细的探究。现以根据《新疆图志》的记载，对光绪、宣统时期学堂的空间分布及其他相关情况列表如下：

---

① 马文华：《新疆教育史稿》，新疆教育出版社2006年版，第68页。

表3—1　　　　光绪、宣统时期（1875—1911）迪化府学堂设置情况

| 学堂属地 | 数量 | 分布数量及区域 | | 性质 | | | | 学生人数 | 教习人数 | 经费数量（官款） |
		市镇	乡村	官立	民立	私立	公立			
省立学堂	9	9		9				807	55	130893
古城满营	4	4		3			1	111	4	432
迪化府学	2	2		2				100	11	3360
迪化县学	25	13	12	17			8	262	35	6803
昌吉县学	5	3	2	5				76	6	552
呼图壁丞	6	1	5	6				65	6	341
绥来县学	15	7	8	5	10			343	16	632
阜康县学	7	2	5	4			3	85	7	304
孚远县学	5	3	2	3			2	99	5	695
奇台县学	13	8	5	11		2		248	14	4836
合计	91	52	39	65	10	2	14	2196	159	148938
所占比例	100%	57.1%	42.9%	71.4%	10.1%	2.1%	15.4%			

资料来源：袁大化、王树枏等《新疆图志》卷39，东方学会1923年铅印本，第1401—1417页。

根据表3—1，我们可以对新疆建省后教育的几个方面在空间上给予对比和分析。首先，学堂在市镇与乡村的分布上更趋于平衡，基本上改变了以前城多乡少严重不平衡的分布格局状况。当然这种情况的出现，一方面是当地政府更加注重乡村教育的发展，增加了对乡村教育投资的力度，同时与大户、乡绅对本区域内的教育给予了应有的重视有关；而另一方面则体现出了乡民改变了传统的教育观念。农民子弟通过接受教育而进入仕途并不再是可望而不可即的事情。更多的儿童渴望进入学堂接受教育，以此作为改变自己命运的有效途径。其次，我们还要注意到不同县域之间教育发展仍然存在着极大的不平衡性。迪化县的学堂最多，达25所；依次为奇台和绥来两县，分别为15所和13所；而昌吉和孚远两县最少，都是5所。这除了迪化为首府所在地外，还可能与地方官的办学热情和当地商业经济的发展有关。迪化为全疆的经济、文化和政治中心，而奇台和绥来则是著名的商业中心，奇台号称"小北京"、绥来素称"小天津"，有

"金奇台银绥来"之美誉。商业发达可以为当地教育发展提供雄厚的经济支持；再次，入学人数上也存在较大差距。除省立学堂外，最多的则是绥来县，其次为奇台县和迪化县，三县约占该地区入学人数的61.4%。最后，学堂的创办虽然仍以官立为主，但也出现了民立、私立和公立等多元化的办学发展趋势。此外，经过清末新政和盛世才主新时期，新疆教育的发展达到了两个高峰期。但乡村社会教育与内地相比，仍存在着较大的差距。总之，该时期乌鲁木齐地区学堂建立，已呈现出了多方面的特点。与南疆相比，如前所述，虽然有些地区学堂的数量超过了迪化州及所属各县，但当时南北疆教育却存在"南路则款易集而招童难，北路汉人稍多，招致稍易而每苦于款绌"① 情况。当然，不可否认的是，教育在乡村社会中的普及，不仅提高了国民的整体素质，而且也为近代化学堂提供了较为充足的生源，对于培养当时社会急需的各方面人才奠定了良好的基础。

三 教育发展中的官民互动与响应

（一）学堂的主要类型

纵观中国近代教育的研究成果中，对学堂类型的划分，有多种方式，其中大多是以创办主体作为主要标准。以创办主体的不同，可分为官办和民办两种类型。其实在整个清代教育发展的过程中，我们仅仅以这种简单的划分作为标准本身就存在很大的局限性。因为教育发展的整个过程中，两者之间界限很难能截然划分清楚。即是说，没有绝对的官、民之分，往往是他们对学堂的建设、管理等方面的参与程度存在差别。且更多地则体现为官方和民间二者力量的互动、合作与响应，清代新疆教育的发展也体现出这样的特点。现存的方志记载中多是以官立、民立、公立、私立之类的一些差别。我们可以根据多方面的资料综合，按照各类学堂创建主体、经费主要来源以及经营管理者等多个方面的要素，可以将其分为官办、官民合办和民间主导三种类型。

1. 官办学堂

官办学堂，一般在文献中常被称为庙学、学宫等。即使在一些义学中，如各级书院等，官方也常常占据主导地位。经费大都是以官款和官吏

---

① （清）袁大化、王树枏等：《新疆图志》卷38，东方学会1923年铅印本。

捐助为主，校址多设在县级治城或较大的村镇中。乾隆三十四至四十四年间（1769—1779），州学、厅学及县学都已建立，当时官学在教育中占有主导地位。并且辖区内教育的发展是地方官员政绩考核的重要指标之一，因此也受到了他们的重视。在动乱中被破坏的学宫及各级书院，战后在地方官的支持下得以重建。

表3—2　　　　光绪年间（1875—1907）迪化府学宫重修重建

学宫属地	原建时间	重修时间	主持人	职务
迪化府①	乾隆三十八年	光绪五年	周崇傅	知府
昌吉县	乾隆三十八年	光绪十二年	不详	不详
阜康县	乾隆四十一年	光绪二十二年	任兆观	知县
绥来县	乾隆四十二年	光绪十二年	不详	不详
奇台县②	乾隆四十一年	同治十二年	景廉	军务大臣
迪化县	不详	光绪十六年	不详	不详

说明：①迪化府就学宫在巩宁城，乾隆三十八年建，新学宫在今省城内西大街，光绪五年由周崇傅建；②学宫在城东大街，同治十二年督办新疆军务大臣景廉建，光绪二十二年知县朱熿重修；③孚远县和呼图壁学宫重修、重建情况无记载。

资料来源：袁大化、王树枏等：《新疆图志》，卷38，第1396页。

官办学堂另一个重要表现就是各级书院在治城中创办。乾隆年间所创办的多所书院，虽然属于义学性质，但膏火和教习也都是由政府积极参与和协调，"膏火、地亩租银由该地方官征收，按季交付。教习之人，近期选派效力当差文废员，每处一二名不等，前往教读；并有派武废员在各营教习弓箭"①。光绪十八年（1892），前都统中福认为："书院之设培养人才，振兴文教，系各督抚地方官应办之事。"他本想在新疆大力兴办书院教育，但没有得到光绪皇帝的批准②。二十二年（1896），"奇台知县朱熿，捐廉百余金，倡修平山书院"③。

---

① （清）和宁：《三州辑略》卷6，成文出版社1968年版。

② （清）刘锦藻：《清朝续文献通考》卷100，上海古籍出版社2000年版。

③ （清）杨方炽：《奇台县乡土志·政绩录》，中国社会科学院中国边疆史地中心编：《新疆乡土志稿》，全国图书馆文献缩微复制中心1990年版，第59页。

　　新疆巡抚吴引孙奏，拟就书院改设学堂，其办法，"是仿照山东章程，暂分备斋、正斋，督课外语文。拟将旧设俄文学馆并入，再聘精通英、德、法语言文字者，以补所未备。至府州县应设各等学堂，当通饬筹款，一律仿办"①。此外，各地方政府官员还积极创办义学。乾隆年间，两次任职于昌吉县地方官员的王哲，"至亲身赴乡捕贼，捐廉创建义学"②；陈晋蕃于光绪七年（1881）任职镇西厅，"捐膏火，设义学，躬亲课读，而弦诵以兴"③。尤其在光绪三十年（1904）以后，如表3—1所列，创建91所各级学堂中，其中由官办或官创的为65所，占71.4%，官办学堂仍占据主要的地位。

　　2. 官、民合办学堂

　　官、民合办学堂，顾名思义，是由官方和民间力量共同创办、共同负责筹集相关运营经费的学堂。其实在早期官办学堂中，一些较具权威性的地方士绅已开始参与义学的创办，只是限于史料的记载，不能加以证明。就官民合办学堂情况，建省以前方志中也无记载。只是到光绪三十年以后，在全国大兴教育的背景之下，民间力量才作为教育发展的重要主体在学堂建设中得以体现出来。《新疆图志》中，其学堂性质被记载为"公立"，大多数是由地方官员"倡捐"，或者由他们牵头，以"劝捐""劝谕""劝修"等形式而建立的。但创办的数量并不多，在光绪、宣统时期（1875—1911）共14所，占15.4%，其中分布在市镇4所，乡村10所。

　　3. 民、私（民间主导型）学堂

　　民办学堂主要依靠民间力量的兴建、管理，以维持正常运转，教育经费也依靠民间筹集为主要形式，当然也不乏社会知名人士的捐助。其中宣统元年（1909）绥来县所建的15所学堂中，由民众捐助的10所④。这类学堂在光绪、宣统时期共有10所，占10.1%，其中分布在治城1所，乡村9所，而且只有绥来县设立，其他地区没有设置的记载；私立学堂共有

---

① 《清实录》卷552，第59册，中华书局1986年版，第325页。
② 《昌吉县乡土志·政绩录》，中国社会科学院中国边疆史地中心编：《新疆乡土志稿》，全国图书馆文献缩微复制中心1990年版，第86页。
③ （清）阎绪昌等编：《镇西厅乡土志·仕宦》，中国社会科学院中国边疆史地中心编：《新疆乡土志稿》，全国图书馆文献缩微复制中心1990年版，第203页。
④ 马文华：《新疆教育史稿》，新疆教育出版社2006年版，第30页。

2 所，占 2.1%，都设置在治城，乡村无设立。当然，早期还存在一些私
塾，如奇台县的岁贡生连登甲，"就自办私塾，广招学生。其学问渊博，
品行端方，书画卜筮无所不通。咸丰六年携眷来古，设帐于北乡西地，训
迪勤勉，实有繁徒"①；光绪七年（1881）绥来县孝廉欧阳振先，也广设
义塾，授业解惑。像这样的学堂数量虽少，但在改变社会风气等方面确实
起到了积极的作用。民国后期，乡村社会中恢复保甲制度，其中每保设有
六股，就包括教育股和经济股。教育股"设保国民学校一所，分为四班
制，用强制教育男女儿童以年满六岁者为入学限龄；经济股：经理本保公
有财产，如庙产、会产、公共利益之收入而保管之，办理本保公共事业费
用之开支，如不敷用时呈请政府帮助"②。笔者在做田野调查时，当地老
人也都提到了公有财产多用于民办教育的情况。

　　对于以上三种类型学堂的划分，主要是根据学堂的倡建者及主建者的
身份和地位、经费来源等不同要素进行综合而划分的。当然，这样的划
分也具有相对性，官办学堂中常有民间力量的参与，如政府创办的简
易学堂，校舍许多是借用民房、乡村祠庙等，其经营管理多是委托乡
村仕宦。而且民办、私办学堂不可能完全脱离官方。一定程度上它必
须在官方许可的情况下才能建立，并且在很多方面需要依靠官府的支持。
如学堂田产的保护，资金运营的监督等。由此可见，官、民二者在教育创
办的过程中，既存在相对独立的一面，也存在相互支持、相互依存与合作
的一面。

　　（二）官方与民间在教育发展中各自的角色与地位

　　1. 官方的角色与地位

　　清末民初，尽管政府在财政上捉襟见肘，但官方在教育发展中仍然扮
演着十分重要的角色和地位，具体主要表现在对教育决策、学堂倡导和建
立、教材选用以及考试中冒籍问题的处理等多个方面。

　　首先是教育决策方面。乾隆三十二年（1767），教育政策开始制定并

---

　　① （清）杨方炽：《奇台县乡土志·耆旧录》，中国社会科学院中国边疆史地中心编：《新
疆乡土志稿》，全国图书馆文献缩微复制中心 1990 年版，第 64 页。

　　② 关于保甲组织的抄件（民国三十三年十二月二十一日），玛纳斯县档案馆藏，档案号：
J2—8—1935。

不断进行完善。各级学宫、学官、教材、学额都得以建立和确定，并制定了一套相对比较完善的考试制度。乾隆三十四年（1769），迪化设厅学，三十八年改为州学，考试制度也发生了重大变革。"初制陕甘学政按临肃州之前，密封试题，行镇西府扃试。乾隆四十一年（1776），巴尔库尔道移驻迪化州，改镇迪道，即行镇西府扃试。四十四年（1779），改由学政将试题封送驻防大臣，同镇迪道考试。试卷封送学政，按额取进。武童外场，初由巴尔库尔道，会同巴尔库尔镇考试。四十二年（1777），议由镇西府会同考试。四十四年，改由驻防大臣，同镇迪道考试。分别等次、造册，同内场试卷送学政按额取进。"① 迪化州教育发展的一百余年中，学额也随着人口变化而不断做出相应的调整。乾隆四十年（1775）前，学堂初建，廪生和增生现缺；四十五年后，各州、县和厅学，廪生二名，增生二名。至咸丰五年（1856）时，镇西由府改厅，并将奇台县划归迪化州，相比各政区的人口数量亦发生改变，廪生和增生也由各两名改为三名。光绪三十一年（1905）后，随着科举制度的废除和近代化学堂的建立，对各种人才需求不断增加，其招生人数也打破了科举时的学额限制，仅法政学堂学生就达六十名、初级师范学堂的学生为一百零六名，招生规模不断得以扩大，但仍然不能满足当时社会发展的需要。尽管如此，却为近代教育的发展奠定了良好基础。

其次是学堂的倡导与建设，也是官府重要的角色。有清一代，尤其是在清末时，以新政为契机，地方官员大部分是以推广教化和发展文教为己任，特别是州县一级的官员。他们积极参与到地方学堂的倡导和建设中来，并且以各种方式参与教育的管理。或个人捐廉倡首，或给学堂划拨一定的固定财产，或积极鼓励民间力量办学等方式，以此来引导和促进辖区内教育的发展。且政府把地方教育发展作为官员升迁的重要指标，更激起了他们对教育的重视。"光绪八年（1882），古城满营协领魁庆，系正红旗人。捐廉创建六旗义塾，立惜字社，并疏管道"②；光绪二十四年（1898），绥来县"知县黄廷珍，廉明正直，民之爱戴不忘者约有数端，

---

① （清）褚廷璋等：《钦定西域图志》卷36，乾隆四十七年（1782）武英殿刻本。

② （清）杨方炽：《奇台县乡土志·政绩录》，中国社会科学院中国边疆史地中心编：《新疆乡土志稿》，全国图书馆文献缩微复制中心1990年版，第59页。

一捐廉以设义学;一筹款以建文昌宫;一劝户民以修龙神祠"①。但出现一些急功近利的现象,过分追求学堂数量却导致教育质量的整体下降,致使有较多的学堂在官员流动的过程中逐渐倒闭。另外,还有一些官员因废弛学务而受到处分,如"提学使司杜,移开惟照本署司详情,将呼图壁县丞周原记大过三次一案奉:据应批开据详,署呼图壁县丞周原废弛学务,咎年禹辞。即如详记大过三次,以示薄惩而观后效,仰即饬知并咨照办,政司该向□等因,奉此系分行外□,极应钞录"②。

再次是学堂教材的选用,对于教育发展有比较重要的作用。根据当时伊犁官学总管、满洲佐领格瑝额的记载:当时每所学校的额定学生六十四人,教习两人。学生启蒙诵读之书为《国语十二字暨四十条》《连珠集十条》《七训》《圣谕广训》等③。即使到光绪年间,"所遗教习大都以内地游学,隋营书识授以《千字文》、《百家姓》,以次授以对字作比"④。当然这些教材与内地相比,对学生来说,尤其显得枯燥无味,而且在教育中还必须把忠于满清皇帝和政府的思想灌输放在了首位。尽管如此,他们在新疆教育发展史上来看,其作用也是不容忽视的。光绪二十九年(1903),清政府颁布了《奏定学堂章程》,开始实行新式或者说西式教育制度,并在教材选用上做了许多方面的改革。新式教材在中国开始被大量推广。新疆虽地处西北边陲,但也进行了相应的改革并制定了《新疆高等学堂章程》。宣统元年(1909),清政府颁布《简易识字课本》,但新疆等不及简易课本,"乃购绘图字数千部散之,儿童读之有喜色"。"在中等教育中,理、化、算学等科也都得到了设置;高等教育中,课程设置主要有伦理、经学、中文、算学测绘、中外历史、兵学、中外舆地、英文、俄文、体操,其中英文与俄文任选一门。"⑤ 同时还存在一些老私塾,一般每

① (清)杨存蔚:《绥来县乡土志·政绩录》,中国社会科学院中国边疆史地中心编:《新疆乡土志稿》,全国图书馆文献缩微复制中心1990年版,第132页。
② 《镇迪道就呼图壁县丞周原废弛学务记过惩处事札吐鲁番厅文》(宣统九年九月二十三日),《清代新疆档案资料辑录》第5册,广西师范大学出版社2012年版,第332页。
③ 马文华:《新疆教育史稿》,新疆教育出版社2006年版,第13页。
④ (清)袁大化、王树枏等:《新疆图志》卷38,东方学会1923年铅印本。
⑤ 《新疆高等学堂章程》,转引自马文华《新疆教育史稿》,新疆教育出版社2006年版,第27页。

所有十几个学生，教授的仍是老书，如《大学》《中庸》《百家姓》《三字经》《弟子规》及五言和七言杂字等①。民国二十三年（1934），盛世才提出了"八大宣言"，其中就包括扩充教育，并"制订了两期三年教育计划，其中在教材上要严格编译和使用教科书制度。各民族学校教科书必须由教育厅自行编印、审定、选购和颁发"②。小学课程设置主要有政府政策、公民、国语、算术、社会、自然、卫生、劳作、美术、音乐、历史、地理和维文，与杨增新和金树仁时期亦有很大的不同。

最后，科举中的"冒籍与寄籍"也是一个较为严重的问题。"冒籍取解与寄籍应试"与今天的高考移民有相似或相同之处。自科举以来，通过考试以取得功名，使其成为中国历朝的稀缺资源。因此也成为中国知识分子钻教育政策空子以获取功名的主要方式，此种现象在中国历史上也可谓悠久。唐朝王维并没有参加其籍贯蒲州的解试，却到京兆府应试。这恐怕是中国历史上最早的"高考移民"的记载。乾隆二十四年（1759），新疆刚刚勘定，由于政府对文化教育的重视程度不够，致使乌鲁木齐地区教育相对内地则处于极为落后的状态。"乌鲁木齐所居户民，皆以辛勤垦艺为事，间有粗识字之人，原非内地学校可比。但因其中尚有颖秀生童，可以读书造就者，方逐渐在乌鲁木齐等地设立学额。"③ 教育在新疆初设，虽然学额较少，甚至在统一初期无学额，但是，一则新疆教育文化的落后；二则新疆人民对教育的不重视，使得新疆生员的录取难度相比内地而言要小得多。就像现代高考一样，其边疆地区的竞争压力比内地要小得多，故内地很多省份的学生通过高考移民的方式到边疆地区参加高考，以便能够考取或考上较好的大学。古代这种情况也是存在的，这样就为一些内地士子前往新疆冒籍或寄籍考试，以求获取功名创造了条件。

贾建飞认为，清代新疆历史上最早出现冒籍取解的是在乾隆四十三年

---

① 赵宴安：《清朝末年奇台县教育情况》，《奇台文史》第8辑，1999年，第135页。

② 马文华：《新疆教育史稿》，新疆教育出版社2006年版，第54页。

③ 军机处汉文录副奏折04—01—38—0090—016，署理伊犁将军索诺穆策凌"奏为遵旨赏给新疆士子会试驿马等谢恩事"，乾隆四十二年十一月十二日。

（1778）的①毛澄。毛澄本为浙江归安县廪生，乾隆三十二年（1767）赴甘肃做幕僚，乾隆三十九年（1774），"冒阜康县籍贯，改名黄斌"，于乾隆四十二年"丁酉科中式第二名举人"②。毛澄"冒籍事由"被勒尔谨查明具奏③。鉴于毛澄"冒籍取解"案的出现，对于迪化州的冒籍事件也引起乾隆皇帝的高度重视，"阜康、迪化州等处均系新设郡县，与内地不同。该处本无土著，势不能禁外省士民入籍。着加恩予以二十年之限，如限外有冒籍应试者，即照内地例办理"④。尽管冒籍取解和寄籍考试等问题已引起政府的重视，并严厉查处，但在新疆地区仍然不断发生。由于战争的影响，移民增多，户籍管理也比较混乱。"汉人自兵燹以后，孑遗无几，新来者均非土著。且京津多商人，陕甘多农人，湘鄂多官幕兵，均无移家室。长子孙者有亦不愿入学，自重设儒学，每届试期州郡劝之乃应试，每乡试中二人，多湖湘人冒籍而得。"⑤ 较为严重的是发生在清末的李炳珩冒籍事件。而此时新疆巡抚陶模也被牵涉其中。"御史安维峻奏，本年来京补行复试之辛卯科举人李炳珩，系四川南部县人。冒入新疆迪化县籍，众论确凿。新疆巡抚陶模恐甘肃京官扣阻，以咨代结。经礼部议准，请分别惩儆。并将李炳珩会卷扣除各折片，着礼部查明具奏。"⑥ 礼部查明以后，据奏称"前因李炳珩系边远士子，与他省不同，是以据咨代奏，准其投卷以示体恤。既据该御史奏称，该举人系冒入新疆籍贯，应否将会试卷扣除之处，请旨遵行等语。李炳珩试卷，着先行扣除，即由该部行查该举人曾否明入籍。俟查覆到日，再行奏明办理"⑦。

　　当然，关于此案例在《清实录》和其他史料中并没有找到处理结果，

　　① 贾建飞:《清乾嘉道时期新疆的内地移民社会》，社会科学文献出版社2012年版，第202页。根据其文中的研究，毛澄的"冒籍取解"案时间应为乾隆四十二年（1777），并不是其所述的乾隆四十三年。

　　② 宫中档朱批奏折04—01—38—0049—007，闽浙总督杨景素、浙江巡抚王亶望"奏为查拿徐述夔不法书籍案犯参革回籍泰州拼茶场大使姚德璘及其幕友毛澄情形事"，乾隆四十三年九月初十日。

　　③ 《清实录》卷1067，第22册，中华书局1986年版，第286页。

　　④ 《清实录》卷1085，第22册，中华书局1986年版，第574页。

　　⑤ （清）袁大化、王树枏等:《新疆图志》卷38，东方学会1923年铅印本。

　　⑥ 《清实录》卷336，第56册，中华书局1986年版，第313页。

　　⑦ 同上书，第314—315页。

可能是与新疆巡抚陶模牵涉其中有关。但由此对新疆参与考试士子户籍检查却越来越严格，"凡遇正科不得援以为例，并属照齿己卯正科乡试之期，各省俊秀贡、监生除在监肄业报满，先后在三年以内者。工科取有本籍，文结仍过顺天乡试在督抚、学政、府尹、府丞衙门，游幕者随之书者，各馆录钦天监肄业者。部候、补候选者及乡试者，新嫡贡、监者可以不必由原籍逆之外，其余原赴顺天乡试者。诸生务取本籍，地方官文结备文务者代履历其仍编入官卷者，注明伊祖父、胞伯、叔伯兄弟何项官职。其曾经拣选就职捐纳议叙，文内一并声明该州县查验，部监三照取邻置结加具印。经付本生亲报监本监验文照方准录送，二照不全者例不收考。其文结仍照定例会该州县核结印文，不必又府司转达。近省遵限二月到监，远省展示两个月，并且严禁通行各在案。今照齿己卯正科片，直省贡监，无不踊跃观光。自仍严饬该州县地方官逆文时，详细查照。于印其各结内，务须声明实系土著并限三月籍字样，方准申送。其未经注明者，概不收考。相仍通行，遗督转饬各州县晓谕俊秀贡监生相知，正科定例及早取具文结，连带部监二照，遵限到监，毋迟至无可也等"①。即使新疆的武举考试，地方政府就籍贯问题仍然要严格审核，以免再出现冒籍问题。"查甘肃本年己卯科武闱乡试，照例举行。所有各属武生姓名等地学案底册，应请学院查明，迨送过院，以便饬发核办。除咨行外合，行札饬为，此札。仰该道，迟即转饬所属，将赴试武生照依照考定，学案具结起送，毋远此札等因。奉此除分行外合，行札饬为，此札。仰该丞即便遵照，迅将赴试武生照依考定学案，具结起送，毋远此札。"② 尽管政府对冒籍问题高度重视，但毕竟在新疆这块天高皇帝远的地方，冒籍取解、寄籍应试，甚至替考等现象已经很严重了，可以说已经达到积重难返的地步。以至到清末及至民国，顶考、替考等已经成为一种社会风气。"新疆一省，学生多请人雇充。巡警则以营勇改设，课吏则以能文之员塞责，外官制多言不变，应请删繁就简，取其可行。而去其无益，认真举办，以免抚同欺

① 中国边疆史地研究中心、新疆维吾尔自治区档案局编：《清代新疆档案选辑》第1册，广西师范大学出版社2012年版，第80—81页。

② 同上书，第97页。

饰。"① 可见当时"冒名取解"已成为特别严重的社会问题了。

2. 民间的角色与地位

晚清民国乌鲁木齐地区的教育发展中，由于各级地方官员的倡导和鼓励，地方士绅、商人以及大户和家族等民间力量大都参与进来，从而成为地方教育发展的重要力量。他们的角色与地位主要表现在以下两个方面。

首先，主持和参与学校的建设是民间在教育中较为重要的角色。教育本身就是一种公共领域的事务，尽管晚清政府、杨、金、盛及国民政府多次指令地方官员兴办教育，但由于资金相对短缺，发展仍较为缓慢。这样来看，一个地方教育事业的发展，主要取决于地方行政官员对教育的热心程度、政府财政及民间的财力状况。所以当时地方教育事业的发展主要是依靠各种民间力量，并依托他们来建立和发展教育。马文华认为："清末民初新疆教育经费，民间捐资占有很大的比例，如直隶商人王宝荣捐建客籍初等小学堂；绥来县有学校15所，由民众捐建的就有10所；吐鲁番一个绅士先后捐助学款达3500两；1904年，正当伊犁养正学堂面临经费断绝之时，黑宰、阿尔班两部落每年捐银8000两资助，从而保证了学校教学的正常进行。"② 如前文所述安宁渠大户田德禄就不惜捐资建立本村小学堂，而且在学堂以后的发展和运作中都是主要捐资人之一③，直至其去世。

其次，负责学校的日常管理也是民间力量在地方教育中主要角色。因为它关系到学校能否正常及长久运行和发展。安宁渠小学堂的校董是由宋、刘、徐、李、葛、田六家大户所组成，并且聘任当地著名文人张赞祖长期担任校长和负责学校的日常管理，使该村学堂得以长久正常运转。

四　晚清民国乌鲁木齐地区教育与乡村社会

(一) 学校与地方教育

官学和义学作为明清时期教育机构的主要形式，同地方教育有着极为密切的关系。学校的发展程度可以用来考察和衡量地方教育的发展水平，

---

① 《清实录》卷573，第59册，中华书局1986年版，第591页。
② 马文华：《新疆教育史稿》，新疆教育出版社2006年版，第30页。
③ 田广荣：《怀念爷爷》，田德禄去世六十周年纪念文章，2009年。

从而能够反映出地方教育的普及情况。而在清代（1905年前）教育中又必须与科举考试联系起来，所以此阶段的教育往往以科举考试为核心。因此，晚清民国教育发展程度可以用来衡量一个地区的教育普及和科举考试情况。

1. 教育普及情况

中国近代教育中，教育机构的设置主要分布在城镇，乡村相对较少，边疆地区更是如此，这样自然不利于教育的普及。清末推行新政，扩充教育成为新政主要政策之一。各种学堂在民间得以普遍设立，这就为教育在乡村社会中得以普及提供了良好的条件，能够使更多的学童进入学堂，接受教育，以推动地方教育发展。从而能更好地维护地方社会秩序的稳定，有利于政府对移民社会的控制和改变社会风气。"化陵夷风俗颓敝君，若臣不能修明先王之道，以维学校。"① 如前所述，光绪、宣统（1875—1911）时期的乌鲁木齐地区，各县及乡村设置学堂的分布特征来看，尽管乡镇之间、县际之间还存在一定的差距，但乡村教育受到了地方官员的重视。农村学堂的设立，从而可以让占人口大多数的乡村子弟获得接受教育的更多机会。

此外，一个地区教育的普及情况还与政府官员办学热情及思想有很大的关系。新疆教育史上，对新疆教育普及做出极大贡献的是光绪三十二年（1906）提学使杜彤，"彤家渤海，习见各学堂先后锦创情形。赴日本见通国小学之盛，当谓国之精神命脉在多数之小学堂及兴学于异域，视内地艰难倍蓰。其宗旨有三：曰求普不求高；曰用学务人，厚薪不兼差；曰以次渐进，不惑种人，难于建功之说"②。且杜彤的教育主张在后来的教育实践中得以落实。从学堂的设置看，高等教育学堂较少，而初等小学堂、蒙养学堂及简易识字班却遍布城乡，尤其是在乡村社会中得到普遍设置。当时教师薪水比较高，这样能够使他们专心从事教育事业；学堂的广设，也促使一部分少数民族的儿童进入新式学堂，从而更有利于新疆教育的发展和普及。而在杨增新时期，教育长期处于落后的状态，主要因为他是清朝遗老，看不起新式教育，对举办新式学堂不太热心关注③。

① （清）袁大化、王树枏等：《新疆图志》卷38，东方学会1923年铅印本。
② 同上。
③ 赵宴安：《清朝末年奇台县教育情况》，《奇台文史》第8辑，1999年版，第134页。

2. 教育与科举制度的关系

清代各种类型的教育主要是围绕当时科举考试展开的。相对于乌鲁木齐地区来说，这种联系并不像内地那样紧密，主要是当时大多数的户民子弟并不特别热衷于科举考试。除他们本身对学堂教育不感兴趣之外，还有一个主要原因是新疆生员要赴内地应试，路途遥远，很多家庭经济上难以承受。尽管政府给了一定的资助与优惠政策，但考试经济成本仍过高，而且给予的学额少，考中率相对较低。参加科举考试在当时来看就像赌博，这就大大降低了他们参加科举考试的热情。绥来县孝廉欧阳振先就针对当时民不知学，视为畏途的情况，曾努力进行改变，并对读书一项进行极力培植，也说明了当时民人对接受教育的态度。根据《三州辑略》统计，整个天山北路东部各州县，所中举人共 64 人，其中武举 63 人，文举仅 1 人[①]。可见，当时民人重武轻文及对学堂教育的心态。

(二) 教育与地方社会风气的关系

新疆地区被历朝文人学士视为绝域之区，蛮荒之地。后来随着移民的不断增加，族类庞杂，以至于风俗犷悍、好勇斗狠、轻生犯上。这样的民风自然不利于地方社会稳定和政府统治。而且"性情愚蠢多诈，贪鄙多疑，懒惰骄夸，嗜酒耽色，以有暇昼寝多福，以彻夜醉饮为最乐"[②] 之人也大量存在于乡野之中。这不仅败坏了社会风气，而且严重影响社会秩序的稳定和发展。针对经济落后，文化不发达，民风不正的移民乡村社会，必须大力发展教育事业以改变民风。就民风改变与教育之间的关系，《新疆图志》中有详细的论述:

> 探天人之奥，抉性命之精，澄然莹然知万物，备于吾躬身，非所谓学乎。端风化之本，申教养之义，使智愚贤否? 同纳物，蔚然蒸然，植人材而培国脉者，非所谓学校乎。故天之生上智也，不数其生下愚也，也亦不数扰，扰万众大率皆中材耳。当其始犹侗然无所知识，迫私欲以诱众，好以逐而后云者，室驯者、顽良者莘矣! 故风俗

---

① （清）和宁:《三州辑略》卷6，成文出版社 1968 年版。

② 《昌吉县乡土图志·人类》，中国社会科学院中国边疆史地中心编:《新疆乡土志稿》，全国图书馆文献缩微复制中心 1990 年版，第 102—103 页。

之坏，往往不在上智与下愚，而恒在中材。先王知国计民生之大亡，不可一日无学也。为之庠序以谨其教为之师，儒以启其衷为之诗书，诵读以调其口。为之俎豆登降，以习其目为之。琴瑟钟鼓以濡其耳，为之射御卫数以益其知。能为之忠孝廉节以激其义勇，必使可生、可死而不可夺。然后，升庶以尽其材，爵禄以厌其心，故其成也！道足济时而泽，足垂后世，其次亦不失为束身自爱之士，无他教之者。能端其本，故受之者自相感以诚耳及周之衰，教化陵夷风俗颓敝君，若臣不能修明先王之道，以维学校①。

可见，在中国古代社会风气与教育有极其密切的联系。历来王朝对民间的教化和社会风气的改变，主要依靠教育发展和普及。在中国历史上，统治者总是不断向边疆地区发展和传播儒家教育，其主要目的，就是通过教育的发展来改变社会风气和维持社会稳定，"修身谨行，学圣人之法，将以齐整风俗"②。

（三）教育与社会秩序的维护和稳定

教育与地方社会秩序之间的关系，也因区域所在位置的不同也有所区别。但共同点则是："古今一道德、齐风俗、育人才必资余学。而究其端，则自蒙养始。蒙养正，则感心，忘而成，性恒存。他日入大学，扩其良知、良能。成其性，达其材，然后登于朝，则为冯翼孝德之士。处于家，则为孝弟忠信之儒，教化之行胥由此。"③ 这正是中国古代教育所要达到的主要目的，就是通过教育能够使民众知书达理，从而使其成为国家法令政策的遵守者和社会秩序稳定的积极维护者。

清代无论是官学还是私塾，《圣谕广训》是其核心课程，迪化州的学堂也不例外。从上面学堂教材一节中也可以看出。它作为地方教育教化的指导方针，主要内容也涉及了伦理、教育、生产、治安、民风、民俗等社会生活的方方面面，但其最终目的就是企图从精神与思想上加强对乡村社会民众的控制，使广大民众成为统治秩序的维护者和捍卫者。通过对蒙童

---

① （清）袁大化、王树枬等：《新疆图志》卷38，东方学会1923年铅印本。
② 《后汉书》卷81，中华书局1964年版，第2649页。
③ （同治）《随州志》，卷三二《艺文下》，随县史志编撰办公室，1981年印。

的教育，使他们从小就要养成按照统治阶级所设计的基本理念作为自己为人处世的行为规范和道德准则，以便使他们能够成为政府各项政策的拥护者与积极的合作者。即使是在王朝承平时期，由于大户、宗族和士绅等精英阶层长期生活在乡村社会之中，他们也将会更加关心乡村社会秩序的稳定。"这些人往往又是中小地主阶层，他们身处国家与民众、大地主与佃农之间，处于社会矛盾旋涡的中心，更具有危机意识和责任意识，一旦社会发生动乱，他们都会挺身而出，帮助政府恢复社会秩序。"① 因此，乡村社会中，教育的发展也受到了他们的积极响应和支持。同治、光绪年间（1864—1878），社会持续动乱时期，地方士绅就积极组织民团以抗击阿古柏的侵略与镇压地方叛乱。如孔才、徐学功、赵兴体等地方士绅，政府就是借助于他们的力量和农民的广泛参与，不仅收复了乌鲁木齐地区，而且使原有的社会秩序得以恢复和重建。促使他们这样做的主要动机就是长期受到儒家教育，使他们更具有维护统治秩序、保境安民的责任感、历史感和区域归属感。而对于广大平民来说，他们之所以愿意参加民团并且成为其主力军，也在于儒家正统教育使他们具有保乡卫土的传统思想观念。

当然，位于西北边疆的乌鲁木齐地区，政府之所以在此大力推广教育，除上面论述的共性之外，还有其特殊性，就是政府试图通过教育以促进民族文化水平的提高、消除民族界限，以逐渐缩小边疆与内地之间的差距。新疆"频与阿富汗及土耳其通声气，民族之复杂实为新疆内部裂分之导火线。窃以为防微杜渐，莫要于教育一端。而教育之实施，又分数类，多立学校一也；多开报馆，刊印数族文字于一纸，以便流通二也；特订本省适用于教科专书三也；多设通俗宣谕社四也，惟教育乃为融洽各族之潜势"②。还有就是认为"籍教育和其他文化的力量，泯灭回、汉的界限。使回人明了他们就是中华民国的一分子，此种工作无形中可以消灭新疆的轮缘，实在是最重要的"③。新疆巡抚联魁认为："新疆社会的稳定，除置省、改官、开垦、练兵之外，为免纷更之愤事，至设咨议局一节。新

---

① 杨国安：《明清两湖地区基层组织控制与乡村社会研究》，武汉大学出版社 2004 年版，第 296 页。

② 华企云：《新疆问题》，甘肃省图书馆西北文献室藏（油印本），编号：681—561852，第 9 页。

③ 蒋君章：《新疆经营论》，正中书局 1936 年版，第 134 页。

省汉民无多，土著诸多扞格，唯有整顿学堂，兴办教育，使稍具有普通知识，以为咨议局收效张本。"① 左宗棠在收复新疆的善后事宜筹划中也认为，分设义塾，是新疆久安长治之策之一②，可见，教育对于乌鲁木齐地区社会稳定具有非常重要的作用。

新疆统一之初，汉语教育仅在乌鲁木齐地区推广，主要是因为本区的居民大都是从内地迁移而来，以汉、回为主。因为他们在内地就已经长期接受儒家文化教育。政府为了使他们能够在陌生的环境中安心从事农业生产和生活，推广原来的教育模式也是重要的措施之一。这样不仅有利于本区域的稳定，而且对减轻他们思乡的痛苦及维护清政府在全疆的统治起到了非常重要的作用。后来同治、光绪年间长时期的社会动乱，本区乡绅组建民团并帮助政府收复新疆，与其在该区域儒家教育的推行有着极为密切的关系。因为儒家教育本身就要求受教育者具有保家卫国的思想，而正是这种观念成为他们在动乱中坚定反"贼"，并是他们帮助政府恢复统治秩序的思想基础。收复新疆后，他们便积极组织团勇，并成为维护地方秩序稳定的重要力量。

第二节　由军控到民控——军台、营塘向驿站的转变

一　军控时期——军台和营塘

军台和营塘，是清朝设在新疆、蒙古西北两路的邮驿，也是这个两地区乡村社会中特有的军事控制网络。它们的主要职能是负责军报和文书的递送。有清一代，除全国腹地设有相当数量的驿站以外，还在通向边疆地区设有专司军报的站、塘和台。每台设有笔帖式或蒙古章京统领一定数量的营员，统辖于当地将军或理藩院。甘肃嘉峪关口外设营塘，每塘派千总或把总管理，而由特设的都司或守备督率之。从而可以看出，军台和营塘是清朝设在新疆、蒙古等边疆地区特有的一种乡村社会控制网络。在管理上，他们归属于当地的军事机构，而与民政管理上没有太多关联的组织单

① 《清实录》卷591，第59册，中华书局1986年版，第815页。
② 蒋君章：《新疆经营论》，正中书局1936年版，第40页。

位。且军台、营塘和驿站的设置相对比较混乱。在不同的地区，军台、驿站、营塘设置各不相同。有的设置军台、驿站；或设营塘、驿站；或设军台、营塘；或三者都有设置。按《新疆识略道理表》的记载可以看出，"驿置之设其来尚疑，新疆分设军台、营塘，伊犁至塔尔巴哈台及精河有军台无营塘；精河至乌鲁木齐有军台、有营塘、有驿站；乌鲁木齐至吐鲁番有军台、有驿站、无营塘；乌鲁木齐经巴里坤至哈密，无军台、有驿站、有营塘；吐鲁番至哈密有军台、无营塘；喀什噶尔至吐鲁番有军台、无营塘；哈密至嘉峪关有军台、有营塘、有驿站"①。从其设置来看，虽然有些混乱，但对乡村社会系统的控制还是相当严密的。

乾隆二十四年（1759）全疆荡平。三年后，清政府在伊犁设立了伊犁将军，以实行对新疆社会的全面治理。但新疆地域辽阔、地广人稀、民族庞杂的社会特点，政府针对不同地区，本着因地制宜、因俗而治的原则，分别采取了札萨克制、郡县制和伯克制，这对于维护新疆社会秩序的稳定无疑起了非常重要的作用。除了行政制度外，对乡村社会体系则通过设置军台和营塘等军事组织以维护地方社会秩序。"天山南北两路遍置台站，而沿疆扼塞与夫毗接藩封之处，复为卡伦、鄂博互延，衍以资固。军台，则领以营员及笔帖式；卡伦，则领以骁骑前锋校而统以侍卫，系是四通八关"②；从军台和营塘的设置及驻员来看，明显具有军事的性质。

将军制度设立以后，在天山南北两路共设有 139 个军台和营塘。其主要职能除传递军报和官方文书以外，还负有稽查行旅，接待过往官员、客商等③；周轩认为：清代新疆"驿站、营塘、军台的设立，不仅是接待过往（商旅）和转运物质，还有监督盘查的职能"④。虽然营塘、军台等组织结构主要是以军事功能为主，但还有稽查行旅、接待过往官员及客商等，即也担负一定的民事功能。而这些功能在一定程度上也具有对

---

① 《新疆道里表》，甘肃省图书馆西北地方文献室藏，编号：557－375－61。

② （清）袁大化、王树枏等：《新疆图志》卷79，东方学会1923年铅印本。

③ 新疆通志编撰委员会：《新疆通志·公路交通志》第48卷，新疆人民出版社1998年版，第69页。

④ 周轩：《清代玛纳斯及新疆驿站历史与文化》，2013年9月9—10日新疆驿站文化学术研讨会论文。

乡村社会的监督作用。就其设置的路线来看，形成了一个严密的军事控制网络。

二 民控时期——军台、营塘向驿站的转变

从新疆交通发展演变的历史上来看，中国历朝历代都对新疆的驿传制度特别重视，并建立了一套完整的驿传体系。驿站等承担投递公文、转运官物、接待过往官员等职能，但大都反映了历朝政府对新疆的开发、管理和控制情况。而至有清一代，有八旗兵的"军台"和绿营兵的"营塘"之分，并在不同区域设有驿站。光绪十年（1884）新疆建省以后，将军台和营塘统一改为驿站，并对保持驿站畅通的重要性略作说明：

> 旧设之军台、营塘，悉从省制改为驿站，统隶于守迤建行省于乌鲁木齐。取适中之地，当四达之卫，所以居中控驭通南北之邮者。于是乎，馨焉。夫古者设边守在四夷西徼，深沟重堑，天险之国不患其不守，守而患其不能通。通则富、不通则贫；通则强、不通则弱。况今昔时势日异而岁不同，环我边境之外轮轨，飙发电激星驰浸乎，有长驱席卷之势，岂容闭关自保，徒为是一亭一堠一乘一骑之几几哉！①

新疆建省后的驿站之设，是以迪化为中心，遍布于各区域主要的驿道。其职能也由以前军事功能为主逐渐变为以民事功能为主。驿站备有站车、马匹供过往人员使用，甚至还建有商铺、客店，周围也吸引了大量的居民，后来逐渐发展成为当地经济中心市镇。据《新疆图志》统计，全疆共设驿站213个，其中乌鲁木齐地区共有30个②，并且每县分布数量差别较大，昌吉县和呼图壁县只设有1处驿站，绥来县最多达10处。乌鲁木齐地区各县驿站设置情况分布，如表3—3与图3—1，以此来体现本区域驿站分布之空间差异。

---

① （清）袁大化、王树枏等：《新疆图志》卷79，东方学会1923年铅印本。
② 据（清）袁大化、王树枏等《新疆图志》卷83进行统计。

表3—3　　　　　　　　建省后迪化州所属各县驿站情况统计

县名	驿站名称	驿书	马夫	马匹	月支（两）	岁支（两）	年支加岁支（两）
迪化县	巩宁驿	1	10	20	85.8	98.5	1128.1
	黑沟驿	1	7	14	62.4	68.95	817.75
	柴俄驿	1	4	8	39	39.4	507.4
	达城驿	1	4	8	39	39.4	507.4
阜康县	康乐驿	1	8	16	72.2	78.8	921.2
	柏杨驿	1	7	14	62.4	68.95	817.75
孚远县	保会驿	1	8	16	70.2	78.8	921.2
	三台驿	1	7	14	62.4	68.95	817.75
	孚远驿	1	8	16	70.1	78.8	921.2
奇台县	屏营驿	1	7	14	62.4	68.95	817.75
	木垒驿	1	7	14	62.4	68.95	817.75
	阿克斯他驿	1	7	14	62.4	68.95	817.75
	乌浪乌苏驿	1	7	14	62.4	68.95	817.75
	头水驿	1	7	14	62.4	68.95	817.75
	北道桥驿	1	4	8	39	39.4	507.4
	黄草湖驿	1	5	10	46.8	49.25	610.85
	元湖驿	1	4	8	39.4	39.4	507.4
昌吉县	宁边驿	1	7	14	62.4	68.95	817.75
呼图壁县	景化驿	1	6	12	54.6	59.1	714.3
绥来县	靖远驿	1	7	14	62.4	68.95	817.75
	乐土驿	1	6	12	54.6	59.1	714.3
	乌兰乌苏驿	1	6	12	54.6	59.1	714.3
	安集海驿	1	6	12	54.6	59.1	714.3
	撞田驿	1	3	6	31.2	29.55	403.95
	沙门驿	1	3	6	31.2	29.55	403.95
	新渠驿	1	3	6	31.2	29.55	403.95
	小拐驿	1	3	6	31.2	29.55	403.95
	三岔口驿	1	3	6	31.2	29.55	403.95
	唐朝渠驿	1	3	6	31.2	29.55	403.95
	黄羊泉驿	1	3	6	31.2	29.55	403.95
合计		30	170	340	1562.3	1674.5	20394.5

资料来源：袁大化、王树枏等《新疆图志》卷83；吴廷燮《新疆大记补编》卷4。

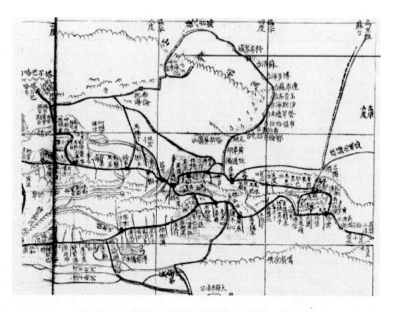

图3—1 新疆建省后乌鲁木齐地区驿站分布图

资料来源:《新疆道里表》第1页(新疆全图中部分)。甘肃省图书馆西北地方文献室藏,编号:557—375—61。

建省以前,在乌鲁木齐地区,军台、营塘和驿站均有设置,也可以说军控和民控共存,但仍以军控为主。可能主要考虑到本区内人口众多,民族复杂,居民良莠不齐,遣犯、哥老会及各种流匪、暴乱分子与地痞无赖等灰色力量的大量存在。并且乌鲁木齐地区是新疆最重要的农业区和军粮供应基地。因此,该区域的安全和社会稳定就显得非常重要,不得不加强对这一地区的控制。行省建立后,全疆的经济、政治中心也由伊犁转移到了乌鲁木齐,且行政区划与内地日趋统一,社会控制网络由军控逐渐改为民控。

第三节 宗族与大户

从道光元年至光绪四年(1821—1878)近六十年间,新疆长时间处于战乱的动荡期。正如绪论中所说,由于战乱,尤其是同治、光绪年间持续十余年的动乱,阿古柏鼓吹"圣战",最终使动乱演变成为民族矛盾的大爆发。乌鲁木齐地区的各族民众损失惨重，人口几乎十不存一，直接促使了清代在该区域实行了第二次大规模移民，使聚落不得不重新进行整合。直到民国时期，乌鲁木齐地区很少有大家族的出现，与江南等内地各省份较为成熟的乡村社会宗族自治模式相比，形成了强烈反差，乌鲁木齐地区乡村社会自治程度较低。因为修宗谱，建宗族祠堂等都需要有强大的经济实力来作支撑。然而在移民社会中，尤其是在短期内能够完成这样的事情则属于少见之家。正如《绥来县乡土志》记载："谨考本境无世家巨族，屡遭兵燹，承平后关内迁居者有之，关外各处迁居者亦有之。无大姓成族可编。"① 可见，宗族或家族在本区域内并没有形成，即便大户的标准主要还是依据其财产的多少及在当地的影响力。由于它们迁入一个陌生的环境中，家庭人口少反而使其更容易生存。因此，"宗法关系的准则、家长制的作风以及由此而产生的守旧势力与服从心态也都在移民活动中获得了不同程度的变革"②，这种家庭人口观念的转变却不利于本地区宗族和大户的形成。尽管如此，笔者在天山北路东部乌鲁木齐市和昌吉回族自治州做调查时，于晚清和民国时期，当地也存在少数几家宗族和比较有影响力的大户人家，他们的势力对维护乡村社会秩序的稳定和有效运转起到了较为重要的作用，但在社会中所起作用及影响力还远不能与内地动则几千甚至上万人的宗族相比。

一　宗族

目前来看，当时比较有影响力的宗族主要有绥来县北五岔镇吕氏、赵氏，呼图壁县芳草湖王氏、魏氏和赵氏及吉木萨尔县孔氏等。笔者在吉木萨尔查找资料期间，幸得县档案馆工作人员的介绍，拜访了孔氏家族的后人。但因各种原因，未曾得其家族族谱，甚为遗憾。只是在《孚远县乡土志》中有小段记载："兵燹以来，民人离散，其旧日土著，生齿不繁。唯孔氏一族，城乡合计八十余丁。其先人于乾隆五年由山东曲阜县迁居济木萨，裔孙孔才以战功累保头品顶戴，记名提督，矫勇巴图鲁。计寄籍一

---

① （清）杨存蔚：《绥来县乡土志·氏族》，中国社会科学院中国边疆史地中心编：《新疆乡土志稿》，全国图书馆文献缩微复制中心 1990 年版，第 138 页。

② 张伟：《近代四川移民及对社会构成的影响》，《西南民族大学学报》2003 年第 12 期。

百六十余年，已历八世，其家谱系犹遵东鲁世派，未失流传。"① 从记载中只知其祖籍、迁入时间、生存代数外，再无其他更为详细的信息。

（一）吕氏宗族

吕氏宗族现主要居住于绥来县北五岔镇，至今其宗族在周围几十里内仍有相当的名气。吕氏后裔是以老吕家庄为核心，周围形成了西沟、新吕家庄、东吕家庄、三岔口、新渠口、田家井等十几个相距不过十余里的聚居村落。其开基族是吕尚文父子，他们经数年长途跋涉，于康熙十七年（1678）来到绥来县，但族谱中并没有记载迁徙于此的原因。经过数十年的辛勤劳作，已达到五谷丰登、家畜满圈、人财两旺、百事俱兴的富裕家境。至今已近三百余年的人口繁衍，现居于绥来、昌吉、吉木萨尔、伊犁、塔城、库尔勒等地吕姓，大多是吕尚文的后裔。据 2004 年修族谱时统计，从康熙十七年定居至今，生活在此已二十九代，截至目前，在新疆生活的吕氏宗族人口已达二万余人。据康熙五十七年（1718）吕氏族谱记载，祖籍为河南河涧府②。后经考证，其记载有误，应为现在的河北河间县。

吕氏宗族自康熙十七年迁入至新疆解放（1678—1949），虽然在历次社会动乱中，族人遭到了屠杀、逃亡，祖产被毁或掠夺，但家族的发展却日趋完善，具备了像内地那样较为成熟的宗族体系。首先设有族长来管理族内大小事务，如登记本族内户口、负责招集并编修族谱、对所有男性成员进行登记，即使未出嫁的族女和已经过门的媳妇也都做记录，作为内部管理的依据；组织祭祀祖先的活动。因为宗族的凝聚力主要来自对祖先的崇拜，这是最基本的理念。对于家族来说，举行祭族与祭天是族内最重要的活动，并为此建造祠堂、维修祖坟；制定了族人行为规范及家法，阐述做人道理等；此外，还定期编修族谱。从开基祖迁入至 1949 年，共计二百七十余年，分别在康熙五十七年（1718）、嘉庆十一年（1806）、咸丰元年（1851）、光绪二十二年（1896）及民国二十六年（1937）共进行了五次家谱的编修。并"建立了管理家族义产机构，组织宣讲教化活动，

---

① 《孚远县乡土志·氏族》，中国社会科学院中国边疆史地中心编：《新疆乡土志稿》，全国图书馆文献缩微复制中心1990年版，第45页。

② 《吕氏宗族》中的《吕氏家谱渊源系图各卷册》，光绪二十二年（1896）修。

由特设的讲正和讲副来讲解皇家圣谕和家族规约,以教导子弟做孝子和顺民;调节族人间的纠纷。每当族内发生纠纷时,在族长调节之前,无论事情大小,不得自行到官府打官司,违者不论是非,先责其擅自告官之罪"①。这些宗族功能,吕氏宗族基本上都已具备。唯一感到遗憾的是,吕氏宗族在迁入后二百七十余年的繁衍中,却没有出现步入仕途的达官贵人,也没有出现特别有影响的地方精英人物。如善于进行人际关系交流且积极参与地方公益事业或地方事务或举行一些善举活动等,这在一定程度上削弱了家族在乡、县范围内的名望与影响力。尽管如此,由于吕氏宗族在绥来县时间较长,人口众多,基层中的一些行政管理人员多被家族成员所占据,对于维护地方社会秩序稳定所起的作用还是不容低估的。即使今天,他们在各辈分中还设置了族长与理事长,以便于宗族内部的联系。

不幸的是,吕氏宗族的祠堂在盛世才主新期间被强迫拆除。其原因是族内成员之间产生了纠纷,族长没有将关系协调好,结果族内有人认为族规太严,以不符合人性发展为由告到县府。由县府派人调查此案,最后以拆除祠堂、废除族规、解散族内的管理机构等处理方式结案,自此吕氏宗族势力受到严重打击。其势力弱化还有一个重要的原因就是宗族内部出现了严重分化,地主、富农、佃农、贫农及无业者之间矛盾重重,也大大削弱了自身的力量。

(二)王氏宗族

王氏宗族与吕氏宗族相比,其迁入新疆的时间上要晚得多。据王氏族谱记载,其开基族由于生活所迫,于道光二十七年(1847)由甘肃民勤县西迁,陆续迁至天山北坡的乡村、城镇,尤以今日之新疆呼图壁县芳草湖镇最为集中,其族人在同治、光绪期间社会动乱中被祸尤甚,目前人口计之概有三千余口②。

王氏宗族往上追溯祖上十三代,素有"一祖三太七个爷"的说法,也就是说刚来新疆之初,是一个祖太爷和三个太爷,三个太爷共养育了九个儿子(其中王朝任和王朝智无后人,故未进茔)。据《王氏族谱》记

---

① 冯尔康:《清代宗族、村落的自治问题》,《河南师范大学学报》2006年第5期。
② 《王氏家族统谱序》,《王氏族谱》,甘肃民勤·新疆呼图壁芳草湖,2006年续。其记道光二十七年后面括号中所注(1848)为错误,应为1847年。

载，祖太爷和三个太爷的名字已不详。祖太爷在三十五岁至四十岁之间，带着三个儿子于道光二十七年（1847）迁移到呼图壁县，在桑家渠开垦耕地，扎根于此。后随着人口增加和屯垦需要，三个太爷分开另居，并沿芳草湖沟渠建立新村。祖太爷跟随二太爷到新建村庄沙门子生活，故世后葬于此。所以沙门子坟地也就成为大东沟、老生地、桑家渠、沙门子、中渠、渭户王家人的"祖坟"所在地。新中国成立后在垦荒造田和征用耕地的过程中，王家祖坟地由沙门子迁到西滩东面盐碱戈壁上。墓穴按照辈分的高下排列为一、三、七的形状，这便是"一祖三太七个爷"的来历。

咸丰年间，三个太爷后人的分布区域大致为：大太爷的后裔主要在大东沟、老生地、桑家渠三村；二太爷的后裔主要分布在沙门子、中渠两处；三太爷的后裔分布在渭户一带，后又迁移到官地镇所辖的多个村镇，如十戽地、牛圈子、蒋家湖、小东滩、渭户村、转沟村、西滩村、锅窑湾等村①。族人分布不断分散，形成了以王氏为主导的十几个聚落的空间分布，这在一定程度上也扩大了王氏宗族的影响力，但也削弱了宗族的凝聚力。

民勤王氏迁入呼图壁县芳草湖镇以来，由于人口繁衍和财富的增加，成为当地一大宗族，并且出资建有王家祠堂、立有宗规、家训及写有祭祖谱文等。但是由于边疆地区普遍不太重视文化教育的风气，王氏宗族也是没有走上像内地宗族那样由宗族向士绅转化的道路。但由于其分布广、人口多，在当地具有较大的势力和影响力，族内有不少人参与到公共领域事务。如第三代王朝东、王朝礼、王朝信做过乡约、"水利"、农官等乡村管理人员。

吕氏和王氏这两个宗族，由于屯垦与水源分布等多种原因，所居住的聚落逐渐分散。后来由于其他移民的不断迁入，大多聚落逐渐形成了以吕姓、王姓为主导，且在杂居中有小姓分布的状态。更为严重的是，宗族内部分化也较为严重，族长对族内的一些事情处理不当，造成了族内势力的削弱，这种情况对乡村社会自治体系造成了严重的负面影响，使吕姓、王姓为主导的聚落自治能力不断弱化，不利于国家政权对乡村社会的控制与治理。

---

① 《先世考辨》，《王氏族谱》，甘肃民勤·新疆呼图壁芳草湖，2006 年续。

二　大户

(一)　田家大户

田家大户现居住在乌鲁木齐市高新区（原属乌鲁木齐县）安宁渠镇安宁渠村，位于乌鲁木齐市西北约三十公里处。其祖先田忠诚经过长途跋涉，先从山西沁源县走西口，沿途逃荒流落到甘肃靖远县，然后于光绪五年（1879）跟随当地政府组织移民实边的潮流，于19世纪80年代初，携眷来到乌鲁木齐县安宁渠村。依靠当时政府拨给的地亩，并借给农具、耕畜和籽种，通过分年偿还的农业开垦方式，从事农业生产。此外，他们自己也不断开辟财源以增加财富的积累，从此这一支田姓后裔就扎根于此。

田忠诚夫妇先后育有田德春、田德禄、田德祥、田桂清三男一女。其中田德春和田德祥都是老实巴交的庄稼汉，在当地并没有多大威望。田家大户主要依靠老二田德禄支撑。田德禄也被尊称田二爷，是一个能工巧匠。建房、砌墙、上梁、木匠等样样都在行，而且还是一个"土兽医"。最主要的是，他具有吃苦能干、为人忠厚、勤劳淳朴、同情弱者、乐于助人、胸怀豁达、自强不息等优良的品格，这样就使他有更多的机会能够参与到乡村社会的公共领域①中来。

首先，修建寺庙并出任庙会会长。盛世才主新时期，田德禄配合当地政府并带领村民募捐，组织村民在安宁渠十字街西北角修建了一座飞檐翘角、雕梁画栋、青砖绿瓦，壮观宏伟的菩萨庙，供四周乡邻进香祈福、求子、求姻缘、祈祝平安、拜财神。无疑，这可以让更多来到此处的内地人能够获得心灵上的慰藉。并且因为他在修庙的过程中，慷慨大方，踏实能干，在乡民中树立了很高的威信，所以百姓推选他为庙会会长。直到今天，安宁渠村及四邻乡民仍然知道安宁渠有个"田会长"。

其次，修建学校，发展教育。盛世才在新疆取得了统治地位后，提出

---

①　公共领域：20世纪80年代中后期，由美国学者兰钦（Mary B. Rankin）和罗威廉（William T. Rowe）二人分别对近代浙江地方精英人物和汉口商人组织的活动进行了研究，认为太平天国以后再地方重建的过程中已出现某种程度上的"公共领域（public sphere）"，1996年，留美的中国学者王迪首次将中国概念引入中国，他认为清朝前期长江上游地区在战后重建的过程中也出现了公共领域，即由地方士绅所创建并控制的社仓、义仓、祠庙、会馆、学校、书院、寺庙、庙会以及各种地方慈善组织。

了发展经济、扩充教育、提高大众文化等政策，并动员百姓修建学校，发展乡村基础教育。尽管田德禄老人是个没有读过书的庄稼汉，但他却深知读书的重要性。他首先想到的是乡亲们的孩子要有书读，只有读好书才能改变自己的命运。因此他怀着一颗敬重文化知识的心，不惜捐资出力在安宁渠街的西北角修建一座小学堂，并聘请当地文化人士来学校任教。从此，四周乡民的孩子可以进入学堂读书，接受文化知识的熏陶，让孩子们领略到学习文化知识的愉悦心情。因此，他也被后人尊称为安宁渠教育发展的"创始人"。

此外，他还积极参与慈善事业，并乐于帮助需要帮助、处于困境中的人，给村民牲畜义务治病，周济河西村守寡村民曹文清一家生计，向本村维吾尔族乡亲托尔逊、黄巴拉提、野坦传授农业耕作技术等[①]。另外，田家还通过与其他大户联姻，以获得更大的社会势力。田德祥的老婆是本村刘家大户的女儿，田德禄的女儿田玉清也嫁给了宋家宋有奎的哥哥，从而组建了一个有很大影响力的社会姻亲网络。

从田家大户在安宁渠的发展历程来看，它没有走上像内地士绅宗族那样的发展道路。虽然没有族人通过教育取得"功名"，从而成为士绅阶层和地方社会的实际控制者，但田德禄也通过自己的手艺和品行，在安宁渠及四周乡邻间赢得了较高的权威，并获得了他们的尊重。能够使自己的威望渗透到更多的乡村社会公共领域，使自己由原来官方乡村组织的控制对象也逐步成为管理乡村社会的主角。

（二）牛家大户

牛家大户生活在吉木萨尔县（原孚远县）三台镇北一里处的牛家村。其开基祖是牛大旗，甘肃靖远县人。牛大旗也并不是他的本名，因为他在左宗棠的军队中，担任大旗手，而他也不记得自己的名字，所以别人都称他为牛大旗。据他的第四代孙牛志良先生回忆，在三台镇战争后，开基祖牛大旗与一位在战争中幸存的回族女子结为夫妻，并且牛家前两代人几乎不吃"大肉"（猪肉）。从此牛大旗夫妇便在此处安居，从事开荒垦田，发展生产，努力经营，逐渐形成一个新的聚落——牛家村，其发展道路与

---

① 根据田德禄之孙田广智的口述和其孙女田广荣所写的回忆文章《怀念爷爷》进行整理，2009年。

田家大户有很多相似之处。

　　他们最先在田地里建立了属于自己的院落，院落的整体结构为坐西向东。三大间上房在西，北面有一排北房，南面是两间南房和三四间大棚。院子南北宽二十多米，东西长四十多米，这就是牛家村最初的原型。后来随着家族人口的增加，在距离牛家大院向东半里路左右的田地里，建立了一处更为壮观、典雅的大院落。其上房为坐北朝南，中间三大间，并且屋顶前有一米多长的彩色廊檐，廊檐下面是走廊，地面铺着灰色方砖，在走廊内可以乘凉或观看雨雪。两边各带一间套屋，共五大间。上房的西边有一排西房，约有六七间房屋；东边是五间东房。上房、西房和东房夹角处都各有二间旮旯房，所有房屋加在一起共二十余间。东西宽近四十米，南北长近五十米，规模也远大于原来的院落。因此院落在原来院落的东边，所以又被称为东庄子。相对而言，原来院落之处被称为西庄子①。

　　牛大旗夫妇共育有牛怀仁、牛仁义、牛仁礼、牛仁智、牛仁信五个儿子和四个女儿，其中大儿子牛怀仁和老四牛仁智两人读书，并考取了秀才，获得了"功名"。牛怀仁曾到南疆的拜城县做过县长；牛仁智做了本乡的乡爷和乡约、"水利"；牛仁义做牛家掌柜。从此牛家在本地取得了显赫的地位和影响力，他们的势力也积极向公共领域渗透。由牛家出钱在三台镇修建关公庙、组建了地方慈善组织及发展当地的教育事业。并在农忙时用自己的牲口给种地困难的农户提供无偿帮助，以扩大家族在本地的影响力。同时，经过几十年的经营，牛家已拥有牛几十头，羊达到了数百只、马十几匹，已经成为当地有重要影响力的大户人家。

　　从上面所列举的两个宗族和两个大户来看，他们有一个共同的特点，那就是其家庭成员中并没有出现能在科举上取得功名或于民国时期在政治上特别有作为的人物，这大大削弱了其家族在本地的影响力。从家族演变上来看，除吕氏宗族定居时间较长外，王氏宗族仅有不到二百年的历史，而田家和牛家两大户只有一百余年。吕氏和王氏宗族，其在本地居住时间较长，随着人口的增加和开垦耕地的需要，而不断进行分村，这对扩大宗族的影响力是特别有利的，相对于大户而言则不具备这样的条件。虽然他

<hr />

①　牛志良：《我记忆中牛家东、西两个庄子》，《北庭文史》第21辑，2010年，第160—164页。

们通过自己的辛勤劳作，积累了较多的财富，但本家族的人口还是较少，也是限制他们家族影响力的一个重要因素。尽管他们具有以上两个不利的因素，但他们优越的经济地位却促使自己在杂姓聚落中树立了权威。清末民国时期乌鲁木齐地区社会也处于一种新旧不断更替的重要转型期，国家政权对于地方社会的控制力相对比较弱小。但在大部分的乡村社会中，民众的生产和生活能够保持"基本有序"的状态。无疑这与宗族、大户积极参与乡村社会的公共领域事务，如庙会、教育、慈善等公共事业，从而建立了一套较为完整"自治模式"有很大的关系。

另外，在该地区的乡村社会能够做到"基本有序"还有一个重要的原因，就是国家不断地吸纳和融合宗族组织、大户、地方士绅及地方精英人物积极参与到乡村社会自治体系中来。尽管他们不能通过科举考试走上仕途，但地方政府在基层社会中设置乡约、"水利"、渠正、农官及民国时期的乡长、区长等，基本上都是为吸纳和融合乡村中的精英分子而提供他们参与基层社会管理的机会。如吕玉臣、王朝东、王朝礼、田德禄、牛仁智等，他们成为国家在乡村社会中的重要管理者、控制者和秩序的维护者。

相对于"硬措施"的里甲、保甲、乡约、农官、"水利"等乡村社会的管理体系而言，教育、交通和国家对宗族、大户与乡绅等吸纳和融合，也是国家权力控制和乡村社会治理的模式，可以称为"软措施"。当然，国家政权通过保甲制、乡约制、里甲制等乡村社会的行政管理系统，将本区域高度分散的乡村居民整体性地纳入了国家控制体系同时，也采取了一些诸如与内地相同的普及教育政策、交通体系以及加强对乡绅、大户和宗族的吸纳和融合，以增强乡村移民社会的自治能力，实现对其进行间接控制和消融。乾隆勘定新疆以前，内地传统的文化教育在乌鲁木齐地区未曾长时段的浸染。乾隆三十二年（1767）以后，政府便在本区推广教育事业，"或开义塾于迪化、宁边二厅，固已人思振奋矣，爰于建置州郡之始，兴学育才以彰。且回民之旧居中土者，薰习变化，往往游于乡学。登贤书，亦所在多有。兹际武功告成，文教遐被之余，于商民流寓子弟有造者，栽培乐育以为之倡，将俾倾心内面之侣，耳目濡染。岁月渐磨，移默率潜，鼓钟于伦化且遍西域而同归也"；即是说，当时统治者想通过教育以达到中外一家，版户鳞集。"学校与州郡并建，莘莘俎豆，济集生徒，视内地无异"①。这也许是清政府的最初想法。光绪十年（1884），新疆建省，其行政体制与内地得以整齐划一。那么，乡村社会也由原有的军台、营塘为主的军控体系改为以驿站为主的民控体系。大户、宗族等在乡村社会的影响力逐渐通过政府的吸纳和融合，参与到了国家所设计的乡村自治的网络中来。总之，这些"软措施"的实施，使内地移民虽然身处边疆地区，但却在一定程度上感受到了内地的人文环境氛围，从而使他们更能安心扎根于边疆，能够获得精神与心理的慰藉，更有利于保持移民乡村社会秩序的稳定。

① （清）褚廷璋等：《钦定西域图志》，乾隆四十七年（1782）武英殿刻本。

第 四 章

水利纠纷与社会内部互动秩序（上）

——以地方用水为中心

第一节　历史时期水利开发的时空特征

一　1864 年以前水利开发的时空过程

新疆规模化的农田开垦和水利工程建设应该肇始于西汉时期。当时政府在西域屯田的主要目的是供应驻扎在当地与大宛（今乌兹别克斯坦共和国费尔干纳盆地一带）军队的粮食所需以及负责在此路过往使者及商队的食宿。由于当时的主要交通线位于南疆，所以农业区的开发则是沿交通线重点分布。其中以塔里木河中游的渠犁（今库尔勒西境）与轮台（今轮台县之玉古尔）一带开凿灌溉渠为主，开发农业，从事军屯。"自敦煌以西至盐泽（今罗布泊）往往起亭。而轮台、渠犁皆有田卒数百人，置使者校尉领护，以给使外国者。"① 经过多年的农业垦殖，渠犁和轮台两地区的农业水利达到了"溉田五千余顷以上"② 的发展规模。后来随着中西贸易交往的日趋频繁和规模不断增大，而且在西域地区驻扎的军队也不断增加，屯垦范围逐渐扩大，耕地不断向西部的姑墨（今温宿）及东部罗布泊地区拓展，并兴修较大规模的水利工程。神爵三年（前59），及宣帝设置了西域都护府，极大地促进了西域地区农业的开发与建设。西汉在军事上已控制了吐鲁番和哈密地区，屯垦重心也由轮台、渠犁两地转移

---

① （汉）班固：《汉书》卷 96 上《西域传》，中华书局 1964 年版，第 3873 页。
② 同上。

至此。"其后置戊己校尉屯田，居车师故地。"① 总之，汉代在新疆的屯田区域主要在南疆地区。起初屯垦中心是渠犁和轮台，后又不断向楼兰和罗布泊地区发展；至汉宣帝时，屯垦重点则转移到了吐鲁番和哈密地区。尽管屯垦重心随着政治势力的变化而不断发生转移，但农田水利工程的建设为以后农业开垦奠定了坚实的基础。近几十年以来，多处汉代水利工程遗址在南疆地区陆续被发现。不但规模较大，而且灌溉设施保存的仍相当好。如在"沙雅县东部有由红土所筑长达一百余公里，宽约八米，深约三米的'汉人渠'；婼羌县米兰古堡一处汉代灌溉工程，其干、支渠上还设有较为系统的闸门控制等水利设施"②，这些都有力地说明了汉代在本地区水利工程的开发情况。

魏晋南北朝是中国历史上政权割据、社会持续动乱的时期，西域与中原地区一度失去联系，但水利工程建设技术仍在汉代基础上不断得以发展。隋大业五年（609），炀帝于"西域之地置西海、鄯善、且末等郡，谪天下罪人配为戍卒，大开屯田，发西方诸郡运粮以给之"③。虽然隋朝统治时间短暂，但却为唐朝在西域地区的经营打下了较为坚实的基础。唐朝疆域比隋朝则更为广大，尤其是向中亚地区的不断延伸，更增强了唐朝在西域地区的政治和军事上的影响力。贞观二十二年（648）设置安西都护府，由此能够进一步加强对西域的经营与控制，"岁调丁勇为戍卒。曾帛为军资，有屯田以资粮粮"④。唐朝经营西域还有一个重要的变化就是屯垦重心逐渐移至天山以北的北庭地区（今吉木萨尔县），并于长安二年（702）设置了北庭都护府。且在北庭都护府驻扎的军队比南疆要多几倍，这也说明了唐代在西域地区的经营重心由天山南路移至北路。因此，唐朝也成为天山北疆水利开发史上一个非常重要的历史时期。

宋、元、明时期，中原地区最明显的变化就是经济重心不断南移，所以北方地区的农业发展及水利开发受到了不同程度的影响。该时期还有一个明显的变化就是海上交通日益发展，这就造成了西域地区的交通地位日

---

① （汉）班固：《汉书》卷96下《西域传》，中华书局1964年版，第3924页。

② 新疆社会科学院考古研究所：《新疆考古三十年》，新疆人民出版社1983年版，第73页。

③ （唐）魏徵：《隋书》卷24《食货志》，中华书局1964年版，第687页。

④ （唐）刘昫：《旧唐书》卷196上《吐蕃传》，中华书局1975年版，第5236页。

益下降，因此农业开发并没有受到应有的重视。尽管如此，新疆地区的水利建设依然得到了不同程度的发展，尤其是在元朝，北疆也成为军事重地。元朝就地供应军粮制度的实行，促使各地军队推行军屯，这有力地促进了北疆地区农业水利的开发和建设。

清政府统一新疆前的一百余年内，为准噶尔时期。此时的灌溉农业主要集中在天山以南地区。维吾尔族是新疆农业经济发展的主体力量，在农田水利技术发展上，他们也精通农田凿渠引水之法，"自下种迄刈获，皆资山泉水润，以秀以实"①。而天山以北，多为蒙古族，他们主要从事畜牧业，农业并不占经济的主导地位。直至噶尔丹统一了天山南路以后，他们从南疆迁移了一批维吾尔族农民到伊犁河谷一带从事农业垦殖，后被称为"塔兰奇"人（意为种地人），专为蒙古贵族提供粮食，以改善他们的生活。从此以后，北疆地区农业所占的比重才逐渐增加。

乾隆二十二年（1757），北疆地区得以平定。为维护西北边疆地区的稳定，清政府沿用了历朝的"屯田养边"政策。第二年兵屯先行，随后实行了犯屯、民屯、商屯、回屯等，使乌鲁木齐地区迅速成为新疆主要军粮供应基地和重要的农业区。"西北人少地广，故有建设西北移垦第一之口号。有水斯有土，有土斯有人。故欲移民新疆，必须先行开发水利。"②其境内主要河流有乌鲁木齐河、玛纳斯河、昌吉河、头屯河、罗克伦河、特纳格尔河、济木萨河等，都被开凿成农业灌溉渠加以利用，"分流浸润，膏泽土田"③。后来随着移民人口增加和耕地不断扩大，人、地、水之间的矛盾却越来越突出，促使政府不得不加强对水利工程开发和提高水资源的利用率。乾隆四十五年（1780），迪化各屯军在天山北麓的大西沟处修建了公胜渠、永丰渠和太平渠，总长度达二百余里，引天山雪水进行灌溉，但仍然不能满足当时农业快速发展的需要。乌鲁木齐地区常因争水而发生的诉讼案件不断增多，甚至在某些地区还不时有械斗之事发生。因此，乌鲁木齐都统海禄于乾隆四十八年（1783）制定了《新疆屯田水利章程》，春耕时，要求"迪化州属委令该州会同管屯大员共同计亩分水，

①　（清）椿园：《西域闻见录》卷7，道光元年（1821）刻本。

②　倪超：《新疆之水利》，商务印书馆1948年版，第31页。

③　（清）褚廷璋等：《钦定西域图志》卷32，乾隆四十七年（1782）武英殿刻本。

并派佐杂协同该员弁亲临监视，以期合理用水，减少冲突"①。尽管如此，人、地、水之间的矛盾和冲突并没有从根本上得以解决。地广人稀，劳动力相对短缺，所以较大的水利工程不得不依靠政府的力量进行开凿，而相对较小的水利工程只得依靠民间力量，开挖沟渠以满足农业灌溉的需要。如"导源于龙骨河的西二工渠，长仅三里，宽八尺，但可资灌溉耕田三千余亩；利用本地泉水开挖的泉水渠，长五里，宽二尺，灌田近千余亩"②。乾隆中期，在天山北路的乌鲁木齐和古城地区，沟渠灌溉地亩分别为 108648 亩、25400 亩，两地共计达 134048 亩。截至乾隆六十年（1795），该区共有户 21217，口 132056，总开垦耕地近 108 万余亩③。天山北路东部地区，其优越的自然条件，吸引着人口不断迁徙于此。至同治三年（1864）新疆动乱前，该地区的移民已接近 30 万人，耕地达 150 万亩左右④。

关于该区水利技术和水资源开发情况，水磨的设立和稻田种植面积的扩大也可以从一个侧面予以说明。本区域水磨设立的时间，目前限于史料还无法确定。但乌鲁木齐市东郊有一处风景秀丽、溪水长流著名的风景区——水磨沟，顾名思义这里应该较早地出现了水磨。并且今天在水磨沟渠沿岸仍然保留了水磨坊的遗址（见附录图1）；"从红山至鲤鱼山的石家园子渠，原来也是农田的灌溉渠，后来沿渠修建水磨，成为乌鲁木齐加工面粉的重要地段"⑤；乾隆三十八年（1773）清代驻军曾在"热水磨（今水磨沟）购买民人水磨二盘"，并于此"修建水磨十盘"，交给六个协领管理，因此水磨在此地也有"八旗水磨"之称。"以此磨面，供应军食。"⑥ 其他满营中，也有设立水磨以供军食的记载："满营各协下设立水

① 朱批屯垦，乾隆四十八年十二月二日，海禄奏。转引自华立《清代新疆农业开发史》，黑龙江教育出版社 1995 年版，第 113 页。

② （清）褚廷璋等：《钦定西域图志》卷 32、33 统计，乾隆四十七年（1782）武英殿刻本。

③ 《乌鲁木齐事宜·屯田》，王希隆：《新疆文献四种辑注考述》，甘肃文化出版社 1995 年版，第 130 页。

④ 齐清顺：《1759—1949 年新疆多民族分布格局的形成》，新疆人民出版社 2010 年版，第 190 页。

⑤ 《水磨史谈》，《乌鲁木齐市工商史料》第 1 辑，1983 年版，第 67 页。

⑥ （清）和宁：《三州辑略》卷 3，成文出版社 1968 年版。

磨一处，由该协领选派能事领催兵丁经理，并雇觅民人磨面。除将面斤分给官兵外，将所获麸子变价作为雇人工价及水磨月费，至年底清算，将余利银两呈明，分给兵丁。"① 当然，水磨的利用情况并不是本书所讨论的重点，只是我们可以通过水磨的设置和利用，来了解当时水利技术发展和水资源的利用概况。因为水磨的设置，除需要较为丰富的水资源外，还需要有较高的水利技术。栽种稻田，则会增加用水量。在以水为命的地区，一般来说要禁止水稻种植的。但阜康县和乾德县（今乌鲁木齐米东区）的水稻种植在清代还得到了政府的鼓励和提倡，并成为新疆著名的稻米产区。从地名可以看出本地特征，乾德县原名米泉，就是说生产稻米和泉水旺盛之地。纪昀有诗曾描述了米泉水稻一片丰收在望的景象："新稻翻匙香雪流，田家入市趁凉秋。北郊十里高台户，水满陂塘岁岁收。"② 这也可以说明，如果该地区没有丰富的水资源是无法种植水稻的。即使在今天，米东区三道坝镇的头道坝、二道坝、三道坝及湖南村等聚落，居民以湖南籍居多，尤以湖南湘乡人为主，占到80%左右，村民们仍然种植了大片稻田（附录图2）。

二 1864 年至民国时期水利开发的时空过程

同治、光绪年间，受内地农民起义的影响，新疆也进入了多事之秋。经历了国外势力的入侵、大规模骚乱、农民起义等事件，并导致了新疆持续十三年的动乱，以至于清政府在新疆的统治秩序崩溃。动乱中大量的人口被杀，耕地多荒芜，水利设施淤塞湮废者不计其数，近百余年来的农业开垦成果毁于一旦。河渠"或崖土涨塞，或砂砾郁（淤）积，或堤岸倾圮，或橙槽朽腐，以至渠流日微，渐成涓涓之势"③。在动乱中，就人口死亡情况，曾问吾曾有这样的描述：

此次大乱十四年，人民死亡极众，而汉人受祸尤惨。平定后

---

① 《乌鲁木齐事宜·满营水磨》，王希隆：《新疆文献四种辑注考述》，甘肃文化出版社1995 年版，第 144 页。

② （清）纪昀：《乌鲁木齐杂诗·物产》，王希隆：《新疆文献四种辑注考述》，甘肃文化出版社1995 年版，第 176 页。

③ （清）袁大化、王树枬等：《新疆图志》卷73，民国十二年（1923）东方学会本。

采访所得各城陷时，汉、满官绅兵民妇女死亡最惨烈者计二万四千八百三十八员，采访未及者，尚不知其数也。至于罹兵燹而流离死亡者，更不知几千几万也。兹仅就迪化州、昌吉、阜康、绥来、奇台、济木萨、呼图壁、精河八属户口而观察之，原有户数共计两万四千余，至光绪四年实存之户只有六千余。以今比昔，减去四分之三，死亡之众，殊可惊人也。乾隆以来，移民屯垦之成绩，至是几完全消灭。南疆方面，被期死亡者，多为汉、满官兵之人民。其后继之以新回与汉回战，汉回与安集延人战，又继之以阿古柏之残暴，白彦虎之劫掠，清兵之进攻，各族人民死亡者难以数计也[1]。

人口大量死亡，直接造成了收复新疆以后，在恢复农业生产的过程中遇到了两个限制，"其一是西北人口太少；其二是没有房屋，要建造房屋，没有木材"[2]，且劳动力缺乏已成为恢复农业的主要障碍。当然，耕地荒芜和渠道废弃就成为自然而然的事情了。"奇台、古城、济木萨至乌鲁木齐、昌吉、绥来等处，回乱以来，回、汉死丧流亡，地皆荒芜，渠道淤塞。"[3] 因此，在恢复农业开垦的过程中，兴修水利也就成为当时主要任务之一。"左文襄公平定回乱后，兴水利、开凿水渠甚多，计有哈密石城子渠，库尔勒官民二渠，库车柯寺塘渠，镇西大泉东渠，迪化之永丰、太平二渠，巴楚、阿瓦提、叶尔羌、奇台、昌吉、呼图壁、绥来等地之渠，灌溉面积增扩不少。"[4] 根据《新疆大记补编》和《新疆图志》统计，仅迪化州就恢复修建较大灌溉渠达 126 条，总计长度达到 3909.6 里，灌溉地亩 863924.7 亩[5]，就各县灌溉渠的修建情况分别列表如下：

---

[1]　曾问吾：《中国经营西域史》，商务印书馆 1936 年版，第 378 页。

[2]　秦翰才：《左文襄公在西北》，岳麓书社 1984 年版，第 159 页。

[3]　(清)左宗棠：《左宗棠奏稿》卷 50，岳麓书社 1996 年版。

[4]　倪超：《新疆之水利》，商务印书馆 1948 年版，第 36 页。

[5]　根据吴廷燮《新疆大记补编》卷 8，袁大化、王树枏等：《新疆图志》卷 73 统计，仅仅根据所有记载数字，缺载的没有计算在内。

表4—1 光绪十年（1884）至民初迪化县灌溉渠修建统计

沟渠名称	导源	渠长（里）	渠宽（尺）	灌溉面积（亩）	支渠（条）	及灌溉面积（亩）
公胜上渠	大西沟	50	7.5	3145	2	3770
永丰东渠	大西沟	30	4	2932	2	6770
太平渠	大西沟	80	20	3017	2	3400
长胜渠	大西沟	60	6			
小渠子渠	喀喇达坂	150	10	620		
西乱山子渠	喀喇达坂	10	5	1897		
仓房沟渠	乌鲁木齐河	8	2	1997		
安宁渠	头屯河	75	6.4	2890		
西南工渠	头屯河	10	3	1530		
沙河子渠	头屯河	10	3	1105		
六十户渠	头屯河	20	6	2635	2	3230
西工口渠	头屯河	10	6		4	7839
中夷铁厂渠	头屯河	20	5	1375	6	7839
中营工西渠	乌鲁木齐河	5	3	1742		
中营工中渠	乌鲁木齐河	15	3	1785		
二工渠	乌鲁木齐河	10	6	3485		
三工渠	乌鲁木齐河	10	5	1955		
四工渠	乌鲁木齐河	10	5	1955		
广东户渠	乌鲁木齐河	30	5	2380		
荒草梁东渠	大西沟	60	5	2185	2	3810
水西沟渠	大西沟	40	6	4547	3	7707
柴俄堡渠	本阳泉水	40	3	340		
达坂城渠	大西沟	10	10	5480		
高崖子东渠	高崖子河	20	10	1425	4	2817
高崖子西渠	高崖子河	10	5	345	1	2083
方家沟渠	大西沟	10	10	2454		
大西沟西渠	大西沟	10	5	300	3	3785
上西沟渠	黑沟河	30	10	1854		
挞莲湖渠	黑沟河	50	7	200		
雷家沟渠	黑沟河	50	5	790		

续表

沟渠名称	导源	渠长（里）	渠宽（尺）	灌溉面积（亩）	支渠（条）	及灌溉面积（亩）
乌拉摆渠	本万泉水	30	7	1530		
西河口渠	乌拉摆水	40	5		10	11753
七道湾渠	水磨沟	5	6	1997	3	8285
九道湾渠	水磨沟	15	9.4	1997		
十三户渠	水磨沟	10	3	450	4	9040
芦草沟渠	本万泉水	12	7	2380		
柏杨河渠	本万泉水	40	3	680		
铁厂沟渠	芦草沟	20	10	2337		
吉三泉渠	老龙河	15	4	780		
三个泉西渠	老龙河	5	12	1445	5	8410
十二户渠	黑沟河	8	8	1020	2	1997
沙梁子渠	青格达湖	15	3.5	1105		
黑水桥渠	西长山	10	12	1105	1	722
青格达湖渠	青格达湖	20	5			
六道湾渠	青格达湖	20	5			
合计		1198		71326		96254

资料来源：吴廷燮：《新疆大记补编》卷8；袁大化、王树枏等：《新疆图志》卷73。

表4—2　　　　光绪十年（1884）至民初昌吉县灌溉渠修建统计

沟渠名称	导源	渠长（里）	渠宽（尺）	灌溉面积（亩）	支渠（条）	及灌溉面积（亩）
二屯渠	头屯河	60	12		8	11175
登楼口渠	头屯河	13	1.2		3	6480
二工渠	头屯河	20	10		7	10588
八工渠	头屯河	20	8		5	4677
大军户渠	三屯河	45	4		2	3750
二畦渠	三屯河	30	2		5	2180
三道渠	三屯河	5	2.2		12	9670
西四工渠	三屯河	10	4		4	2767
四畦渠	三屯河	20	10		11	13498

续表

沟渠名称	导源	渠长（里）	渠宽（尺）	灌溉面积（亩）	支渠（条）	及灌溉面积（亩）
玉堂河渠	三屯河	20	12		11	6498
兵户渠	三屯河	40	4.5		8	7152
佃坝渠	三屯河	40	10.5		7	8099
小西渠	三屯河	50	6		10	6900
三十户渠		60	10	20000		
合计		433		20000		93434

资料来源：吴廷燮：《新疆大记补编》卷8；袁大化、王树枏等：《新疆图志》卷73。

表4—3　　　　光绪十年（1884）至民初绥来县灌溉渠修建统计

沟渠名称	导源	渠长（里）	渠宽（尺）	灌溉面积（亩）	支渠（条）	及灌溉面积（亩）
长胜渠	塔西河	30	4	290	1	430
上阳渠	塔西河	15	6	210	2	500
大东渠	塔西河	30	2		5	2160
西大渠	塔西河	20	9		5	3020
头渠	塔西河	40	8		8	4348
三工渠	龙骨河	30	7		4	1938
东二工渠	龙骨河	20	10		4	3999
头工渠	龙骨河	30	10		4	4738
福建渠	塔西河	25	8	1637		
凉州户渠	龙骨河	6	11		9	5060
五畦渠	龙骨河	30	11	861	5	1355
泉水地渠	本地泉水	2	4	394	2	713
西三工渠	龙骨河	30	4.3	560	4	1830
四工渠	龙骨河	10	14	193	5	1569
五工渠	龙骨河	6	13	603	4	1075
六工渠	龙骨河	10	6	430	6	1031
西二工渠	龙骨河	3	8		2	2912
新桥湾渠	乌苏台泉水	25	3	1231		
新户渠	龙骨河	9	8.5	1077	2	1720

续表

沟渠名称	导源	渠长（里）	渠宽（尺）	灌溉面积（亩）	支渠（条）	及灌溉面积（亩）
上七工渠	山泉水	10	3.5	746	1	459
下七工渠	黑沟河	70	4.1	373	1	488
西中渠	龙骨河	90	5		4	3984
西东渠	龙骨河	150	4		5	4134
西新渠	龙骨河	20	3		2	3964
西四渠	龙骨河	60	6		2	1831
西西渠	龙骨河	60	7		3	2648
广东地渠	龙骨河	30	20		16	5450
泉水渠	本地泉水	5	2		1	150
磨河渠	龙骨河	150	30	775	11	2818
东八家户渠	龙骨河	5	2.1	86	1	290
夹河子渠	龙骨河	5	2.5	538		
杨家坝渠	龙骨河	15	2.2	890	1	57
合计		1041		10894		64671

表4—4　　　光绪十年（1884）至民初阜康县灌溉渠修建统计

沟渠名称	导源	渠长（里）	渠宽（尺）	灌溉面积（亩）	支渠（条）	及灌溉面积（亩）
二道河渠	南山雪水	40	8		3	3968
商户沟渠	柏杨河	40	9	1965	4	7234
土墩子渠	干河子	50	7		3	3893
五工梁渠	四工河	80	11	2094	10	26456
兵户东渠	三工河	75	13			
头工渠	水磨河	60	8		4	6170
六运湖渠		2.2	8	3400		
合计		347.2		7459		47721

资料来源：吴廷燮：《新疆大记补编》卷8；袁大化、王树枏等：《新疆图志》卷73。

表4—5　　　　光绪十年（1884）至民初孚远县灌溉渠修建统计

沟渠名称	导源	渠长（里）	渠宽（尺）	灌溉面积（亩）	支渠（条）	及灌溉面积（亩）
西柏杨河渠	南山雪水	20	20		4	26103
大龙口渠	南山雪水	70	20		10	44511.7
大有渠	南山雪水	40	20	2694	1	5148
长盛渠	南山雪水	50	10	7□90	2	7869
大东沟渠	南山雪水	10	5	1350		
小东沟渠	南山雪水	150	5	1728	2	12902
小龙口渠	南山雪水	100	20	3570	2	7983
四厂湖渠		2.2	4	20000		
合计		442.4		36432		104516.7

资料来源：吴廷燮：《新疆大记补编》卷8；袁大化、王树枏等：《新疆图志》卷73统计。

表4—6　　　　光绪十年（1884）至民初奇台县灌溉渠修建统计

沟渠名称	导源	渠长（里）	渠宽（尺）	灌溉面积（亩）	支渠（条）	及灌溉面积（亩）
水磨河渠	本处泉水	15	1.5	63	3	34175
东地泉渠	五马厂泉水	40	3	19987		
西地泉渠	本处泉水	10	2.5	9112		
北道桥渠	本处泉水	5	2	3750		
柏杨河渠	南山雪水	70	4	250	3	21205
小屯渠	本处泉水	10	3	9343	3	21000
更格尔渠	南山口小泉	3	1.5	1845		
大板河渠	南山雪水	30	4	1425	2	11867
吉布库渠	南山雪水	20	3.5	10315		
碧流沟渠	南山雪水	40	10	9000	2	20800
西噶根渠	松山小泉	8	2	5325		
中噶根渠	南山雪水	30	12	7350		
新中梁渠	松山雪水	10	3	5775		
芦草沟渠	本处泉水	2	1.5	3900		
大龙口渠	南山雪水	15	3.5		11	81048
莺歌布拉渠	松山口泉水	30	2.8	6825		
西吉尔渠	松山口泉水	30	4	14460		
东吉尔渠	同西渠	10	3	4875		
木垒河渠	南山雪水	20	10		6	2837

续表

沟渠名称	导源	渠长（里）	渠宽（尺）	灌溉面积（亩）	支渠（条）	及灌溉面积（亩）
柏杨河渠	南山雪水	50	2	4685		
合计		448		118285		192932

资料来源：吴廷燮：《新疆大记补编》卷8；袁大化、王树枏等：《新疆图志》卷73统计。

根据上面所列各县灌溉渠修建情况和《新疆图志·沟渠志》及《新疆大记补编》，综合编制出下表，以利于该时期乌鲁木齐地区各县之间灌溉沟渠建设作清晰比较，这样有利于我们了解和探讨不同县域之间灌溉渠建设的空间差异。

表4—7　　光绪十年（1884）至民初乌鲁木齐地区各县灌溉渠对比

各县名称	干渠数（条）	支渠数（条）	干渠总长度（里）	灌溉面积（亩）
迪化	45	56	1198	167580
阜康	7	24	347.2	55180
孚远	8	21	442.4	140948.7
绥来	32	108	1041	75565
奇台	20	30	448	311217
昌吉	14	93	433	113434
合计	126	332	3909.6	863924.7

资料来源：吴廷燮：《新疆大记补编》卷8，袁大化、王树枏等：《新疆图志》卷73。

由以上各表中可以看出，收复新疆以后，农业灌溉渠的修建已经取得了相当大的成绩，从而对恢复农业具有非常重要的作用。从干渠长度来看，较多的是迪化和绥来两县，其他各县相差不大；但在屯垦面积上看，则以奇台县为最多，阜康与绥来两县较少。民国期间，随着人口的增加，水利建设取得了一些进步，相对人口增长的比例来说，其成效并不是很大，主要还是与当时社会动荡不安有很大关系。"新疆现有水渠1578道，总计长度35999.5公里，灌溉面积16800913亩，其中迪化区有水渠193道，长4362公里，灌溉面积1556345亩，人口410754，人均3.8亩。"[1]

_____

① 倪超：《新疆之水利》，商务印书馆1948年版，第40页。

与上表统计相比，水利和开垦面积各方面均有不同程度的提高，但增长幅度并不大，人均耕地还处于下降的状态。

所修建灌溉渠的导源，除来源于河流、南山雪水外，还有一个重要来源就是本地泉水。如上表所列奇台县的莺歌布拉渠、西吉尔渠、北道桥渠等；绥来县泉水地渠、新桥湾渠等都是利用了本地泉水。乾德县位于博格多峰北麓，准噶尔盆地东南缘，农田用水则主要依靠泉水。"流经本县大的河流有二，一为乌鲁木齐河流至县西；一为水磨沟流至县南。但沿途渗漏分流，平时达县境时即已干涸，完全入沙为地下水，农民未能尽量利用。"[1] 较大的河流如柏杨河渠、芦草沟渠也导源于本地泉水，而无名河渠则导源于无名泉（当地人也称之为天泉），至今泉水十分旺盛，并汇聚成为无名河的主要水源，仍为头道坝、二道坝、三道坝及湖南村四个村庄稻田灌溉用水的重要来源（附录图3）。

民国三十六年（1947），倪超作为中央特派员，对新疆水利问题进行了调查，并著有《新疆之水利》一书，就乾德县（今米东区）水利的特点也做了如下描述：

> 惟县南一带，泉源旺盛。居民挖渠引用暴露地面之泉水，灌溉县域附近稻田，致乾德成为北疆一重要产米区。地势低洼之处，地下水位过高，致成沼泽。积潦既久，碱质日重，不能耕耘。其他缺水之民众争水，纠纷常起。水渠之系统紊乱，技术缺乏，工程简陋，管理养护欠佳，致水量之分配调节多为妥善。……其主要渠道有老龙河、黑沟河、铁厂沟河、西阴河、黑水大阴沟、沙梁子渠、水磨沟河[2]。

总体来看，乾德县水资源以地下水为主，泉水是农业灌溉用水的主要来源。"乾德地下水位既高，在挖渠不易之处，可凿井吸水灌溉，增加农田面积。先行试办，俟有成效，再普遍提倡。"[3] 东部天山北坡，河流相对众多，并多是南北流向。沙性土壤就决定了河水易渗漏地下，流到乾德县境

① 倪超：《新疆之水利》，商务印书馆1948年版，第107页。
② 同上。
③ 同上书，第109页。

内，多渗为地下水。"河流多钻进沙漠。经过沿途蒸发及渗漏，水量耗损甚巨，往往上游水量大于下游，亦有至下游忽然失踪。"① 因此，"兴办乾德水利，首宜注重排水，先派测量队详测一地形图，而后按照地形订立整个排水系统，清除积潦，降低潜水位。利用灌溉方法，洗去碱质，变沼泽为良田，化水害为水利。并可以排出之水导引灌溉其他荒地。沙泉子一带，泉眼甚多，开渠导引各泉眼之水，并疏浚泉眼，使水流通畅无阻，流量增大，农田面积可以扩充"②。由于当时灌溉渠道没有进行系统性的设计，只是按照地形的坡度、地势情况、水量的多寡及灌溉面积的大小进行整饬和管理，因此，很多水资源不能得到有效利用。总体来看，用水技术仍较为粗放。

民国时期，在积极发展水利设施数量的同时，水利技术也不断取得进步。刚收复新疆之时，由于恢复农业生产的紧迫性，对于水利设施质量并没有足够的重视。水利工程的设计和建筑、材料等方面仍保持很强的传统性，对技术方面并没有特别的要求。"惟旧渠之建筑，技术缺乏，工程简陋，渠成之选择，坡度断面之规定，拦河坝及进水口之设置，多未适宜。水量无法节制，冲刷渗漏于填不能防止，管理养护亦未加注意。遂致渠道开成以后，利用未久，即行废弃，人力，物力之损失不赀。人民仅知争水，水利纠纷常起，但不知蓄水及经济用水，使宝贵之水量无形中浪费甚多，此数千年来灌溉事业未竟发展之大因。"③ 可见，如何能更好利用水利技术，以达到节水及合理用水的目的，亦应是当时执政者首要考虑的问题。"杨增新和金树仁主新期间，水利建设仍然沿用传统的建渠、凿井及架槽三事焉。"④ 其中架槽在当时来看是比较先进的水利技术，解决了新疆水利中所存在的两大缺陷："一是可以有效防止水的渗漏，以节约用水。因为沟渠所经之地多为沙碛，漏水最易。槽以木制，底铺毛毡，可以有效防止渗漏；二是解决了渠水长距离的输送。河渠多起自山麓，远渡沙漠，用木制水槽，可以长恒数里，而不至于渗漏断流，至今赖之。此种制度至今仍有推行之必要。"⑤ 并且，架槽还可以扩大浇灌的范围，使更多

---

① 倪超：《新疆之水利》，商务印书馆 1948 年版，第 10 页。

② 同上书，第 109 页。

③ 同上书，第 36 页。

④ 蒋君章：《新疆经营论》，正中书局 1939 年版，第 127 页。

⑤ 同上书，第 128 页。

的土地开垦成为可能。"自架槽之制兴，则流沙以外之地，亦有垦种之可能矣。所以谓之新疆水利之三大进步。谈新疆水利者，以此兴修之准，次第扩充，由易及难，由简及繁，不数十年，荒僻之区，尽为陇亩矣。"①可见，架槽这种新型水利技术的应用，对乌鲁木齐地区农业开垦和发展有着非常重要的作用，但修建成本较高，并没有得到大范围的推广。

盛世才主新时期，由于社会相对较为稳定，农业经济获得较快发展，也促进了水利设施的建设，并制定了一套较为完备的水利制度，技术方面也获得了较大的提高。民国三十三年（1944），为了解决阜康县增垦农田二万亩，迪化县增垦农田三万亩，吐、鄯、托三县增垦农田二万亩及孚远、绥来增垦农田二万亩的灌溉问题，对以上几个县的水利建设制订了详细的实施计划，并对所需工程款项做出了预算安排。就政府对迪化地区水利实施计划摘录如下。

　　（一）修改阜康县天池节水闸工程，增长阜康渠道，增灌溉农田二万亩，工程费需新币七十万元；

　　（二）开凿迪化县柴窝堡及达坂城引水渠道，增灌溉农田三万亩，工程费需要新币捌拾万元；

　　（三）建修吐、鄯、托三县水利工程，增灌农田二万亩，工程费需新币九十万元；

　　（四）建修孚远、绥来二县水利工程，增灌农田一万亩，工程费需新币五十九万元；

　　以上四项供给增灌农田八万亩，需新币二百九十万元②。

盛世才政府除制订较为详细的水利工程实施计划外，也为解决民间用水及加强乡村水利行政建设做了很多工作。不但对水利行政机构的有效运行作了较为细致性的规定，而且对于一些水利工程配备了专门的技术人员和督导组，以加强工程质量和技术方面的建设。

---

① 蒋君章：《新疆经营论》，正中书局1939年版，第128页。
② 倪超：《新疆之水利》，商务印书馆1948年版，第43页。

（一）加强基层水利行政机构，督促实施水利法。本年度先由各区、县政府负责清查水权，登记水权之分布与异动状况，以便明年依法发给水权状；

（二）各县成立水利会，由县、乡、镇长及地方热心人士组成，之按照水利建设整个计划，发动民间人、财、物力，从事民营水利事业，并健全已成水利工程之管理机关，加强养护工作。

（三）增设水利工程师六人，健全水利督导组织，加强民营水利工程之管理协助，视各地工程之繁简分派工程师或技术人员前往共地，主持工程设计、督导事宜，水工督导、组织经费新币十万元[①]。

虽然政府通过行政法令的形式，对基层水利行政机构进行了规范，那么它们在县级政府中能不能得到有效实施呢？针对这样的问题，笔者在阜康市档案馆查找资料时，发现一份民国三十三年（1944）制定的《阜康县水利委员会组织章程》，对水利委员会的名称、组织、职能及分工、会议、经费来源等方面作了详细的规定，充分肯定了该委员会在水利组织中的重要作用。

第一章：总则

第一条：本会准照政府命令及参照当地之实际情形和需要组织之；

第二条：本会定名为阜康水利委员会，以下简称本会；

第三条：本会会长址假农会之会址；

第四条：以开发水利增加生产，而期农村经济发展，改善人民生活为宗旨。

第二章：组织

第五条：本会设正副委员长各一人，委员若干人；

第六条：本会共分总务、调查、宣传和疏浚四股，每股各设正训股长一人，总务股得设文牍一人；

第七条：本会各股承办之事项如下：

1. 总务股承办文书及地亩、收获、水利等事项之统计事宜；

---

① 倪超：《新疆之水利》，商务印书馆1948年版，第48—49页。

2. 调查股承办调查全县之水源、河流、渠道及灌溉之地，未灌溉之地等事宜；

3. 宣传股承办宣传水利之重要性及扩大春耕增加生产；

4. 疏浚股承办计划及实际开发水源，疏浚或培修渠道、河流等事宜；

第八条：本会正副委员长及各股正训股长均由各委员中互相推选兼任之；

第九条：本会各委员等均为义务职，不得支薪；

第十条：本县各区区长、乡约等均鉴然委员，并在素有重望者得聘请为本会委员；

第十一条：各委员如有下列情形之一者不得充任本会委员：

1. 素有不良之嗜好者；2. 褫夺公权者；3. 品行不端者；4. 行为不正者；5. 违背政府政策者。

第三章：会议

第十二条：本会委员会全体会议规定每半月召开一次；

第十三条：股务会议规定每十日开会一次；

第十四条：本会如有必要事项，待讨论者或经本会委员三分之一请求者得由正副委员长召开临时会议；

第十五条：本会召开会议时，出席各委员得超过半数以上始行开会，不然或改日召开或改为茶话会。

第四章：经费

第十六条：本会如遇有疏浚开发等事之举行需款时，或呈请政府设法或召开临时会议解决之；

第十七条：本会所需用之一切文具纸张等费得由农会补助之；

第十八条：本章程如有未尽事宜，得随时呈请修正之；

第十九条：本章程经过全体委员大会通过后呈请政府核准之日施行①。

---

① 新疆省迪化区行政公署、新疆省民政厅关于组织水利委员会意见书，水利委员会组织简章成立时期等的指令、计划通令（民国三十三年十一月二十二日），阜康市档案馆藏，档案号：M1—2—671。

政府除了制订水利工程的实施计划和加强水利行政建设的规范化以外，就水利工程建设费用也通过多种途径予以解决。多数由政府组织实施，并对费用的来源和用途也作了明确规定。

（一）新办水利工程费，除由国库大量拨款外尚可尽量利用农贷及水利公费，因此希望中国农民银行于迪化早设分行，以便推进农田水利贷款事宜；

（二）整理旧渠工程费，除由省库大量拨款外，尚可尽量利用地方民力、财力，由受益田亩平均分摊；

（三）整理航道工程费，全部由国库筹拨，并希望利用外资于战后向外国借款时，指拨一部分为整理塔里木河之用；

（四）水力发电工程费，除由国库和省库拨款公营外，并可鼓励人民投资商营或官商合办，组织公司经营，因此希望中国农村水利实业特种公司早向新疆发展，促进一部分水电工程之建设；

（五）已成工程管理养护费，希望由受益者分别负担，如灌溉工程之征收水费，航运工程之征收船闸费及码头费，水电工程之售电费，不另列预算①。

总之，通过对新疆历史上农田水利建设的时空过程梳理可以看出，隋唐以前，中央政府在新疆的屯田主要集中在南疆地区，与之相伴随的是水利工程建设也主要分布在该区。唐朝在北疆地区设立了北庭都护府后，屯垦重心由南疆逐渐移至北疆，其水利工程建设不断获得发展。直至清朝统一新疆前，中央政府在新疆水利开发主要有几个特点："首先是为了满足中央政府或地区政府的军事政治的需要，以维护西北边陲的稳定和保障驻军军粮的供给；其次历代水利开发主要集中在大河流域、湖泊附近或交通要道；再次水利开发的盛衰与中央王朝的势力有着密切地关系。国家统一时则盛，反之则衰"②；最后，新疆水利开发技术多是由内地传入（盛世才主新时期苏联也给予了帮助），并且规模不断扩大，制度也日趋完善，

---

① 倪超：《新疆之水利》，商务印书馆1948年版，第88页。

② 王金环：《清代新疆水利开发研究》，硕士学位论文，新疆大学，2004年。

为以后新疆水利开发奠定了良好的基础。

乾隆勘定新疆以来，为解决军粮的供应问题，鉴于天山北路东部，尤其是乌鲁木齐地区具备农业开垦的优越的自然条件，从而使该区成为移民主要安置区域。经过几十年的农业开垦，乌鲁木齐地区成为重要的农业区和军粮供应基地。农业的发展必然是以水利开发为前提的。由于该区地广人稀，仅仅依靠民间力量很难完成较大沟渠的修建，因此，该阶段乌鲁木齐地区水利开发主要是由政府直接主持并发展起来的，且较大型的水利工程建设还往往要有军队的参与。乌鲁木齐地区的农业开垦和发展，也打破了新疆传统的"南农北牧"的经济格局。正是由于清政府对北疆农业开垦的重视，乾隆后期，乌鲁木齐地区已经形成新疆一个重要的新兴农业区和军粮供应基地，而且极大地促进了水利工程与建设技术的进步。由传统的建渠、凿井、架槽逐渐向水利工程实施计划详细制订、基层水利机构规范有序、水利技术人员配备齐全等现代化水利制度的运行转化，对乌鲁木齐地区水利工程建设无疑起了重要的推动作用。

第二节　分水制度及内部互动秩序

一般来说，对于区域社会史研究，我们要更多关注于区域特色及其差异性，即我们经常所说的地方性或区域特色。无疑，通过这样的研究固然可以丰富大历史之细部，并可了解不同区域的差异性，能够从更加微观的角度来认识区域历史的个性，以求能在历史普遍性规律中来探求其特殊性。就关于此研究的思路和方法，西方学者做出了一定的努力。如美国学者施坚雅通过对中国农村经济市场的研究，其目的就在于从经济学的角度来探究中国各地区间的联系——农村集市、乡镇和中心城市等不同等级市场中心的发展、变迁，能够为我们从微观经济层面阐释了广大的、分散的乡村聚落是如何通过市场融入更大的中国城市系统中去的[1]。正是基于这样的问题意识及研究思路，笔者在分水制度及其共同体内部的互动秩序这两个微观层面上进行分析，借以探讨不同区域中所产生的分水制度和用水

---

[1]　[美] 施坚雅：《中国农村的市场和社会结构》，史建云等译，中国社会科学出版社1998年版。

秩序个体上的一些差异，以求来反映整个灌区社会中所体现出的合作与冲突，并以此来阐释地方社会中以水利为中心所构建的移民社会秩序。

一 分水制度

水资源最大的一个特点就是具有流动性，这正像王铭铭所说："水资源与婚姻的对偶一样，它是流动的。一条河流，一条沟渠，不可能只流动到一个村庄的内部。它所流过之地，人们形成群体保护自己的利益，为了共享资源和协作，有不同利益的不同群体又需要结合成为一个超过村落范围的合作圈子。"① 当然，我们主要是针对一个比较小的水利共同体而言，是在小的共同体范围内所形成的合作与冲突，并最终形成一定的用水秩序。但就用水秩序来说，其内涵中自身就包含着"分水"问题。由于水资源具有不断流动性的特征，因此仅仅认为在一个比较小的合作圈子里来探讨"分水或者用水"秩序显然是不切实际的。因为水资源本身所具有的流动性特征还会涉及更大空间范围内的合作与冲突。在不同的政区和区域中，如县际之间、府州际之间、省际之间、地方与国家之间，甚至国家与国家之间因水资源的问题所表现出来的合作与冲突都有可能随时发生。并且不同空间尺度内用水合作与冲突，在明清以后各区域内也都有发生，这方面也有很多学者进行研究②。且有些地区鉴于水资源稀缺的特点，地方乡绅就通过塑造河名、多出河工夫役、买地建渠、甚至贿赂政府官员等方式对流经所在区域内的水资源形成实际占有权，即水权③。一方面，水权在某些时候或某些区域中，往往体现为用水不公平，常常会打破原有的用水秩序，形成新的社会冲突或重大的社会事件，甚至爆发大规模的社会动乱。这些情况在水利社会中随时都有可能发生，需要政府或乡村水利管

---

① 王铭铭：《"水利社会"的类型》，行龙、杨念群：《区域社会史比较研究》，社会科学文献出版社2006年版，第96页。

② 王培华：《元明清华北西北水利三论》，商务印书馆2009年版；萧正洪：《历史时期关中地区农田灌溉中的水权问题》，《中国经济史研究》1999年第1期；罗兴佐、贺雪峰：《乡村水利的组织基础——以荆门农田水利调查为例》，《学海》2003年第6期；《论乡村水利的社会基础——以荆门农田水利调查为例》，《开放时代》2004年第2期；杨国安：《国家权力与民间秩序：多元视野下的明清两湖乡村社会史研究》，武汉大学出版社2012年版。

③ 萧正洪：《历史时期关中地区农田灌溉中的水权问题》，《中国经济史研究》1999年第1期。

理人员给予调解；而另一方面，由于河流上下游地理区位本身存在差异性，造成了水资源利用的自然优先权不同，使得在不同的政区之间或同渠的上下游之间，也往往形成用水的不公平性，用水纠纷或冲突时常发生，形成了地方之间的互动秩序①。即是说，水权的存在，常常是造成用水冲突的一个非常重要的因素。

笔者在所研究区域内做田野调查时，就用水秩序而言，由于共同体内部势力不断出现此消彼长的情况，因此，即使在同一沟渠中其用水秩序也往往处于不断变化之中，即用水秩序的"非固定化"。易言之，该区域内的用水秩序实际上是处于不断变化状态之中。在一个"视水如命"的水利社会中，无论是用水秩序还是用水互动秩序，它对维护本区域内的社会稳定无疑有非常重要的作用。也就是说，在一个区域内部所确定的用水互动秩序，对民众的用水行为和社会生活的各个方面都起着非常深刻的影响。邓小楠指出了"秩序"在乡村社会，尤其是在水利秩序中所具有的重要性，"秩序的建立与维持，无疑是地方官府与民间精英人物所关注的中心问题。这里既包括上下尊卑不容含混的统治秩序，也包括家族内部的生活秩序、乡村邻里的共存秩序、社会生产的运行秩序等等。所谓'秩序'，事实上是社会结构、生存方式的反映。它往往体现为若干'规矩'的集合，凝固于民众普遍接受的'传统'之中。或许可以说，几乎所有的秩序，都是通过环环相扣的程序才得以落实。来自现实生活的压力与挑战，不断构成对于既有秩序的冲击"②。当然用水秩序也属于社会秩序中的一种，在一个用水矛盾特别突出的区域社会中，用水秩序在社会中的重要性更是显而易见的。

从本书所研究的区域看，用水秩序所起的作用是不言而喻的。除水资源具有重要的地位以外，本区还是一个以移民为主而形成的社会。民族复杂，不同区域间的移民也存在很大的文化差别，而且还与少量的原有居民

---

① 关于互动秩序的概念，美国著名的社会学家戈夫曼（Goffman E.）有过这样的解释：社会互动行为者们依据共同的规范、习俗和仪轨做出预期，这使得他们能够预见别人会对他们的行为作出怎样的反应……这些心照不宣的共同知识使得同一个文化的所有社会组成成员，在各种情况下都能够采取一种符合共同预期的行为模式。

② 邓小楠：《追求用水秩序的努力——从前近代洪洞的水资源管理看"民间"与"官方"》，行龙、杨念群主编：《区域社会史比较研究》，社会科学文献出版社2006年版，第20页。

之间存在着相斥和冲突的情况。即是说，多个小文化圈出现在一个共同体内部，如果在用水秩序方面一旦处理不好，就有可能发生较大的社会冲突，甚至还会出现严重的社会动乱，甚至引起民族冲突或大规模的械斗。本章主要通过对分水制度的标准及其所产生的互动秩序进行研究，以求在更加微观客体中体现出国家与地方及地方内部之间通过水资源利用过程中所产生的互动关系进行探究，在共同点中寻求他们之间的差异性。

（一）照田定水

按照地亩进行分水往往是一个较大的水利共同体中所采取的基本原则之一，即根据各村落耕地亩数的多少，来确定沟渠分水口（坪口）的大小，这在当时中国各地来说也是比较普遍的做法。清代新疆地区也是如此，"计地亩多寡以定水量"①。但同时还要考虑河流上下游地理区位的差异，位于下游的村落，在耕地亩数可能与中上游村落的地亩数相同，但处于下游的村落渠口（分水口或坪口）应该要相对大一些，这主要是由于水资源流动性决定了中上游在利用上的自然优先权。如导源于乌鲁木齐河的六条主要的沟渠，从下往上依次为中营工西渠、中营工中渠、二工渠、三工渠、四工渠、广东户渠及仓房沟渠。中营工西渠、中营工中渠的耕地分别为 1742 亩、1785 亩，大抵相同，其分水口宽度都为三尺；三工渠、四工渠的耕地相同，其渠口宽都为五尺；但是，广东户渠的耕地为 2380 亩，比三工渠和四工渠多出近 400 亩，但渠口宽也为五尺。根据笔者的踏勘与田野调查，当时主要是考虑了他们利用水资源的优先权问题。二工渠的渠口最宽，为六尺，其耕地也最多，为 3485 亩。从下图中可以看出，仓房沟渠为于乌鲁木齐河的上游，虽然其耕地为 1997 亩，与三工渠和四工渠的 1955 亩略相同，但其渠口宽仅为二尺，这主要是由于其地理位置所决定的。

一般来说，灌渠分水口（坪口）的大小是由耕地多少来决定的。当然并不都是这样的，因为分水口的大小还受到沟渠的长度、村落乡绅势力大小、官府的庇护等多种因素的影响。在迪化县境内，导源于头屯河的安宁渠、西南工渠、沙河子渠、六十户渠、西工口渠、中夷铁厂沟渠六条主要沟渠中，西南工渠和沙河子渠长度和渠口宽都相等，但二者灌田面积相

① （清）袁大化、王树枬等：《新疆图志》卷73，东方学会1923年铅印本。

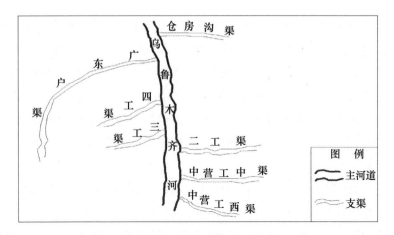

图4—1 乌鲁木齐河上游主要灌溉渠分布示意图

差400余亩。之所以如此，与沙河子张家大户在当地势力较大有很大的关系。安宁渠、六十户渠和西工口渠，其灌田面积分别为2890亩、5865亩和7839亩①，但渠口宽分别为六尺四寸、六尺、六尺，三者相差无几。出现这种情况的原因一是沟渠的长度，安宁渠最长为七十五里，六十户渠为二十里、西工口渠最短为十里。渠道长，途中所消耗的水量就多，其分水口（坪口）就要相应增宽。综合渠道长度和灌田面积两个因素来看，安宁渠和六十户渠明显要优于西工口渠。由上文可知，安宁渠是由六家大户所组成的村落，其势力在当地的影响非同一般；而六十户主要是由遣犯户所组成，这些户民都是要水不要命的主。可见当时分水受到多种因素的影响，但"照田定水"仍是主要标准。

通过上面的分析可知，当时的分水标准主要是按照灌田面积多少来决定的。但在实际操作的过程中，还不得不考虑渠道长度、乡绅势力、地方政府的倾向等多种因素来制定各分水口的大小，以维持地方的用水秩序。即便如此，但有些因素处于不断的变化之中，如当一个村落的乡绅势力增强或由于人口的增加所造成耕地面积的扩大时，在水资源分配上就会要求打破原有的分配秩序，以求自身能够获得最大的利益，往往引起用水冲突，甚至最后要借助于官府来解决。兵户渠九家沟坪要求增宽分水口即是

---

① 7839亩仅仅是指西工口渠支渠的灌田面积，其主渠的灌田面积在《新疆大记补编》和《新疆图志》中均没有记载，故无法确定。

明显一例。

> 具报告，兵户渠渠正、水利等叩求县长恩准做主，惩究偷挖坪木、扰乱规则例事。窃查兵户渠上下七坪各有水利。每年春间，挖渠修坪非经渠正亲履率同水利众户，严同修整各坪口及平均尺寸，以循前例，而免各口木私自挪移、以小改大等情。前日，渠正同众户由下四坪平均至上坪九家沟，当即会同九家沟户民。正在查坪之间，该户民金凤山声言，伊等九家沟从前本是一尺六寸，现在成为一尺二寸，令渠正非要与伊镶成一尺六寸不可。渠正知道九家沟榷（确）是一尺二寸，因而不能擅行改动，仍旧镶好返回。该金凤山庄舍离坪口附近，伊又非办理水差之人，竟敢妄为将渠正镶好坪木挖出私自挪移尺寸，以小放大，加为一尺六寸，图谋亏众利己，推到规例。复徐渠正前往查出改坪情弊，徐渠正与众户根查究竟。伊等坪口如何尺寸，我们下四坪水利民众非常不悦，向金凤山根究，改坪原田，伊并未说出何项，是别系有心欺压我们。下四坪民众扰乱规例，我们要将伊改放坪木拉来，请公证人员检验情弊。金凤山估定不给，立逼渠正等无法可想，只得叩祈①。

当然，仅仅从这则档案资料中我们还不能看出当时金凤山敢于私自改放坪木，以小改大的缘由。但我们从"将伊改放坪木拉来请公证人员检验情弊，金凤山估定不给，立逼渠正等无法可想，只得叩祈"中可以推断，金凤山敢于向当时具有很大地方权威的"水利"、渠正等乡村水利管理人员叫板，说明了他的势力已经发展到了有一定影响力。后来笔者为了验证对此资料的推断，到兵户渠进行田野调查。据村中老人讲，当时金凤山不知怎样发的一笔横财，不仅在当地买了几千亩的耕地，雇用近百人为其耕种，而且还建有自己的私人武装，具有很大的势力。对于渠正和"水利"的叩求，政府最终没有结果，后不了了之，也说明了政府与其可能有一定的牵连。

---

① 兵户渠九家沟村私自改动坪口所引起的水利纠纷一事的情由（民国二十八年五月二日），昌吉市档案馆藏，档案号：J1—87—8。

起初对于分水口的大小都是按照水量份数来计算的，"一份一寸宽水口，浇地六亩半上下。一对牛的庄稼，一般则可耕四石到六石地，多也超不过八石地，需要十份水上下"[1]。通过这样的方法来确定分水口（坪口）的宽度存在很大缺陷。首先，分水口容易改动。当时由于监管不力或通过给渠正、"水利"等贿赂，分水口经常发生改动情况，引起水利纠纷；其次，本乡"水利"或渠正依靠自己的"特权"，常常通过不正当的方式获取份水据为己有，再通过出卖捞取钱财；最后，由于农户应该得到的份水被他们所占有，导致有些农户不得不花钱买水。但也有贫困的民户无钱买水致使农业生产常致歉收。后来，采用了设置坪口的办法分配水量。总坪按一垣地一寸水分配。"坪"就是将一根方形木头，埋入渠底，顶面呈水平状，木头两侧按尺寸将木笼（木制的四方框架）和马权（木制三脚架）埋入渠中，然后，用柴草石头压牢固定，形成矩形坪口，起到分水作用。一垣地面积一般为10—200亩，视地的好坏做具体规定。并且政府对于缺水地区，也经常以公函的形式将"照田分水"规定下发到各村落，"呈报县属地土管，多因缺水灌溉，各户民时起纠纷。已开会议决议案，并地亩多少照例分水，请鉴核备案。因呈逆该县长召开县务会议按地分水，增户升科"[2]。尽管如此，由于社会制度的影响，在分水过程中仍然存有很多弊端，水利纠纷和诉讼案件仍较为频繁。

（二）照夫定水

与"照田定水"相对应的还有"照夫定水"，而二者是在确定分水的过程中经常要考虑的主要因素。所谓的"照夫定水"，是指在修建渠道时以出劳动力的数量，即根据所出"渠工"的多少来分配各用水单位的水量，这也是一种较为常用的分水制度。实际上"渠工"与内地的"锹"和"镰"来计算分水量颇为类似[3]。尤其是在一个较小的水利共同体中更

---

[1] 《北疆农村调查》，中共中央新疆分局宣传部印1953年版，第10页。

[2] 新疆省农矿厅关于地亩因缺水灌溉，各户民时起纠纷，决定按地亩多少配水的指令（民国二十三年四月二十六日），阜康县档案馆藏，档案号：M1—1—547。

[3] "锹"是指铁锹，为开渠挖掘的工具，以后逐渐演化为计算分水量的单位，即以开渠时出力多寡（锹数）来计算后期所得之水量份数，出力民户即为利户，这种计算方式在沁河下游地区的水利社会中较为常见。"镰"代表着水利权，可以买卖，河北邢台地区多以"镰"为中心而形成的水利共同体。（程森：《明清民国时期直豫晋鲁交界地区地域互动关系研究》，博士学位论文，陕西师范大学，2011年，第117—120页）

为常用。在一渠之内，水量分配主要是由在修渠时所出人工多少或由所出修渠物质也可以折算为劳动力，以此来决定分得水量的多寡。对于贫农和佃农来说，"照夫定水"意味着他们不得不出更多的劳动力以求分得更多水量来保证他们的灌溉用水，有时他们只有通过雇工的方式来增加修渠时的劳动力。而对于那些富农或渠正、"水利"等基层社会中的强势群体而言，则通过雇工、捐献修渠物资或参与修渠的事务中来分取更多的用水量。绥来县黑兰湾在修建支渠时就完全按照这样的分水标准进行的。

> 本村佃贫农王兴成，在今年修渠过程中，雇两个人修渠各二十八天，管吃，每人工资为一石二斗麦子，但拖到现在还欠着雇工的一石三斗麦子；而对于贫农高进连，今年上渠无力雇人，在无办法中仅雇齐六什子来顶替自己做了十天，关后做了二十五天，勉强挣到一份水，还得补三个工（二十个人工得一份水）。
>
> 与佃农王兴成和贫农高进连相比，富农王宝山则通过参与修渠事务、捐献修渠物资及雇工等方式，共分得二十二份水，而实际上还要远远多于这个数量。修渠时王宝山的儿子当工头，女婿当总先生（工头和总先生都可以顶两个人来计算），另外又雇用了七个客工，共得二百九十六个工，得十一份水。下剩工数是以梢草木料折给的，计草九百一十五捆，折工七十三个半；树梢十九立方米折工四十七个；椽子二十二根折工二十二个；闸子六付折工九十个；肥巴一百四十七根折工二十一个半；苇子三十捆折工六个半，共折算了二百六十一个工[①]。

从这则调查资料中我们还可以看出一个问题，就是关于"渠工"的折算。高进连包括雇人顶替和自己做工共三十五天，按照当时的标准二十个工分一份水计算，高进连共做三十五个人工（而实际被折算为十七个工）；而王宝山二百九十六个人工，得十一份水；修渠物资共折算了二百六十一个工，也得十一份水。当然我们没有必要考究其折算的标准或计算中的错误问题，但可以肯定的是，他们通过"渠工"折算能够蒙蔽更多

---

① 《北疆农村调查》，中共中央新疆分局宣传部印，1953年，第12—13页。

农民。甚至输送修渠物资也成为他们的专利，有时农民想送都送不上，从而他们可以制定出更有利于他们的折算标准，以达到侵占较多份水的目的，供自己使用或出卖。下面这条资料也可以说明这个问题：

> 这里是每家照份数常淌水浇地，水利在各家应淌水的份数上虽没有进行掠夺，但从渠水总量上把水份加多，归自己使用或出卖。追溯杨增新、金树仁时期，当乡约能任意卖水，如王义每年卖三十到四十份水。王宝山河坝上有个尺六宽的独水口（就是十份的水口，因在上源实际淌到一百份上下）。每年挖渠只上一张锨，做五六个工。此外，下养渠、小东渠也都有他的水口。除自己浇水外，有四家租户共种八石地，浇水也是他包给的，可知他在水利上的专利了。每年春天上渠时，水利、工头、先生相互勾结，在梢草木料上以少报多，对人工大吃空工，每年舞弊约到二百份水上下（合二百八十石麦子左右）。同时，藉送木料、修渠占到便宜来徇私情，穷人想送也难得送上。前年梁清仁老汉想送付闸子，水利王亨金说"你早没说，别人都送够了"。当水利既如此有利可图，因之，十多年来，水利操纵在少数人手里。如第五村的水利老是王玉山、杨发德、张玉、柳发茂轮流包办①。

可见，当时的"水利"、渠长等乡村水利管理人员，常常利用自己手中的特权，通过沟渠的修建来达到自己多占水量供自己使用或出卖，以获取更多财富的目的。而对于广大农民来说，则由于应分水量被侵占而导致缺水或无力买水灌溉，不但使"农业上遭受严重的歉收，而且在水利上受着黑暗残酷的剥削"②。

"照夫定水"除在村落内部普遍存在以外，往往在一渠之内的不同村落中也是经常存在的。但是每村所出"渠工"数量往往与灌田面积相结合，在较长的时期内是固定不变的。从实际上看，这与豫北地区的"二十四堰"制有些相似之处，即"利地制"，强调只有"出力开河"的

---

① 《北疆农村调查》，中共中央新疆分局宣传部印，1953年，第11—12页。
② 同上书，第11页。

"利户"才有"水份"。① 但在阜康县黄土棵哈萨克族与汉族原议定的"照夫定水"原则，由于后来修渠规则发生变故而引发的一个案例，也能说明"照夫定水"规则中所存在的一些问题：

> 黄土棵牧民克甫必力更、吾龙许、鲁乎巴力等现居黄土棵迄今多年。所有黄土棵之水渠先年业经黄土棵之汉、回户民等议，足每年春季铲修渠时，应由该黄土棵子哈族居民摊派人役二十五名，以助修渠，准其我哈族牲畜在该处饮水。不料今春，该汉族户民将渠包给维吾尔族人修理，不要人役。乡民等要派毡房子一顶以抵人役。民等即便派毡房子一顶将渠修好。不料，于前旧民等在该渠饮马，有黄土棵子水利，民等不知该之姓名，将民马拉去二匹，今说民等将渠踏壤。以民等思想，每年摊人修渠，民等又不种地，就为的是饮牲畜。并且黄土棵子就此一道渠有水，各族户民之牲畜皆在此渠饮水，再无其他有水之渠。而且民等未将该渠踏坏，尽该等控词恳求。

而当时政府对该事件的处理结果则是：

> 县长偕同乡约勘查，谕饬民等牲畜以后再不准践踏六运湖水渠，并准民等将拉出之马仍行领回，兹已邀（要）求领回。倘后民等牲畜如再践踏该处渠道，愿依法受罚，所具领结是实②。

可见，从整个案件的发生到政府的处理，并没有从根本上来解决问题。既然原来"照夫定水"的分配原则已经不再使用，并存在一些弊端，那么应该找到另外一种水资源分配方案来解决目前所存在的根本问题。牧民牲畜需要饮用渠水，农业灌溉更离不开水。既然如此，应该找到解决类似问题的契合点，以杜绝今后因争水而再次发生冲突。恰恰相反的是，政

---

① 谢湜：《"利及邻封"——明清豫北的灌溉水利开发和县际关系》，《清史研究》2007年第2期。

② 阜康县政府关于哈民牲畜践踏水渠影响农田灌溉罚马两匹的批示程文（民国八年七月十八日），阜康市档案馆藏，档案号：M1—1—920。

府这样的处理方式则为以后争水冲突埋下了伏笔，以至于农牧民之间常因水而不断发生纠纷。

二　水利社会内部的互动秩序

乾、嘉、道、咸四朝时期，乌鲁木齐地区社会相对比较稳定，社会秩序能够平稳运行。从另一个方面来说，当时人口最高值只有30万，耕地150万余亩，人均约5亩。总体来看，人、地、水之间的矛盾远远不如民国时期突出。再说，乌鲁木齐地区的水资源本身也比较丰富，尽管当时水资源的利用较为粗放，但争水矛盾并没有成为影响社会稳定的主要因素。建省后直至宣统三年（1911），人口的峰值为100256人，耕地863924.7亩，所以发生争水矛盾的概率并不是很高。地方志中关于争水事件的记载不多，也可以从侧面来说明这个问题。争水纠纷和水利案件主要是发生在民国时期，据民国二十一年（1932）人口统计，迪化区共有人口410754，灌溉面积1556345亩[1]，与宣统三年（1911）相比，人口增加了三倍，耕地几乎翻了一倍。也就是说，随着人口的增加和耕地开垦规模的扩大，人、地、水之间的矛盾冲突日趋激烈，争水纠纷和水利案件频繁发生，成为影响社会稳定和发展的重要因素。

乌鲁木齐地区明显属于水利社会，水资源在整个社会中占有非常重要的地位。"水少地多人稀少，有水则生，无水则死；有水则富，无水则贫；水之宝贵胜于一切……人民视水如命，争水如同拼命。"[2] 水成为该地区的稀缺资源，因此水资源也就具有非常高的价值。社会共同体的形成也都是以"水"作为联结的纽带，水利社会的特征非常明显。占有水源就如同掌握了别人的生命权，就可以享受各种特权，因此，在这个范围内强势群体总想掌控水权，意图控制整个共同体。而弱势群体就会对此产生反应，二者之间就在长期的互动和博弈的过程中，在共同体内部各个阶层之间就形成了不同的互动秩序，本书将其称为"用水秩序"。在乌鲁木齐地区所形成的用水秩序，有一个明显的特点就是"非固定化"，其主要原因，一是强势群体和弱势群体之间的力量对比不断发生变化；二是国家权

---

① 倪超：《新疆之水利》，商务印书馆1948年版，第40页。
② 同上书，第1页。

力的介入程度。国家权力虽然也有选择性的介入,但相比于内地,其介入程度明显要高于其他地区;三是自然条件,如河水流量的大小与季节有紧密的联系等。尽管如此,在共同体内部除政府制定的各种用水秩序外,如上文所列的"照田定水"及"照夫定水",还形成了特殊的用水秩序,它们广泛存在乡村社会的各个角落。

(一)地主、富农和佃农之间的用水秩序

地主和富农在本区是一个特殊群体,他们所拥有的耕地数量要远远大于内地的同等阶层,占地几千亩甚至近万亩都是很常见的。如绥来县凉州户镇的李家油坊村李家大户,拥有耕地近万亩。主要是因为乌鲁木齐地区地多水少,荒地的开垦相对较为自由,开荒经常受到政府的鼓励和支持。但他们开垦的同时,要占有一定的水源,否则,其耕地的价值就会大大降低,所以他们在开垦农田时基本做到了渠田相间(见图4—2)。因此,租种他们的耕地,不仅要交地租,还要承担高额的水租,所以这里经常会发生地主、富农与佃农之间的用水秩序。

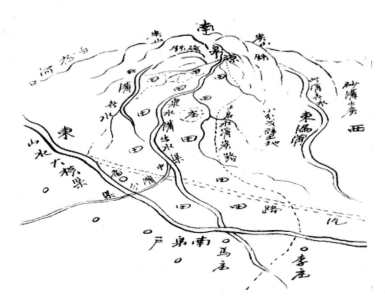

图4—2 泉水沟农田中渠道与耕地相间分布图(民国六年七月二十八日)
资料来源:阜康市档案馆藏:档案号:M1—2—262。

这里的水和全疆各地一样,为农民的生命线。地主马生旺不仅霸占土地而且也霸占了水，使用时无条件的享受着特种权利。民国三十七年（1948），马生旺挖了佃、贫农张二田的水口子，把水放进他雇人籽种的田地亩，使张二田七斗地的苗禾活活干枯旱死后，秋收时仍持着大斗向张逼讨重租。种三斗地的佃户王吉昌年年要与马生旺多缴七斗地的水租，不然租种的三斗地不能使水，是打不到一颗粮食的①。

佃农大多是从外地迁移而来的农户。他们初来乍到，为了生活，不得不租种地主、富农的耕地。水少地多就使得他们租种耕地时，首先要考虑灌溉用水的问题，否则的话，很难获得好收成。因此，他们不仅要承担地租，还要承担相应的水租。而对他们来说，刚刚来到一个陌生的环境中，若要他们自己解决灌溉用水问题，不但困难，而且还会使成本增加，所以他们有时不得不依赖地主或富农提供农业用水，不得不承担水租。就二者之间的分成比例，资料中并没有记载。笔者在做田野考察时，据当地老人回忆，大概是四六分成。佃农辛苦劳动一年，仅能获得收获量的六成，这种用水秩序在本区已经是比较固定的。当然这与内地相比，佃农的收获量也许不算太低。因为这里还要考虑一个因素，就是乌鲁木齐地区地广人稀，劳动力短缺，也迫使地主、富农要照顾佃农的利益，否则的话，有可能找不到佃农租种，那么耕地只能撂荒。

（二）"民三霸七"和"民五霸五"的用水秩序

水利社会中，霸水、卖水是常见之事，并由此所引起的冲突也经常发生。如下面章节中所列举阜康户民马德保霸水，并先后与闵长贵之弟、李老三之子及马金福之母发生冲突。并将前两者压入水中，也将马金福的年迈之母拖入水中。虽未造成命案，但在社会上造成很坏的影响。一般来说，霸水人员主要有三种，一是地痞恶霸；二是乡村管理人员和官府相勾结；三是地痞恶霸与"水利"、渠正等管理人员的统一体。民国二十七年（1938），阜康县滋泥泉农官班成才就属于第三种，依靠其势力霸水甚多，甚至达到了"民三霸七"的比例，引起众农户及本区乡约、会首及"水利"、渠正等人的强烈不满，故将其多次告官。

① 《北疆农村调查》，中共中央新疆分局宣传部印，1953年，第44页。

众户民及乡约：吴仲举、许凌成、丁应奎；会首：郭永吉、马耀荣、曾玉礼；水利：张海云、杨化、李存长、杨全贵、马耀贵等叩求：

呈为镶坪事。窃兹有阜康县滋泥泉白杨河平坦。即自咸丰历年按粮拉户。至同治年间，回匪绕境世事变乱。坪口失遗，众户民按不上坪口，无法可施。往县署请示数次翻不出老案，众户民请阜康县长在甘省兰州查明旧案章程，延迟数年。自光绪八年（1878），原照老案章程镶好坪口。至民国十余年并无有反悔水案，不明之事。民国十七年（1928），班成才在九分之地方拉地数户，指靠英沟泉水浇灌。今看其泉水浇灌不足，前三年八户沟众户水浇灌。班成才与八户沟众户言说："滋泥泉各渠坪口亦宽，照户镶坪，按户分水，我能办到。"班成才不为八户沟众农户分水之事，为其自己九分之地分水，损人利己，何人得受？今年，上渠之建寺，坪口亦破，众户民商议镶坪，班成才起意，心怀不良，速上阜康县城请示。至今，县长（被）请来滋泥泉之时，坪已镶好。因恐延日久，看其水滋甚大，不好按坪。故经农户民商议，按老案镶坪并无是非。此坪口是人老几辈，国覆几朝。班成才以其农官欺压众户，要霸水利之事。众农户马（不）能得受，将此实情叩垦县长案下，电请之，以决判断。回族水利：张海云、杨化、李存长；汉族水利：杨全贵、马耀贵①。

具甘结，商户沟水利李存长等今具到：

县长案下，实结事。情因滋泥泉水坪照定案。西三坪之梭之沟、商户沟、南泉口子计九尺四寸，东三沟之中沟口子计五尺四寸，八户沟口子计五尺三寸，东泉口子计七尺七寸，而每年春天照例备补一次。至今年仍经回、汉众户民共同商量，并无异词。业收坪口于细历四月九日，各庄派人持坪口备竣，并应车揭。而八户沟之班成才一人落中，竟唆意在改换为他个人浇水，整肠坪口之建寺加宽，企图捣乱。假供众人名义，图利为己，推翻成案，为渠回、汉民户极力反对，水利知之。最惟况，今年水大，天雨及时。我众户实在放有争水

<hr />

① 阜康县政府关于滋泥泉长联名呈诉班成才欺压农户，无故生端引发争水情形并移交的呈（民国二十五年九月十日），阜康市档案馆藏，档案号：M1—1—304。

的事情，所具甘结属实①。

呈禀民人阜康县滋泥泉西三沟乡约许凌成，东泉乡约吴仲举呈诉班成才欺压众户无故生端等情：

> 唯有让坪口之事，自有老案所行。该班成才灭天行事，新开地亩要分各渠水利，农户民能得受班成才九分之地。方开新地之时，指靠英沟泉水浇灌，不浇农户山水。双方说明，禀请周县长立案。不料至今天年稍旱，水滋不足，班成才以农官欺压众户，要在各渠分水争名夺利，心怀不良，欺压汉族。如果他有分水理由，马（不）能得到，至今时前三年并未有分水之事②。

从这三次状告班成才的诉状来看，诉方都是由当地乡村管理人员牵头，联合众农户。由此可以看出班成才霸水，不但侵害了众农户的利益，且也涉及了辖区内的乡约、"水利"、会长等其他乡村管理人员的利益。奇怪的是，笔者翻阅档案资料时，这场引起众怒的霸水案却没有发现政府的处理结果，但关于班成才势力背景却有说明。

> 自民国二十二年（1933），回匪变乱。八户沟尽是回族，班成才儿多银广，徒子逞凶，通匪作乱。将汉族追出村庄，男女四方各逃生命，胡作非为，不守本分。周县长闻听此人做事霸盗（道），扰害善良。故将班成才吊（调）至阜康，委任滋泥泉农官，使他改邪归正，以镇回匪作乱。该班成才农官确是周县长所赐，并非农户所举。迟（直）到如今与众农户并未大小办过一事，及至在滋泥泉为农官，其霸水常为"其七民三"，实在有点为过③。

---

① 阜康县政府关于滋泥泉长联名呈诉班成才欺压农户，无故生端引发争水情形并移交的呈（民国二十五年九月十日），阜康县档案馆藏，档案号：M1—1—305。
② 阜康县政府关于滋泥泉长联名呈诉班成才欺压农户，无故生端引发争水情形并移交的呈（民国二十五年九月十二日），阜康县档案馆藏，档案号：M1—1—306。
③ 阜康县政府关于滋泥泉长联名呈诉班成才欺压农户，无故生端引发争水情形并移交的呈（民国二十五年九月二十六日），阜康县档案馆藏，档案号：M1—1—307。

　　既然政府都认为班成才霸水为过,那为什么政府不给予处理呢? 我们可以从班成才的势力背景来看,可知他也是阜康县政府惹不起的人物。对于众农户和乡约、"水利"的告发,只能采取罢之不理或"拖"的手法,以达到息事宁人的目的。然而政府这样的做法,不但没有减少水利纠纷,反而由于水霸霸水,致使农户用水减少,争水纠纷则随之增多,严重破坏了原有的用水秩序。而政府的处理方式则会进一步激化矛盾和造成冲突的频发,其"民三霸七"用水秩序仅在民众告发的初期有所收敛,但实际上"民三霸七"已经存在了很长时间。因为仅依靠国家权力介入已不能改变这种长期的地方互动秩序。而相对于班成才来说,水霸李洪元也与乡村管理人员相勾结,则实行了"民五霸五"的用水秩序,并在当地成为一种惯例。

　　　　霸卖水不是霸占水口,而是恶霸与水利、保长、会长等相互勾结,狼狈为奸,抽减全渠农民应得的灌溉水量。按照浇水规则,浇水是从渠的上游至下游挨次轮浇的。从渠端浇至渠尾为第一轮,再从渠尾浇至渠端为第二轮,如此往复轮流浇水,每轮每家浇水时间是有一定的。每一角地,每轮四点钟(每角地浇水量即是三分七厘五水口浇四个钟头的水量)。霸卖水主要就是抽减每家的浇水时间,谁买了水,谁的浇水时间就延长。买两个小时的水,就多浇两个小时;买三个小时就多浇三个小时;不买水的就只能等轮次。每角地也只能浇两点钟。但这样上游买水,下游浇水时间就耽延了,上一家买水下一家就耽延了。要是浇第二轮水,下游有人买水,就该上游的人吃亏了。比如说,本来按正常时间浇水,每家可浇六轮的,经霸卖水抽减时间,每家只能浇三轮或四轮。大家谁不希望多浇水多打粮食? 更怕渠水突然落小,浇不上庄稼,一家生活立刻就成为问题,就要饿肚子。因此贫困农民,只要你想活下去,就得多少买点水,明知吃了恶霸的无名亏,也只好忍气吞声①。

　　从上段的调查资料中,我们也了解了当时的分水制度,即上下游之间

---

① 《北疆农村调查》,中共中央新疆分局宣传部印,1953年,第26—27页。

一般在第一轮时是由上而下依次浇灌，而第二轮则是由下而上依次浇灌，如此反复。这种分水制度的形成，也是上下游之间经历了长时间互动和博弈的结果。地方恶霸势力通过抽减户民的浇水时间，再通过强迫的方式卖水，以榨取他们的劳动果实。买一个小时的水就可以多浇一个小时，有点像今天商家"买一送一"的促销方式。当地的水霸基本上就坚持"民五霸五"比例进行霸占，让所有同渠户民都要买水，只有这样他们才能将水卖出，获取利益。对于一些不参与买水的农户，便指使地痞流氓故意与他们引起争水纠纷。如下文所列举的王四和史谦的堂兄状告史谦，就是其明显的一例。王四和史谦的堂兄本不打算买水，便遭到了恶霸杨树桥的痛恨，他便指使地痞史谦与他们故意发生水利纠纷，迫使他们状告到官府，再由官府将"水案"交与"水利"杨世俊来处理，以达到控制他们的目的。像这样的水利纠纷，在当时来说，也是屡见不鲜的，当地很多老人向笔者讲述了这样的案例。如民国二十四年（1935）安宁渠镇四十户小"水利"黎文玉老人的父亲，也曾经常指使地痞无赖与当地户民故意发生水利纠纷，以达到所谓"不可告人"的目的。

> 绥来县四其乡大恶霸李洪元就是这样（霸卖水）吮吸全乡农民血汗的。他自从一九三九年当渠正以至四五年当了伪自卫队长，一直就干着鱼肉农民的勾当。单是霸卖水每年总有三四百角水以上，几乎占了总水量的一半。他的族侄雇农李春河在前年（1948）买了他的一角水，价款肆拾万元。当时没有钱交，不久就涨成五十万，交不起就涨到八十万。结果还是没钱交，硬支了麦子给他。总之，照四其乡的情况来看，黑暗残酷的水利剥削，是最广的一种。这种剥削的存在，不但扼住了全乡百分之九十五以上的贫苦农民的咽喉，榨取了农民无数的血汗，而且也大大阻碍了生产力发展[1]。

李洪元就是当地有名的地痞无赖和恶霸，又作伪自卫队长，至今当地老人还对其所作所为十分痛恨。依靠其流氓势力与当地乡村管理人员相互勾结，强占了三道河及玛纳斯河各支渠的水量。对户民更是强卖份水，如

---

[1]　《北疆农村调查》，中共中央新疆分局宣传部印，1953 年，第 27 页。

有不买则鼓动一些地痞无赖之徒与他们故意挑起水利纠纷，然后再利用水利管理人员，尤其是"水利"、渠正的居中调解，进而迫使户民买水，以达到从中渔利的目的。

(三) 国家特殊庇护下的用水秩序

此种用水秩序一般发生在村际之间，两个或多个村庄共享一渠之水。由于每个村庄的人脉资源不同，有的可能得到政府资源的庇护，如下文中我们所举的四十户就是明显一例，虽然是由遣犯组成的聚落，但他们大多有比较深厚的官方背景，安置到这里从事屯田，官府都会给予他们特殊的照顾。关于此种类型的用水秩序，昌吉县东十二家子与下泉子两村之间所形成的这种用水秩序就很具有典型性。我们不妨先看一下东十二家子众农户就下泉子另开新渠后，就造成的后果给政府呈递的诉状。

具呈，东十二家众农户民等，为悉收拾修渠款项，以便修渠。以利工作并附此□□□仰祈，鉴核照准事。窃民等世在属下东十二家，距城二十里方，务农为业。十二家与下泉子系一渠浇水，十二家在上，下泉子居下约三十里许。先年，下泉子水渠自开创以来，渠在十二家子地东面，地势甚高，渠工至大。十二家田地西边，地甚低下。斯时，下泉众户嫌弃工大，竟向西边低地强延间渠。民等祖先当以成粮，田地丰稔。伊等开渠，再伊等为耀（要）渠工避难，就易被侵夺别人权利。而十二家子田，又非从老渠走水不可，该众户数十家之人而主怯此渠工。一旦废弃，十二家二户半地，数灾之人事，能按开。根据以上理由，力曾抗卫，几成命案。后嗣经官断准，下泉子每人每年在浇自己新渠外，并附带老渠开挖通，所有十二家二户半地的上河菱渠等差挖，由下泉子代此。系因此改渠之易，核也此案，不意后果。今十二家人与伊等挖新渠，查新渠水利顺流而下，泥沙难站下泉子，每年人不用挖，省工无数。将丈余沙湃之老渠与十二家留下，每年数人费尽心血，犹无济于事。以至现在老渠沙愈淤愈高，新渠愈流愈下，从有大水奈坝堤难堵，不得浇用，此民渠一大病患也。现在，老渠两湃完全坐下，填于渠身者约三里之遥。本年，民等又属被灾之余，实无寸力来挖此渠，民等田禾已等于无种，情迫无奈，是以泣恳①。

　　仅从该诉状中不易看出其中的原委。笔者根据该资料并结合实地踏勘情况，绘制如下（图4—3）的示意图，予以说明。十二家与下泉子共享一渠，其中十二家在上，下泉子居下，两村相距三十余里。下泉子水渠自开创以来就在十二家地的东边，但渠道地势甚高，这就为下泉子众民户带来两个方面的不利，一是渠道易于淤沙，每年修渠渠工甚大；二是渠水不易流到或水流较小，不利于下泉子的农田灌溉。于是下泉子就以渠工甚大为借口，向地势较低十二家田地的西边强延间（支）渠，这样就侵夺了十二家的利益，为此两村发生纠纷。且政府的判决对下泉子村较为有利，其原因是下泉子村在昌吉县官府中有很深的人脉资源。十二家众民户为此力争抗卫，几成命案。后经政府调解，"下泉子每人每年在浇自己新渠外，并附带老渠的开挖疏通。十二家二户半地之上河菱渠等差挖，由下泉子代此"。也就是通过减少十二家每年修渠所出"渠工"的方式，解决两村的纠纷。但是由于下泉子新渠的开挖，致使"新渠水利顺流而下，泥沙难站下泉子，每年人不用挖渠而自通，省工无数"，而由十二家所承担的老渠则"沙愈淤愈高"，"渠工"不仅没有减少，反而增加，成为民渠的一大病患，严重影响了十二家田禾种植。因此，他们不得不又诉讼于官府，成为一个复杂案件，一时难以解决。但是从十二家子多次诉讼来看，由于下泉子修了支渠，十二家子以此诉讼于官府得到了修渠中减免夫役及部分渠道疏浚的判决。而十二家子村人是否仍在此问题上也存在"得寸进尺"的嫌疑，希冀在渠工上获取更多的优免，就只有频繁通过打支渠的主意，经过不断诉讼，从政府判决中获得了一些的甜头，这也是我们要考虑的一个方面。而且他们在不断诉讼的过程中，却时常遭受到政府的压制。但是，这种在官方的庇护下，通过另开新渠而损害其他聚落的用水利益，这种用水秩序却逐渐形成。

　　无独有偶，笔者在新疆维吾尔自治区档案馆查找资料时，有这样一则关于开挖新渠而产生纠纷的资料。虽然其发生地不在本书研究区域内，但

----

　　①　具呈东十二家子户村垦借给修渠款项，以便修渠而利工作，并陈明此渠弊端仰祈（民国二十七年三月二十一日），昌吉市档案馆藏，档案号：J—1—11—11。

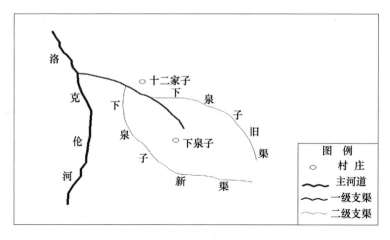

图4—3　下泉子村新旧渠示意图

也可以说明此类用水秩序并不是孤立存在的。

　　　青天大老爷案下，敬禀者。情因三工户民吉里尔相争水渠一案。伏查承平时六十户与三工两相各有界址，从中有水渠，历年各照办理浇灌，水务不准另行挖渠。自三年（1877）克复之后禀明，善后局同台吉验看分清水道地界在案。因三工吉里尔去年改挖水渠，相争小的（灌溉用水），呈明左大老爷，（并）同台吉亲临查验，分清遵办，各具甘结，绘图存查。于今该三工吉里尔复又另挖水道，小的等屡次理论，反行强挖。小的境内地界情出无法，只得具禀叩垦青天大老爷做主，亲往查看以分界址，如蒙①。

　　六十户因三工户民吉里尔另行开挖新渠，侵占了他们的用水利益，所以将吉里尔告至官府。官府就派人亲去其地进行勘察与了解情况，以便做出适当的处理。但是，三工户民之所以开挖新渠，其主要原因是耕地不在一处，并给出如下理由。

---

　　①　中国边疆史地研究中心、新疆维吾尔自治区档案局编：《清代新疆档案资料辑录》第10册，广西师范大学出版社2012年版，第197页。

兹查，三工户民呈称，共种地一千八百余亩。其地并非在三工一处耕种，在于三工、二工西河湾等处俱有伊等地亩，多寡不一。应浇八渠河泉水，再（在）榆林工没有帮给三工水四书（个）夜。小的等六十户每月帮给三工水四书（个）夜，而户民并不欠水。小的等六十户共承种地一万八千余亩，应浇实种地亩外，现干荒地二千余亩，每年粮差无人承纳，今特具禀，恳祈①。

当然，三工户村民所给的理由虽有一定的道理，但最主要的原因则是该县司法主任就是本村村民。因此，在这个案件处理过程中，他的参与起了决定性的作用。此外，三工户村户民还大多是军户的后裔，还有几家大户，在本地区也有较大势力。这些因素的存在，致使六十户的诉讼并没有取得预期的效果。即是说，在用水秩序方面，三工户村民也得到了官府的庇护。

三 民众对地方用水秩序的响应

"新疆土田全恃渠水，百姓往往上下争水，致酿大故，故农官主持分水轮灌之事。"② 在一个小的水利共同体内，灌田次序都有牌号，按抓阄的形式或距沟渠的远近安排，一般是由农官或"水利"、渠正等主持。但在水利社会中，上文已经说过，一些乡村管理人员往往与水霸相互勾结，迫使农户买水而从中渔利。对于一些不买水的农户则常常指使地痞无赖故意与他们引起争水纠纷，意图对这些农户进一步加强控制。因此也常常发生一些不按照轮灌次序争水情况的出现，尤其是在天旱之时发生的频率则更高。昌吉县户民马兴旺状告郭凤岐便是明显的一个案例。据马兴旺称，"水利"张万祥本安排他在申时灌田，但郭凤岐不遵守轮灌次序，与马兴旺发生争水纠纷，而"水利"张万祥不能劝解，马兴旺无奈，随即告官。

张万祥与小民派定三月十二日申时之水。当有本渠户民郭凤岐将

---

① 中国边疆史地研究中心、新疆维吾尔自治区档案局编：《清代新疆档案资料辑录》第10册，广西师范大学出版社2012年版，第198页。

② （清）袁大化、王树枏等：《新疆图志》卷52，东方学会1923年铅印本。

小民时节正水占定要浇伊之田地，被小民察觉阻挡，该郭凤岐不听，估定连挖两次。又于今日水利与民又派定冥时之水，该郭凤岐又来偷挖，被小民察觉根究。何以屡次欺人估霸小民时节正水，该习徒郭凤岐不照理论。小民报告水利，不能解劝。伊非估定浇水，符小民冬麦，二九繁无不能生长。何以良口，因此报告①。

对于马兴旺的控告，郭凤岐则是这样申诉的。

西四畦为农，小民是上水口田地。于三月十六日，水利张万祥与小民派定未时至申时水浇，又来另与小民为酉时。小民声言时节太短，不足浇灌。既今派定酉、申两时，我就照此二时接水。张万祥又说，既然如此，照末、甲二时去浇。因此，小民候到申时，是伊应得时节。小民又说，无论如何，我只要不多之地，以俟浇过再不用水，任你们挖下浇灌。由此马兴旺再未多言，走去即来告案，小民值（只）得诉明②。

当然，从这个案件中，实际上就是民户对霸水用水秩序的响应。从表面上来看，只是反映了"水利"在安排浇地的次序方面存在一些不合理的地方，并没有严格按照牌号轮流灌溉，而是由"水利"随意安排，这样难免出现一些水利纠纷。而实际上并非仅仅如此，笔者在当地做田野调查时，当地老人大都认为，民户之间发生的水利纠纷，多与"水利"、农官、乡约等管理人员的从中挑拨有关。"水霸和会长、保长、乡约相互勾结，故意挑拨一些地痞无赖与农户发生水利纠纷或争执，意图将所霸占之水卖出。"③ 面对由霸水所形成的用水秩序，大多户民只能求助于官府。而官府对这些没有发生重大社会影响的案件，多是有选择性的介入。像这样的水利纠纷，地方政府多是责成本区"水利"自行调解，并将处理结

---

① 马兴旺与郭凤岐关于强浇其时水所引起的水利纠纷一案的情由（民国二十八年五月五日），昌吉市档案馆藏，档案号：J1—1—55—2。

② 马兴旺与郭凤岐关于强浇其时水所引起的水利纠纷一案的情由（民国二十八年五月十二日），昌吉市档案馆藏，档案号：J1—1—55—3。

③《北疆农村调查》，中共中央新疆分局宣传部印，1953年，第27页。

果报官备案即可。如本案就是经过"水利"张万祥调解予以解决，并将结果报告政府备案："具积息，水利张万祥家和得，将有马兴旺控告郭凤岐为浇水一案已蒙堂迅明"，给予解决。可见，普通民户企图通过求助于官府来解决问题，多半是不能够实现的。

相对于一般民户这样的弱势群体求助官府而言，在共同体内部有势力者却为了能得到对水利事务的管理，甚至控制权。他们常常借助于武力的方式来发泄对乡村水利官员的不满，企图打破已形成的用水秩序，以求能有机会参与到水利管理。如昌吉县大户杨杰玉便借出河工之际，与"水利"、渠长等发生纠纷并对其行凶，意图来打破原有的用水秩序或为自己能够参与水利管理提供机会。

> 县长均前恩准做主，惩究恃刀行凶抗差不当事。窃查渠长新渠距城窎远，两站有余。今年新渠众户推举渠长接办水差。新渠每年聚水成海，开渠浇地。因此，渠道规例无论何时压水，做工随传随到，不敢耽延，诚恐将有用之水致流无用之地。昨于三月二十五日，渠长传夫做工，各户全来，唯有杨杰玉倚仗有钱户大之势力，违抗不来上工。渠长前往催追，伊即不悦。与渠长争吵之间，持起铁锨、斧头来砍，渠长被旁边之人推出。渠长老邢、白春花、杨风贞等夺去。伊又拿起木棒将渠长脖、头及后背打得受伤青肿，小民打死不可，如此凶横，霸道抗差，渠长将来何以办公，因此叩求[1]。

就此案例的处理结果笔者在档案馆中没有查到，但杨家凭借雄厚的经济实力，敢于对当时有较高权威性的"水利"、渠长等叫板，说明其在官府中也有支持者。因此，他想打破原有用水秩序或参与水利管理的目的应该能够达到。各种各样的水利纠纷在本区是广泛存在，但他们或求助于官府或武力抗争，其共同目的就是试图改变目前不合理的用水秩序或获取其他利益。尽管通过这样的方式，可能效果并不显著，但对当时社会用水秩序的改变还是有一些促进作用。一方面，多种形式的水利纠纷对水利社会

---

[1] 杨杰玉拒不出水差并将渠长殴打致伤一案（民国二十五年四月二十七日），昌吉市档案馆藏，档案号：J1—1—17—8。

的政治、经济、生活等方面产生了重要影响，严重地扰乱了乡村社会秩序。如果处理不当，还有可能引起较大的社会动荡。因此，政府对一些水利纠纷（如农牧区的水利纠纷等）还是会积极介入并力争达到公正、公平处理；另一方面，能够促使执政者不断改进管理方法和政策，使水资源的利用更趋合理化和科学化，以建立更加符合实际的用水秩序。乾隆年间，曾两任昌吉县邑的王哲，"到任后适户民因水争讼，积年不息。该员亲赴河干查明情形，严定章程。由下而上按时按户轮流浇灌，不准土豪把持，积年宿毕一清"①，从而恢复了良好的社会秩序，消除了社会动荡隐患。这里还应该看到王哲在分水中所采用的"自下而上"分配方法，一改传统的"自上而下"轮流的分配原则，则说明王哲已经看到了传统用水秩序所隐含的弊端。易言之，他充分考虑了下游民众的用水，以此来平衡上下游之间的用水量。而程森对此却认为"自下而上"用水秩序的建立是灌渠上下游地方之间互动的结果，是下游民众通过官方以求分享水利的一种表达和实践②。

通过对乌鲁木齐地区从汉朝至民国水利开发时空过程和分水制度与互动秩序的探究，我们可以看出两个方面的问题，一是在新疆地区水利开发与中央政府的政治实力有紧密的联系。一般来说，中央政府的实力越强大，对边疆地区的开发力度和控制能力就越强，反之则弱；二是在分水制度和社会互动秩序上来看，其分水主要标准与内地基本相同或相似，但也存在着独有的特征。也就是说，在对水利社会的管理制度上，同样存在移植与模拟方式，将内地分水制度移植到乌鲁木齐地区实施，从而实现对边疆地区水利管理上的控制和消融，但在社会实践过程中，也结合本区的实际情况，还参照其他因素，所以与内地相比也存在一些明显的差异。

---

① 《昌吉县乡土志·政绩录》，中国社会科学院中国边疆史地中心编：《新疆乡土志稿》，全国图书馆文献缩微复制中心1990年版，第85—86页。

② 程森：《明清民国时期直豫晋鲁交界地区地域互动关系研究》，博士学位论文，陕西师范大学，2011年，第102页。

第 五 章

水利纠纷与社会内部互动秩序（下）

——以国家与地方之间争水个案为中心

第一节 "人为刀俎，我为鱼肉"：争水纠纷中民众的无奈

一 争水发生的原因

争水矛盾以及由此引起的各种纠纷和水案是晚清民国乌鲁木齐地区主要的社会问题之一。而造成该地区争水的原因是由多方面引起的，既有自然环境方面因素，也有社会环境方面因素。

首先我们先了解一下自然环境方面因素。乌鲁木齐地区属于中温带大陆性气候区，冬季寒冷多降雪，夏季干燥少雨是其主要的自然特征，农业灌溉唯资积雪融水。"山田龙口引泉浇，泉水唯凭积雪消。头白农夫年八十，不知春雨长禾苗。"[1] 农作物的生长期大概180天，年均降雨量200—300毫米，蒸发量却达到了2000毫米左右。蒸发量远远大于降水量，且四季降水不均，多集中在7—8月，占全年降水量的60%—70%。本区内各主要河流在每年10月至次年4月间为结冰期，地表径流多集中在7—9月，有利于农作物生长期的灌溉。旱情多发生在4—6月[2]。主要是因为

---

① （清）纪晓岚：《乌鲁木齐杂诗》，王希隆：《新疆文献四种辑注考述》，甘肃文化出版社1995年版，第162页。

② 新疆维吾尔自治区概况编写组：《新疆维吾尔自治区概况》，民族出版社2009年版，第1页。

春水来迟，这期间是春灌用水较多的季节，故常常造成河水流量偏小，尤其是河流下游地区易发生春旱。河水供应短缺，争水矛盾最为突出，故也是争水纠纷和案件的频发期。自然因素的第二个方面则是沙性土壤大大降低了水资源的利用率。本书的研究区域总面积约为九万余平方公里，其中沙漠及戈壁约占80%，这就决定了境内河流渠道很大一部分是经过沙质土壤区。沙质土壤易渗漏水，凡流经本境的河流，水量较小者出山后不久即消失无踪；水量较大者虽然可以流过，但渗漏损失相当可观，一般可达河流量的20%—70%[1]，造成了河水的利用率低。"长波一泻细涓涓，截断春山百尺泉。二道河旁亲驻马，方知世有漏沙田。"[2] 而且，清末张曜发明的架槽之法，虽大大提高了河水利用率，但此法修渠成本过高，很多地区并没有得到大规模的推广和应用，传统的粗放用水方式仍是主流。本区农业发展除少数地方依靠泉水、井水等地下水外，主要还是依靠冰雪融水进行灌溉。因为地下水的形成是由河流经过戈壁带下渗而形成，开垦的引泉和凿井等活动，不断改变着地表水和地下水的转换关系[3]。因此，冰雪融水在本区农业发展中占有重要作用，但由于生态环境的变化，造成了高山积雪融水的减少。并且，西北地区的积雪和冰川还具有季节性，冰雪夏季融化，可补给河川径流，调节河川径流的年内分配和多年变化[4]。易言之，河流流量的大小主要是由山区降水和冰雪融水的多寡所决定。

　　除以上自然因素外，社会因素也是发生争水事件的重要原因之一。首先是河流流域与行政区划问题。即是说，往往一条河流需要流经多个行政区，如呼图壁河，"源出塔拉盘山西，自焉耆府北流入，枣沟水南来注之。又北经草达坂，东分头工渠，西分土古里渠，又北至呼图壁城。复分二渠，东曰梁渠，西曰西河，北经牛圈子、三家梁，至双岔子，合洛克伦

---

　　① 陈志恺等：《西北地区水资源配置生态环境建设和可持续发展战略研究·水资源卷》，科学出版社2004年版，第10页。

　　② （清）纪晓岚：《乌鲁木齐杂诗》，王希隆：《新疆文献四种辑注考述》，甘肃文化出版社1995年版，第163页。

　　③ 陈志恺等：《西北地区水资源配置生态环境建设和可持续发展战略研究·水资源卷》，科学出版社2004年版，第10页。

　　④ 施雅风：《气候变化对西北华北水资源的影响》，山东科学技术出版社1995年版，第8页。

河，西北入绥来，潴于阿雅尔淖尔"①。其他跨县际区域还有头屯河经过迪化和昌吉两县、玛纳斯河则流经今天的绥来、沙湾及乌苏三县等。而位于河流上游地区的民众则利用地理区位优势，多拦截河水，致使下游枯竭，从而造成了上下游之间的争水。笔者在本地区调查时，当地老人不断给笔者讲述他们或父辈经常晚上由"水利"召集去河渠上游压水、盗水的事情。在昌吉文史资料中也有关于县际争水的口述史料（下文祥述）。前文所列举的昌吉县邑王哲为了解决河流上下游之间的用水矛盾，从而制定了"自下而上"用水秩序，是最为明显的例证。在同一个行政区域内争水，此种情况相对还比较易于解决。如果属于跨行政区的水利纠纷，那么这种争水矛盾的解决将要经过长期的互动和博弈。其次，大量荒地的开垦，耕地面积扩大，用水量也日益增加，直接造成了新的争水矛盾。对一个区域而言，它的水资源相对是比较固定的，耕地的增加必然造成对水量的新需求，甚至在一些地方还可能会引起水资源的重新分配。如民国时期阜康县为了扩大耕地面积，将土墩子东沟十六户地划归给屯垦队。后来随屯垦队耕地的增加，与当地民众因争水而发生纠纷②，这个档案资料不仅说明了政府与民间的争水矛盾，实际上这也表现出了移民与原有居民之间的争水、争地的冲突（下文详述）。可见，耕地面积扩大，必然会引起更大的争水矛盾，甚至会使得矛盾进一步激化，酿成大事件。再次，由于荒地的不断开垦，原有植被遭到破坏，容易发生洪水灾害。洪灾的发生却大大降低了水资源的利用率，它不仅使大量河水被浪费，而且还加重了土地的盐碱化，这种情况又会增加了新的用水矛盾。最后，基层管理人员利用职权霸水、占水等事件的发生。如前文所列举的班成才、马德保，王义每年卖三十份到四十份水；王宝山河坝上有个尺六宽的独水口（就是十份的水口。因在上源实际淌到一百份上下）及下养渠、小东渠也都有他的水口，可见他们在水利上的专利了。且他们还用份水作为自己的"薪水"。按照传统的习惯，过去该每年要在全渠水量中，抽出十斛左右的水量（即能浇种十斛地的水量，以每斛地等于四角，每角地等于 36 亩计

① （清）赵尔巽：《清史稿》卷76《地理志二十三》，中华书局1996年版，第2376页。

② 新疆屯垦委·阜康县关于调查阜康农官马福禄在上游开地及占庙产的公函（民国二十八年五月二十二日），阜康市档案馆藏，档案号：M1—1—1166。

算，即能浇种1440亩地的水量)，按全渠总水量为二十三斛一角半作为给会长（管庙会上事务的）、"水利"（负责水渠上一切事务的）、乡长（相当于现在的区长）三人的"劳金"①；可见，他们的"薪水"在当时来说是非常高的。直到1947年，其"劳金"才得到缩减，每人一斛。会长、"水利"、乡长享有这一份额外的水，自己是用不完的，他们可以拿来公开出卖。买水的当然只是那些想种地没有水，和因被抽了"劳金"水以后，份水不够浇地的那些贫苦农民②。另外，每遇因水争讼，地方官府各私其民，偏徇不结，造成对水利纠纷处理不力，这些因素更加剧了地方争水的各种矛盾。因此，纪晓岚曾有诗也形象地说明了当时人、地、水之间的关系，"良田易得水难求，水到秋深却漫流。我欲开渠建官闸，人言沙堰不能收"③。

总之，乌鲁木齐地区的自然因素和社会因素注定会发生争水矛盾。不仅在河流上下游之间、县际之间，即使在同一县内各渠坝之间、一坝内各水利户之间争水也是经常性发生，甚至政府与地方、土著居民与移民、农牧区之间也存在争水矛盾。但从一定程度上来看，社会因素和自然因素又互为因果，人为的因素往往会引起生态环境的变化，而变化了的生态环境又会引起新的争水矛盾。

二　争水纠纷中民众的无奈

争水已经成为本地区主要的社会问题之一。虽然政府按照公平和效率原则，并根据不同行政区域及在一渠之内的户民之间，制定了一次分水、二次分水，甚至实行三次分水制度，有力地缓解了水利纠纷的发生。但是，怎奈僧多粥少，再加上当时水利技术落后，造成了水资源的利用率较低，水霸霸水等，也致使争水事件发生较为频繁。最为严重的是，每当纠纷发生时，政府处置不当，总把其归为民事纠纷，让同渠内的"水利"、渠正等来协调解决。而"水利"权威性并不足以解决时，就对双方民众

① 《北疆农村调查》，中共中央新疆分局宣传部印，1953年，第26页。
② 同上。
③ （清）纪晓岚：《乌鲁木齐杂诗》，王希隆：《新疆文献四种辑注考述》，甘肃文化出版社1995年版，第165页。

各打五十大板了事，大多数水利纠纷是这样处理的。政府一般不会轻易介入，从而使民众在争水事件中常常处于无奈的地位。

（一）昌吉县户民王四状告史谦不遵渠规，估霸浇水案

> 状诉史谦估霸浇水、愚弄欺民事。缘于后六月十四日，经水利杨世俊与户民史谦接水。民正在浇地之时，该史谦于午时就来将水堵去，被民巡去查看，仍将水堵入小民地内浇灌糜子。该史谦不遵渠规，又后去找杨水利。又经水利与他改为酉时接水。史谦由酉时接水，将他田禾全行浇过，反又搜寻是非，又讹赖小民，因堵水将他用水淹了等情，呈告在案。今蒙传讯小民，始知切情。因为又挨二轮卯时正水，正在浇地，只得随同前来，不敢延缓，已将二轮之水耽误过了。此乃史谦成心愚弄害人。因此，叩求县长作主，讯判施行①。

王四与史谦本属于同村，史谦在第一轮浇水时并没有按"牌号浇水"的顺序。而是在王四正水浇地时，偷堵水道浇自己的耕地，被王四发现，只好又将水堵入王四地内浇灌。事情到此本已结束，二人并没有发生纠纷。但是事后史谦去找"水利"杨世俊，杨世俊便安排其酉时（凌晨三点至五点）接水浇灌。酉时史谦接水后将其耕地尽行浇灌完毕，却认为王四在堵水时把他耕地的禾苗淹毙，便将王四告到县府。县府传讯王四和杨世俊到案，以了解实际情形时，正好是王四第二轮卯时正水浇灌其地之时。因为官府的传讯，王四不敢延缓，只好放弃浇地，来到县府，因而错过了第二轮浇水的时机。所以王四气愤不过，认为史谦是成心愚弄害人，便又将史谦告到县府。当时的县府官员却认为"二人对此事各执一词，无旁证、人证，县府不好决断，最后只有交与'水利'杨世俊将两人领回，协调予以解决"②。至于杨世俊对此事的处理结果，笔者并没有找到

---

① 昌吉县户民王四状告史谦不准渠规，估霸浇水案（民国三十年八月二十五日），昌吉市档案馆藏，档案号：J1—55—2。

② 昌吉县户民王四状告史谦不准渠规，估霸浇水案的甘结（民国三十年九月十二日），昌吉市档案馆藏，档案号：J1—55—3。

相关的档案资料，所以也不能妄下断语。但是据当地人讲，史谦是一个流氓加无赖之人，具有一定的势力，杨世俊对其也不得不忍让三分。所以在事件的处理中，对他应有所偏向。对于史谦其人是否像村民所说的那样呢？笔者在档案中还查到了一份史谦的堂兄状告史谦企图霸占其田产和争水的诉状，现摘录如下，对我们来进一步了解史谦其人是有所帮助的。

状告史谦欺压老弱意图不良事。缘有户民史谦，是民堂弟，另度光阴。他见民年近六十多岁，无力耕种田地，他想谋得我的田地。因此，不准民与表弟刘仓伙务农。民的表弟刘仓与我同伙务农十数年，之帮雇其能舍去亲戚雇别人？前此刘仓心想，另为耕种，民未肯应允。去年十月，民长子又被公家拉去当兵。现在民只有次子，年近十二岁，担负七厘半地额粮。集差是（实）在困难，所以只得和亲戚伙种。因此，史谦心中不服，因而屡次欺压小民。他在去年九月间，将我告案，讹诈地租。今年四月，民浇好七八斗地要种豆子，又被他告案，耽误我的春种。今日，因为他偷浇我时节正水，被我阻挡。经水利与他另挪时节。将秋田浇过后，又前来将民及刘仓告案，他的用意将刘仓欺逼离出我家。小民年老子幼，欺人下苦我的田地，将来逼到他手，所以屡告不息，实是图谋不良。因此，叩诉①。

从史谦堂兄的诉状中可以看出，他现在处于年老子幼的状况，为了耕种自己的田地，不得不与表弟刘仓伙种。以史谦堂兄的想法，这正是史谦屡次状告他的主要原因。因为刘仓的存在，阻碍了史谦霸占其堂兄田产的企图。不管史谦是否有像其堂兄认为霸占他的田产之目的，但史谦屡次状告其堂兄的行为，严重影响了他的生产和生活，确实具有无赖加流氓的嫌疑。并且史谦每次偷浇其他户民正水被阻拦后，杨世俊都能与其另挪时节给予浇灌，也说明了他在当地具有一定的无赖势力。

以上案例都是关于户民之间因为偷水或争水而发生的案件。对于此案

---

① 　□□状告史谦不遵守渠规，并逼迫表弟刘仓离家出走，企图霸占其财产一案（民国三十年九月十八日），昌吉市档案馆藏，档案号：J1—1—62—8。

件的处理，笔者在该地区调查时，当地老人说明了这些事情政府一般是不
会过问的。即使告到县府，也是责成辖区内的会长、"水利"、农官等，
由他们进行协调予以处理。并且这些管理人员处理时而不能做到公正、公
平，常常都有所偏袒。因此，往往发生水利纠纷后，民众只好忍气吞声，
以至于处于无奈的境地。甚至在村际、县际之间的争水纠纷中亦是如此，
这在下文会有具体详述。同时，政府这种处理方式，也说明国家权力在处
理民间纠纷或案件时，具有一定的选择性。

（二）金生海因偷水殴打马全之妻的结

> 恩当堂讯明，金生海殴打马全之妻，不合法理。将金生海管押，
> 并在四河做苦工多日。完满，断令（其）回乡，日后再不准偷水、
> 生事打架。若再有因水争吵是非，当有担保人是问①。

这是笔者在昌吉市档案馆查找到的为数不多的一份关于因争水打架受
到政府处理的纠纷案件。从处理结果上来看，金生海之所以被关押并要求
在四河做苦工多日，主要原因是他殴打马全之妻，并且造成了一定伤害，
而相对盗水只是一个诱因而已。虽然他受到了政府的处理，但争水矛盾仍
然在社会中广泛存在。这也说明了当时因争水打架是司空见惯的事情，并
不足以受到国家权力的介入。但对于此事件，遗憾的是没有找到马全之妻
的诉状，所以具体争水纠纷的原因就不得而知。

（三）霸卖水和霸水行凶

户民之间争水起因还有另外的一种情况，便是当地恶霸势力与会长、
"水利"、乡长等基层行政官员勾结在一起，占有一定的水量，即霸水。
霸水在各地都普遍存在，除上文所举的马德保、班成才以及李洪元等。即
使在南疆和东疆地区也有霸水案例，甚至还有的因霸水而发生行凶案件。
笔者在新疆维吾尔自治区档案馆查找资料时，发现一份发生在吐鲁番地区
因霸水而起纠纷并致使伤人的案例。吐鲁番十里大桥户民吐尔当的诉呈及
官府批文。

---

① 金生海因争水纠纷而殴打马全之妻所出的甘结（民国二十三年四月二十九日），昌吉市
档案馆藏，档案号：J1—57—19。

小民吐尔当，年二十六岁，系头苏目缠民。为霸水行凶祈：

恩做主，讯究事端。缘小的居十里大桥务农为业。于今山水涨发，该哎他汉恃强霸水，伊一人浇灌。况每年山水涨发，均各有分。小的向伊讨水，不惟不给，反而被伊手执坎土满（曼）将小的殴打等处受伤。皮破血流，青肿紫色。被伊霸水行凶，情难甘心，只得叩祈。

政府批文：速候提案，诉究并传该处乡约米拉布到案，此批①。

可见，像这样的因霸水纠纷行凶案件，一般是在政府的主持下，交与当地乡约、"水利"等乡村管理人员从中给予调解解决。但在乌鲁木齐地区，并没有发现这样的档案资料。尽管如此，这样的水利案件不会孤立存在。笔者在田野调查中，当地老人也曾讲述了因霸水发生行凶案件。就这方面的问题，笔者曾询问过黎文玉老人，他给予的回答则是：水利纠纷行凶案件时有发生，但不会出现大规模的械斗、重大伤人或人命案件。一般就是将弱势一方压入水中，让其淹没喝水，但不会出现淹死人的情况。易言之，强势一方认为既然争水，就说明你喜欢水，既然喜欢就让你喝足，带有惩罚的意味，并没有故意伤人或杀人的想法。文中所提到的玉堂河渠水霸马德保将闵长贵之弟和李老三之子压入水中，但并没有伤及性命，也验证了黎文玉老人的说法。

广大民众在争水事件中处于弱势地位，并且在基层官员和恶霸势力的霸水中，他们更是无能为力。国家权力有选择性地介入，但像这样的水利纠纷，他们是不会参与的。所以，民众只能忍受着基层官员通过水资源这一手段对他们进行控制和对他们劳动果实的侵占。"这里的水和全疆各地一样，为农民的生命线。农官马生旺不仅霸占土地，而且也霸占了水。使用时无条件的享受着特种权利。民国三十七年（1948），马生旺挖了佃、贫张二田的水口子，把水放进他雇人籽种的田地亩，使张二田七斗地的苗禾活活干枯旱死后，秋收时仍持着大斗向张逼讨重租。种三斗地的佃户王

---

① 吐鲁番十里大桥户民吐尔当的诉呈及官府批文（民国九年七月十八日），新疆维吾尔自治区档案馆藏，档案号：Q15—5—713。

吉昌年年要与马生旺多缴七斗地的水租，不然租种的三斗地不能使水，是打不到一颗粮食的。"① 马生旺不仅是当地农官，而且还是本地有名的大地主，有很大的势力。并利用自己的特权占有大量份水，甚至强占其他户民的正水，来满足租种自己耕地佃农的需要，以此来向他们收取更多的地租和水租。

乡村管理人员不仅霸占更多份水，而且他们在修渠的过程中，对民众采取欺骗的方式，来达到霸占民户份水的目的。"这里是每家照份数常淌水浇地，'水利'在各家应淌水的份数上虽没有进行掠夺，但从渠水总量上把水份加多，归自己使用或出卖。追溯杨增新、金树仁时期，当乡约能任意卖水。如王义每年卖三十到四十份水。王宝山河坝上有个一尺六寸宽的独水口（就是十份的水口，因在上源实际淌到一百份上下）。每年挖渠只上一张锨，做五六个工。此外，下养渠、小东渠也都有他的水口。除自己浇水外，有四家租户共种八石地，浇水也是他包给的。可知他在水利上的专利了。每年春天上渠时，水利、工头、先生相互勾结，在梢草木料上以少报多，对人工大吃空工，每年舞弊约到二百份水上下（合二百八十石麦子上下）。同时藉送木料修渠占到便宜，来徇私情，穷人想送也难得送上。前年梁清仁老汉想送付闸子，水利王亨金说'你早没说，别人都送够了'。当水利既如此有利可图，因之十多年来，水利操纵在少数人手里。"② 而对于大部分户民来说，是没有机会来充当"水利"、渠正、渠长等乡村水利管理人员的，实际上一直是被地方有势力的群体所把持。而且这些乡村水利管理人员还与当地恶霸相勾结，以霸卖水的形式强取各民户应得之份水，然后再以高价卖给他们，以从中来榨取他们的财富。

总之，广大户民在关系着身家性命的水利社会中，他们不仅遭受会长、"水利"、农官等乡村管理人员的盘削，而且自己应得之正水也被地方恶霸势力所强夺，在整个水利系统中，他们很大程度上处于无助甚至无奈的境地。

① 《北疆农村调查》，中共中央新疆分局宣传部印，1953年，第44页。
② 同上书，第11—12页。

第二节　区域互动中的争水个案分析

一　户际之间的互动与争水个案分析

农户是最小的生产单位。移民初期,政府给予每户 30 亩的额定土地以供开垦,至升科年份实行计户纳粮,但是"耕种不计亩数"。① 也就是说,民户除了政府分配的额定地亩以外,可以私自开垦一些耕地。尽管此种地亩数量并不是很多,大概是额地的三分之一②。但有些管理松弛的地区,劳动力较多的农户,其额外开垦的地亩可能相对要多一些。彭雨新也认为当时户民尽量多种地亩,以最大努力争取最多的余额③。那么这就造成了原有按额定地亩所得分水量,并不能足以浇灌每户的实际耕地,户民之间的争水就成为当时较为突出的社会矛盾。笔者在本书所研究的区域内调查和查找资料时,关于户际之间争水的口述史料和档案资料较多,如阜康县户民王才强占汪俊卿的时水来浇灌自己的耕地而导致二人互殴,汪俊卿并将王才按入渠水中将其淹没。经过"水利"调解,但不能达成一致,遂将其二人一并送至县府。县府人员经过详细核查认为:

> 王才强浇汪俊卿时水,殊属不应该。汪俊卿因落水致将王才按渠水中没淹,亦不无咎。相应检同原、被两造一并函送,贵县烦为查照法办。为此,认为该王才强截他人时水以浇己地,实属破坏本县水利,应交阜康县公安局,(局)长偕同治水委会进行重罚。至汪俊卿因王才强截水而将王才按到渠水中,应按□□□□□。

办理此水案的人员将王才交与县公安局和水委会,由于王才破坏水利制度理应受到重罚。但是,汪俊卿将王才按入渠水中淹没实属不应该,也应受到一定惩罚。由于档案残缺,其最后结果就不得而知。没有想到的

---

① 《伊江集裁·屯务》,全国图书馆文献微缩复制中心:《清代新疆稀见奏牍汇编》,新疆人民出版社 1997 年版,第 89 页。

② 齐清顺:《论清朝中期新疆解决人口与耕地矛盾的重大措施》,《石河子大学学报》2010 年第 1 期。

③ 彭雨新:《清代土地开垦史》,农业出版社 1998 年版,第 213 页。

是，王才还有前科，曾因偷挖公水浇灌自己的耕地被关押。尽管如此，该户际之间的水利纠纷并没有引起大的社会影响，政府对其还是做出从轻处罚的决定。

> 以上情由，县长案下实保得户民王才，情因该民偷挖公水浇灌私地，以至被押在案。今蒙恩准从轻处罚该民，成为以儆效尤。倘自保之后，再有偷挖公水情形者，唯保人是问。所具是实①。

可见，对于一般的水利纠纷，政府只是按照平常的民间纠纷予以处理，而不至于上升到民事案件。但也存在发生水利纠纷的双方，经过乡约、"水利"等管理人员调解而不能得到解决的，只好将他们报送官府。"圣户查有兵户鱼儿沟户民马德福报称，有马贵强浇时水三个，并由乡约马云排解不服，理合报局。请争辩双方前来当传局，诉方马贵称并未浇着马德福之时水等语。查以双方抵赖不清，而乡约又不能彻底澄明此事，就在水利范围内检同双方及乡约一并函送。"②

从笔者所查到关于水利纠纷的处理结果和本地区所做田野调查来看，只要没有因为纠纷而发生打架斗殴而产生严重伤害的事件，政府一般就按照民间纠纷来处理，责成辖区内的乡约、"水利"、渠正等调解解决，并报至官府备案，政府对此一般不会再做出相应的处理。四十户黎文玉老人说，那时户民之间，甚至村际之间，常常因半夜压水、盗水而发生纠纷。有时双方互殴，并将对方人员压入水中强淹的事件常有发生，但一般不会发生命案。因为双方都明白，只要发生命案，政府就要插手，事情变得非常严重，不仅要承担刑事责任，而且还造成世代积怨。反之，政府也不予过问，只是交与地方"水利"、会长或乡长调解和处理。因为这样的事情经常性地发生，所以处理起来无非就是给予吃亏的一方相应的赔偿，以了结此事。可见政府在处理这些水利纠纷时，国家权力是有选择性地介入。

---

① 新疆省高等法院阜康县政府关于垦民汪俊卿、王才争水互殴办理情形的指令代电（民国三十一年四月十七日），阜康市档案馆藏，档案号：M1—2—720.

② 新疆省高等法院阜康县政府关于垦民马德福、马强水利纠纷的情由（民国三十一年四月二十七日），阜康市档案馆藏，档案号：M1—2—721。

把大部分影响不大的纠纷或案件交由民间协调处理。如果乡村社会管理人员能够做到公平、公正处理的话，这样则更有利于处理好国家权力与乡村社会之间的关系，而不至于造成乡村社会内部之间矛盾的积累，影响社会稳定。所以国家这样的处理方式在一定程度上也有利于维护民间秩序的稳定。

二　村际之间的互动与争水个案分析：“晒干渠”与“七对一”

（一）“晒干渠”

“晒干渠”是安宁渠、保昌堡和四十户三村户民对广东庄子村从安宁渠所引之二级支渠的别称。久而久之，广东庄子村民也将其称为“晒干渠”。直到今天，当地人仍是这样称呼它，可见“晒干渠”之名由来已久，据当地老人讲，至少也得130余年。为了便于我们理解“晒干渠”的来历和安宁渠、保昌堡、四十户及广东庄子四个村庄之间因争水而发生的关系，现根据笔者在当地所做田野调查和踏勘情况，绘制出如下示意图，以便于能够更好地理解。

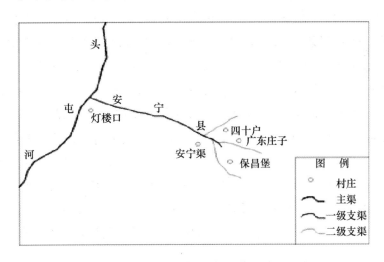

图5—1　安宁渠水利共同体各灌溉渠示意图

从图5—1中可以看出，安宁渠是头屯河的一个支渠，主要是灌溉安宁渠村的耕地。由安宁渠又分出三条二级支渠，分别是在安宁渠下游偏上挖出一条灌溉四十户村耕地的；在安宁渠的尾渠部分有两条，一条是通向广东庄子的"晒干渠"，另一条是通向保昌堡的。"晒干渠"之所以得名，主要是因为每当河水不足灌溉时，由头屯河所分之水，先满足安宁渠、保昌堡及四十户三个村庄，而到广东庄子的渠道中的渠水流量较小，以至于经常干涸，常使广东庄子户民的耕地无水可浇，固有"晒干渠"之称。正如安宁渠刘五更老人所说，"'晒干渠'的来历，也正好反映了当时这四个村庄之间势力大小的关系"。由此，我们不妨通过安宁渠、四十户、保昌堡及广东庄子四个村庄的势力博弈来了解当时由头屯河的支渠——安宁渠所形成的"水利共同体"的内部情况。

由头屯河分配给安宁渠的水量，是根据安宁渠、四十户、保昌堡及广东庄子四个村庄的耕地以及与头屯河的距离所决定，并且设有大水利一，小水利四。大"水利"是由安宁渠村刘、葛、田、徐、李、宋六家大户轮流充任。小"水利"是由各村有势力的大户充当，如保昌堡的杨家、四十户的黎家及广东庄子的邢家和张家。

安宁渠村位于乌鲁木齐市西北三十公里处，因渠而得名。乾隆三十年（1765），清政府从陕西、河南、甘肃等地移民于此，他们屯田定居，是一个由多元文化组成的聚落。但因本地缺水，政府于乾隆四十五年（1780）自头屯河灯楼口处修筑约八十里长的渠道引水灌溉，并希望能给沿渠屯民带来幸福安宁，因此把渠定名为安宁渠。安宁渠村因而把渠名定为本村村名，实际上也有争夺水权的含义。同治三年至光绪四年（1864—1878）持续十三年的动乱，安宁渠沿渠屯民大都死于战乱[1]，整个村落处于荒废之中。光绪十三年（1887），迪化县知县陈希洛提倡重修安宁渠，渠长七十五里，宽四尺六寸，可灌溉耕地 2890 亩。而现在居民大多是收复新疆后移民的后裔，其中的田、李、宋、徐、葛都是那时来到此地并逐渐发展成为本地的大户，只有刘家大户在此居住时间较长。六家大户通过联姻及更多地涉足教育、庙会、慈善等公共领域，便结成了一个

---

① 笔者于 2013 年 6 月 27 日在本村做田野调查时，本村刘家大户的后裔刘某某曾告诉我，他们是本村最早的居民，到他这一代大概是第 28 代。往上追溯，其先民应该是在明代移民于此，从事农垦。不过刘氏家族在历次战乱中，人口都遭受重大损失。晚清十四年的持续动乱刘家人口伤亡十之七八。民国二十二年（1933）哈匪暴乱时，家族五十余口喝了鸦片水后自杀。暴乱平定后，本村人口死亡逃散甚多，田地多荒芜，政府经过努力将其他地方的逃亡人口安置于此，并将安宁渠一度改为"安民渠"，后有恢复原名。

非常紧密的关系网，在当地形成了具有较大势力和影响的村落，在共同体内具有很强的号召力和权威性。

保昌堡位于安宁渠的东南方向，距安宁渠四公里左右，其居民多是光绪年间从甘肃静宁县迁移去的遣犯。起初成村之时，有 20 余户，近 100 余人。笔者在该村调查时，村民曾告诉笔者说，他们的祖辈大多是有命案在身之人，要不是当年这里屯垦急需劳动力，也许在家乡就被官府斩杀了。广东庄子的白辈明老人给笔者讲述，他小时候父亲曾告诉过他："保昌堡村民刁蛮、凶狠，和他们的祖辈非常像。虽然是一个杂姓村，但人心齐，团结。尤其是杨家大户，常年在省城迪化经商，财大气粗。且与安宁渠村大户葛家、李家都有姻亲，所以两村关系密切，也很有势力。由于有杨家为村民撑腰，所以他们在争水的过程中，常带着棍棒、砍刀，杨家人甚至带着火枪，都是一群要水不要命的主。"既然是杂姓村落，但在争水过程中却能够团结一致，说明了水资源的稀缺性却能促成"非血缘间"的联合，这在以移民为主的乌鲁木齐木齐地区，是与内地以宗族血缘为纽带的水利组织之间最明显地区别之一。

广东庄子位于安宁渠村的东面，稍偏南，距安宁渠约五公里；位于保昌堡的东北方向，两村相距约二公里。广东庄子其村名起源于乾隆四十年(1775)，原是在安南的中国广东籍矿工千余人，因和当地人发生械斗避嫌回国。于第二年，清政府查办此事，把"在广东被逐、迹涉犷悍者发往乌鲁木齐等处屯田出力，被安置在迪化城北五十里"工地种稻，当时人称此地为"广东庄子"或者"广东户"。后因他们不服管束，又把他们移居伊犁，但此村落名称却保留下来。目前居住的村民大多是左宗棠平定新疆后从甘肃威武迁移于此屯垦的移民的后裔。现居民中，80% 是回族，维吾尔族、汉族各约为 10%。晚清民国时期的邢家和张家是该村的两个大户。但他们都不善于搞人际关系，并且家族成员没有受到过良好的教育，不太重视族人及后代的文化学习，在当地并没有形成较大势力和影响，所以在争水的过程中常常处于弱势地位。

相对于以上三个村落而言，四十户在本地影响力的提升则是另外一条途径。该村在安宁渠村东北方向，相距约六公里。现在的居民大多是遣犯的后裔，与保昌堡遣犯不同的是，本村中很多遣犯在内地家族大都有很深的官方背景。如边家的祖籍为天津静海县，被发配前为某亲王府的总管家，因主子犯事被株连，来此屯田效力；民国陈诚将军的族人也曾在此村居住，直至 1947 年才迁走。他们虽为遣犯，但当地政府也对他们给予特殊的政策，甚至在某些方面还给予一定的照顾。正是因为有官方背景，这无形中就提高了该村的社会地位和影响力。

通过以上四个村落的势力分析，广东庄子势力相对最为弱小。因此，这也就决定了它在共同体中的话语权，尤其是在稀缺资源——对"水"的争夺中，更是处于不利的地位。所以，广东庄子二级支渠的水量较少，并且分水口也时常被其他三村所堵，造成本渠干涸就在所难免了。为了说明广东庄子在共同体中的弱势地位，该村白辈明老人还给笔者讲述了一个刑事案件。

> 四十户村与广东庄子，两村相距约二公里。民国初年，四十户村一户民赶着几头猪到乌鲁木齐市场去卖，经过广东庄子邢家菜园时，猪跑进菜园并毁坏了很多蔬菜。邢家本是回族，对此非常忌讳，因此双方发生了争执。而当时邢家人多势众，将四十户卖猪户民给打死了，最后，邢家被告到了官府。官府便将邢家老二、老三及邢家总管家给投进监狱。后来总管家被放回，而邢家老二和老三始终没有回来，可能是被处决了。而在当时看来，打死一人需一人偿命即可，为什么用两人偿还其一人性命呢？这令当时广东庄子户民感觉受到了极大的耻辱，时至今日老人提起此事仍然耿耿于怀。但此事件也反映了四十户村特殊的社会地位。

像上例中的争水情况，即同一导源的不同支渠，这种争水事件在天山北路东部，尤其是乌鲁木齐地区，是频繁发生的。因为同渠所形成的水利社会是当时主要的共同体。但是，在这样共同体内部，由于对稀缺资源"水"的争夺，也造成了内部存在诸多矛盾。如昌吉县的大军户渠、二畦渠、三道渠、西四工渠、四畦渠、玉堂河渠、兵户渠、佃坝渠、小西渠都是导源于三屯河。利用这些支渠灌溉农田的户民往往因为耕地面积的扩大而时常造成水量不足，因此与其他支渠常因争水而发生纠纷。更为严重的是，有时还涉及县际之间，通常使矛盾变得更加复杂，处理起来非常困难。如导源于头屯可的安宁渠、西南工渠、沙河子渠、六十户渠、中夷铁厂渠都在迪化县境内,而二屯渠、灯楼口渠、二工渠及八工渠却位于昌吉县内。有时发生的水利纠纷看似只涉及村际之间,但争水之村往往隶属于不同的县所管辖,实际上造成了县际之间的争水矛盾。如宣统二年(1910),二屯和六十户发生了一次较大的争水冲突,造成了严重的人员伤害事件,双方告于县府,但因涉及不同的县区管辖,处理起来非常困难,最后只好由迪化府来裁决。

(二)"七对一"

这里"七对一"是发生在阜康县比较典型的村际之间的争水事件。"七"是指阜康县(现为阜康市)东约二十公里的兵户、六运、十运、毛药厂、黄土棵、五运、六运湖七个村,"一"是指当时位于三工河上游的"采木公司"。虽然其名称为"采木公司",而实际上却是经哈族乡约吉音德同意后,窃开三工河上游的一块空地,并将空地开辟成农场,利用三工河上游之水,种植大豆、麦子及苜蓿等,后形成了一个小聚落。三工河导源于博克达山海水,系由各山积雪融化所储,水量随气候变化较大,尤其在3—5月时,水量甚小。再加上距七村之耕地达九十里之遥,致使七村灌溉用水缺乏,常常造成春旱。正因为如此,上游"采木公司"的截水,使下游七村的用水受到更为严重的缺乏,致使七村的区长、乡约、"水利"联名将上游新建的"采木公司"告至县府,现将七村的诉状和处理结果摘录如下:

呈为,呈报事,窃查至今,前咨召开民众代表大会案。据兵户、六运、十运、毛药厂、黄土棵、五运、六运湖共七渠区长、乡约等称报,三工河上游被采木公司及哈族乡约吉音德窃开河沿空地以堵碍民众水分事。缘因七渠计户六百有余,历年全赖博克达山海水以资灌溉。海源系由各山积雪融化所储,水量随之气候增减。每年三月到五月,水量甚少。由海流出距民地约有九十里之遥,方能流到民田。此湖内确有不足灌溉区内民等地亩,常至水量缺乏。以至六月下旬至九月底,次数(数次)月内水量增涨,宜于灌溉。秋田及种冬麦以上情形均属确实。于民国二十七年春,有迪化新建采木公司在此处伐木营业,与吉音德窃开河沿空地,约有十余石之普,以种豆、麦,附种苜蓿等。经常堵浇河水,以滞碍下游民田之灌溉,受到莫大之损失。

以至七渠民众忍无可忍，共同阻止。此情呈报县府，当由钱县长率众查勘。随在县府召开民众会议讨论，结果该公司经理郝智明再三要求当年豆、麦浇水二次，秋收以后，下年决不准耕种截水。若有上年附种苜蓿发生，情形为大牲畜践踏。大会通过，当时立有决议，各盖各章在案。该公司不得用其他手段诈哄民众，后于二十八年春，推翻上次决议，仍照旧惯。复加强开辟多种以及苜蓿等均已发现，经常任意堵浇比前更加百倍，似此由意破坏邻村经济。推翻大会决议，私自企图渔利，以妨害七渠水利不能灌溉情事，只得理会，据情具文呈报。

农会干事长：杨建中；副干事长：张青族①。

从这次七村农会的呈报中可以看出，两者之间的纠纷已持续了两年之久。并经过县府于民国二十七年（1938）协调，"采木公司"要求待今年所种之物收获以后，不再耕种和截水。七村农会也做出让步，允许其今年所种豆、麦浇水两次，双方并立有决议，盖章备案，获得了妥善解决。但是，"采木公司"却在第二年（1939）推翻去年决议，"仍照旧惯，并且复加强开辟多种以及苜蓿等均已发现，经常任意堵浇比前更加百倍"。"采木公司"不但没有按照去年的决议执行，反而变本加厉，扩大了作物的种植面积，且堵浇河水情况比去年更甚，以至于下游七村常常缺水而不能灌溉。鉴于此，他们不得不再次呈报县府。然而第二次呈报县府的处理结果笔者在阜康县和新疆自治区档案馆中都没有查到，由于所涉及的村落比较多，估计政府会采取一些强制性的措施，来处理这件涉及村落较多、影响较大的争水案件。

三 县际之间的互动与争水个案分析

就目前资料来看，关于县际之间的争水还未见到有关水利纠纷的文献或档案资料。笔者在新疆维吾尔自治区档案馆中找到一件奇台县和吉木萨尔县之间关于查勘白杨河地界及河水分配的档案，也能说明两县之间在清末时期就已存在争水的问题。

---

① 阜康县农会关于建新采木公司种田堵水灌溉妨害七渠水利的呈（民国二十九年七月十日），阜康市档案馆藏，档案号：M1—2—795。

镇迪署道申饬委员关宗汉禀呈：查勘白杨河地界图说一案。缘由奉批申赍图说均阅，悉查白杨河水由南山发源迤逦北流河之东岸，地亩渠流均归奇台县管辖，确是奇台境。河之西岸，田亩渠流均归吉木萨管辖，确是济境。大路由西而东，截河横过。此案劫杀地暇，据图说签明在于河滩偏西。如从河饻分界系属济境，如以河之西岸为界系属奇境，以河为断不能以路为断也。惟该两属交接，向来既无界碑，堆敦表记又无成案，可籍本年户民新立石堆系在事后，何能为凭？兹本爵大臣细加考核，白杨河水分奇台十属其九，济属仅占其一，且系租水引渠。所有奇、济分界应以白杨河西岸为断，嗣后以为定章。甘署令，如敢仍前争执，定于严议决，难曲贷仰。即转饬凛遵兵燹以后，档案无存，旧章画替，遇有案件突出，相互推诿，争辩实属不成事体。务所有道属交接各地界，应由该道通饬，确系查勘明晰，会同设立界碑，通报备案，以截其流。并饬迪化州认真督饬所属，妥速遵照办理，至要缴图存等。因到道奉此，除通行外合，行札饬为，此札仰该丞即便遵照。在于所辖地方与邻封交接之处详细查勘明晰，会同设立界碑，通报备案，切切毋违，此札！

光绪九年五月二十六日。[1]

根究上面的这则档案，可知两县之间就白杨河河水分配应有定论。但是，由于种种原因，两县间的争水问题一直没有得到双方认同的解决方案，直到民国十八年（1929）前都是如此。笔者在奇台县和吉木萨尔县调查时，也有老人提到了关于奇台县和吉木萨尔县争水问题，但都不能明确讲述具体的经过。后来，昌吉市政协给笔者一本书史资料中，有一篇关于奇台和吉木萨尔县争水的口述史料，现摘录如下：

我县（吉木萨尔）与奇台县为了白杨河分水，多年纠纷难解。民国十八年（1929）以前，每逢春季，两县县长、乡约、渠总等头面人物，就借分水之名，来此宰羊沽酒，大吃大喝一通。年年如此，

---

① 中国边疆史地研究中心、新疆维吾尔自治区档案局编：《清代新疆档案资料辑录》第77册，广西师范大学出版社 2013 年版，第 429 页。

岁岁为例。可是年复一年地过去了，却始终找不到一条彻底解决的办法。在雨多水广之年还则罢了，若逢旱年，为了争水双方互不相让，争吵不休。以至动武撕斗，直打得头破血流，甚至闹出人命。

汪祥煜任孚远（今吉木萨尔）县长期间，纠纷又发生了。两县县长照例亲临现场，解决此事。当时奇台县长叫龙瑞臣，是汪的老相识。二人在水口相遇后，汪县长半认真半开玩笑地说："你我均在此地，要打就打，不过打是解决不了问题的，所以还是就此研究出一条妥善解决的办法，也是你我当县长给百姓们做下的一件好事"。龙县长十分赞成他的意见，于是他们就召集有关人员席地而坐，汪县长拿出携带的干粮招待了对方。经过三天的认真讨论终于在友好的基础上，据双方灌溉面积及距离的远近，达成了分水协议。当时按照分水尺寸，修建了一座永久性的分水闸，从此两县多年的积案，终于彻底解决了①。

白杨河水系发源于东天山博格达山脊及冰峰雪岭，总长度约为六十公里，有大小支流二十余条，为吉木萨尔县和奇台县的界河，也是两县重要灌溉和沿岸居民生活用水的主要河流之一。吉木萨尔县位于白杨河的中游，与位于中下游的奇台县相比，有利用河水的优先地理区位。而奇台县则常常因为上中游大量堵截河水，致使其境内的河道时常断水，严重影响了奇台县的农田灌溉和居民生活用水。尤其是在春天，则更为严重。由于灌溉用水增多，而河水流量偏少，因此两县多年频繁发生水利纠纷，在严重干旱的年份，更是如此。两县人民为此发生大规模的械斗，甚至造成命案的严重后果。由于国家权力没有强力介入而始终未能得到合理解决。直到民国十八年（1929），汪祥煜和龙瑞臣分别任吉木萨尔、奇台两县县长时，两人亲临现场，进行查勘，根据两县耕地灌溉面积及距离白杨河的远近，在友好的气氛中达成了分水协议。按照耕地多寡和河道的长度，制定了"孚六奇四"的比例分水并设置了坪口，在两县交界处修建了一座永久性的分水闸，至今仍在发挥着效用。从此两县多年争水积案，终于获得

---

① 孔庆武、赵根基：《汪祥煜分水》，昌吉回族自治州吉木萨尔县政协文史资料研究委员会编：《昌吉文史资料选辑》第5辑，1986年，第74—75页。

了彻底解决。

乌鲁木齐地区的河流较为短小，但也不乏跨县际之间的河流，如前面所说的乌鲁木齐河、头屯河、玛纳斯河、呼图壁河等，都途经两县或者三县较长的河流，这就往往造成县际之间争水纠纷的发生。尤其是在两县之间的交错带地区，更是如此。笔者在位于乌鲁木齐市与昌吉市接壤处的二工镇下营盘村调查时，当地的老人给笔者讲述他们的父辈时常半夜起来，由"水利"组织，拉上榆树枝和石头，去到位于乌鲁木齐境内的头屯河上游压水、盗水，还不时与巡水人员相遇而发生械斗，有时会造成人员伤害。

本地区发生县际之间争水还有另外一种情况，就是同一源头所分流到不同县域的河流而发生的争水事件。如仅发源于南山雪水的较大河流就多达十三条，分别是奇台县的白杨河、大龙口渠、木垒河、中噶根渠、碧流沟渠、吉布库渠、大板河渠；孚远县（今吉木萨尔县）的白杨河、大龙口渠、大有渠、长盛渠、大东沟渠、小东沟渠、小龙口渠；阜康县的二道河。其中白杨河和大龙口渠流经奇台和孚远两县。这种情况就造成了他们在导源口发生的水利纠纷。有的渠道为了能够在导源口分取更多的水量，就不断拓宽河道，为多分水量提供依据。

目前来看，就县际之间的争水资料比较缺乏，在米东区档案馆存有一份关于乾德县古牧地乡与乌鲁木齐县七道湾因争水而发生影响较大的争水案件，最后由省政府派出建设厅会同县、乡及村等相关人员进行协调而予以解决①，但这样的案例较少。笔者在做田野调查时，当地老人也有讲述县际交错区之间的争水事件。尽管他们所讲得比较零散，难以构成系统，但至少可以说明，县际之间的争水，在当时来说并不是孤立存在的，于大多数县际之间应该有争水矛盾的发生。尤其是春天，水源紧缺的年份，水利纠纷的发生则更为频繁。

---

① 古牧地乡长马生旺、保长张寿财等诉明与七道湾的水利纠纷及县政府给予省政府的呈文（民国三十三年八月二十一日），乌鲁木齐市米东区档案馆藏，档案号：J8—4—252—1；关于勘察解决古牧地与七道湾水利纠纷的训令（民国三十三年九月二十四日），乌鲁木齐市米东区档案馆藏，档案号：J8—4—252—2。

第三节 国家与地方之间互动与争水个案分析

一 城市与农业用水之争的个案分析

（一）孚远（吉木萨尔）

吉木萨尔县城位于县境内博格达山北麓，东大龙口河洪积扇前缘。现城区面积3.8平方公里，旧城面积为0.4平方公里①。吉木萨尔县城最早是起源于乾隆三十七年（1772）所筑的恺安城，但至乾隆四十一年（1776）时才在城内建造了县城衙署等官府机构。光绪二十年（1894）在原城基址之南又筑一新城，光绪赐名为孚远城。二十八年（1902）设置济木萨县，以城名为县名，即孚远县。1954年新疆解放后又易名为吉木萨尔县。

清代民国时期，吉木萨尔县城用水主要依靠东大龙口河供给（今天亦是如此，并修建了大龙口渠水库），在城内各区，制定了分水制度，以避免引起水利纠纷。对各城门内的流入日期有明确的规定："查县城内吃水历年来有规定，单日入西门，双日入南门，夜间灌溉城郊农田，轮流不断。案有旧例，并以县城东门内竖立石碑为标记。"②

就这则档案资料的记载而言，我们至少有两点可以确定，一是城西门和南门居民之间可能因为吃水问题而发生过纠纷；二是城外农业用水与城内居民用水也存在一定的矛盾，否则，就不会有单日入西门，双日入南门，夜间为农田灌溉用水，并把此规定在城东门内刻石碑作为见证。一旦出现城内用水不足之时，可以及时查找责任方。下面一条档案资料可以说明城内居民用水与城郊农业用水之间的关系：

> 近查，城外一班种瓜种菜之户，不以该地方应有时水灌溉，往往不分昼夜，随时截流，以致吃水不能按时入城，市民遭受影响，非成合例。布告周知，嗣后一丹（旦）有破坏水规者，一经察觉，定即

---

① 吉木萨尔县志编撰委员会：《吉木萨尔县志》，新疆人民出版社2000年版，第122页。
② 县政府布告：关于县城户民吃水问题（民国二十七年七月十六日），吉木萨尔县档案馆藏，档案号：J2—24—8。

严惩不贷。仰各凛遵，此布。县长：孔[①]。

把这两则资料的记载组合起来就可以发现，当时发生在吉木萨尔县城饮用水不足是由于城外种瓜、菜之农户并没按照应有分配的时水灌溉，而是城郊农户不分昼夜，随时截流河水所致，即违反了以前河水分配旧例而引起的。严重影响了城内居民用水问题，迫使政府以布告的形式告知市民，产生一定的法律效力，以避免这样的事情再次发生。

那么政府通过发布布告的形式是否就能够解决了城市与农业用水之争的矛盾呢？当然不能，因为二者之间争水矛盾的产生是由多方面原因引起的，岂能仅以政府的一张布告就能从根本上解决问题？从档案资料的记载来看，城内与城外之间的争水矛盾应该由来已久。发生这种情况的主要原因是城内人口的增多和郊区种植蔬菜面积扩大造成的。文献资料中虽然没有关于吉木萨尔县城内居民人数的记载，但不可否认的是，左宗棠收复新疆以来，人口应是逐渐增多的。人口的增加，除饮用水增多外，还需要大量的蔬菜供应。一部分农民或商人就在城郊认垦荒地，自己或雇用劳动力种植蔬菜。据赵海霞统计，晚清时期吉木萨尔城郊"以种植蔬菜为主的户民达 81 户，共 1804.81 亩"[②]。城郊大规模的蔬菜种植，就需要较多的河水进行浇灌，造成农业与城内居民之间的用水矛盾，只要有这两种情况的存在，两者之间的争水纠纷就不可避免。

（二）迪化（乌鲁木齐）

光绪十年（1884），新疆建省，迪化成为全疆的政治、经济、文化的中心，从而吸引大量的外来人口来此经商居住。早在乾隆二十七年（1762），来乌鲁木齐垦种、经商的军民就日益增多，城内开设商铺达 500余家，城郊种植菜园 300 余亩。宣统元年（1909），迪化县计有人口 7342户，38994 人，其中城厢 4699 户、23097 人；乡村 2643 户，15897 人[③]。城市人口远大于农村人口，并成为新疆一大都会。后来随着移民的不断增

---

① 县政府布告：关于县城户民吃水问题（民国二十七年七月十八日），吉木萨尔县档案馆藏，档案号：J2—24—9。

② 赵海霞：《清代新疆商屯研究》，《西域研究》2011 年第 1 期。

③ 乌鲁木齐县志编撰委员会：《乌鲁木齐县志》，新疆人民出版社 2000 年版，第 25 页。

加，乌鲁木齐地区人口出现了成倍增长，截至民国二十一年（1932）的人口调查，迪化城乡共有 31080 户，140688 人①。城内人口急剧膨胀，不得不面临如吉木萨尔那样两个方面的问题：一是城内居民用水量增多；二是城内人口需要大量的蔬菜供应，迫使城郊蔬菜种植面积的迅速扩大。

根据当时文献的记载，迪化城内用水主要是由井水与河水组成。"土性壁立凿井不圮，每工价一井，故家家有井。然至春月，虽至深上井亦涸，多汲于城外河中。"② 而且，乌鲁木齐河就在满城和汉城之间穿过，这也给城内居民饮用河水提供了极大的便利。笔者在乌鲁木齐访谈时，城里的老人告诉过笔者，他们在乌鲁木齐河挖沟引水的相关情况。现居住在高新区二工镇的居民回忆："新中国成立前他们这里有几眼自打井，也是经常缺水。人民饮用水一是汲取泉水；二是靠浇地水，遇到浇地时多储存一些水；三是到西边和平渠（即乌鲁木齐河）挑水、拉水。但必须天不亮就去，晚了水就变得不干净了，无法饮用。"③ 而于干旱季节，城外河水也就成为城内居民用水的主要来源。"今日发生水荒，每年三四月间，城内井水无不干涸，专赖城外驮水进城，居民方有饮料。"④

满城和汉城，居住大量的汉族和满族市民，他们每日需要大量的蔬菜供应。城郊有平坦的土地和较为丰富的水源，这就为城郊蔬菜的规模化种植提供了得天独厚的自然条件。因此，从乾隆年间，在汉城的东、西及老满城一带，就有不少的农民兼营菜园，种植蔬菜，供城内居民食用。此后，随着人口的增加，菜园面积不断扩大，蔬菜种植已成为农业的要项。"乌鲁木齐所属商户种园共 498 户，种地 27090 余亩"⑤；"迪化为全疆一大都会，五方之民辐辏，时时仰谷他邑，惟蔬菜品汇特繁。军兴以后，湘人之从征者，捆载芽核，移植兹土；津人踵之，庸次比耦，阡陌相望"⑥。光绪十二年（1886），省城郊区种菜户民数十上百，经营菜园近 3000 余

① 乌鲁木齐县志编撰委员会：《乌鲁木齐县志》，新疆人民出版社 2000 年版，第 29 页。
② 纪晓岚：《乌鲁木齐杂记》第 2 帙，上海著易堂光绪二十二年（1897）印行，第 122 页。
③ 郝鹏贵：《迪化二工见闻》，《新市区文史资料》第 1 辑，1999 年，第 20 页。
④ 吴诸宸：《新疆纪游》，《西北史地文献》第 35 卷，110 册，第 318 页。
⑤ （清）永保：《乌鲁木齐事宜》，王希隆：《新疆文献四种辑注考述》，甘肃文化出版社 1995 年版，第 128 页。
⑥ 钟广生：《新疆志稿》，成文出版社 1968 年版，第 78 页。

亩，已成商品菜主要产地。至民国二十二年（1933）后，迪化城郊蔬菜种植初具规模，主要产区有东、西、南、北菜园，其中东、西菜园最为著名。西菜园位于小西门外至城隍行宫，那里阡陌相连，菜畦成片，菜农以天津人为主。栽培已使用风障、阳畦等技术措施。管理周到，所产蔬菜品种齐全。既有北方人常吃的春夏鲜菜，还有南方人喜食的茼蒿、丝瓜、苦瓜及菜药兼用的百合、山药等①。由此可见，清代至民国期间，迪化城郊的蔬菜种植已经具有较大规模。城郊蔬菜种植业所需灌溉用水主要取之于乌鲁木齐河，这就造成了城内居民与蔬菜灌溉用水之间的矛盾。一般来说，在雨多水广的季节其矛盾并不突出。但到春天，城内井水干涸，乌鲁木齐河流量较小，而这时正是蔬菜种植的春灌期，从而使争水矛盾变得日趋激烈。且城郊蔬菜的种植，有时对河水也造成了一定程度上的污染，影响城内居民生活用水。迪化县政府为了保证城市用水，针对引水沟渠的管理及用水规范制定了《省城管理章程》，并由区巡警主要负责。

　　　　第一条：关于沟渠疏浚之管理，以警务公所为监督机关，各区局为执行机关；

　　　　第二条：各区局于所辖境内沟渠事务由巡官长警妥慎经理；

　　　　第三条：巡官长警承区之命令，得经理沟渠一切事务，且对于工役人等有督催干涉之权；

　　　　第四条：居民人等不得倾倒尘芥污秽煤灰及一切关于闭塞沟渠通流之物；

　　　　第五条：凡器物及一切不洁之水均不可沟渠内涤濯或排泄，但不得有碍流通；

　　　　第六条：各区局站岗巡长警应将疏浚市相继沟渠状况下班时报告与区官或巡官；

　　　　第七条：各区局保持沟渠之流通，除逐日查察外，其他关于疏浚事务悉令担任；

　　　　第八条：每值大雨后，务将坭水由沟渠流出，但宜注意土块污泥不使流入沟内；

---

① 乌鲁木齐县志编撰委员会：《乌鲁木齐县志》，新疆人民出版社 2000 年版，第 39 页。

第九条：修理沟渠须暂止行人往来，即该管区官查酌情形许可，但工事毕后仍应复旧形①。

从上面九条沟渠管理章程来看，政府赋予各区局警务机关要在三个方面做出了明确要求，一是严格禁止居民对河水的污染；二是负责沟渠河道的疏浚管理和监督；三是对沟渠河道的日常监督。目前限于史料，还没有能够充足的证据来证明当时城内饮用水和农业用水发生纠纷的情况。幸运的是，笔者在乌鲁木齐市做访谈时，曾寻得自治区水利厅的一位退休干部，他祖父就是清末迪化巡警。据他所讲：祖父经常晚上执行公务去抓盗水的菜农，尤其是在每年3—5月春旱时期，经常在城郊巡逻，有时与菜农可能发生一些肢体冲突。虽然没有文献的记载，但可以想见当时争水冲突是不可避免的。城内居民和农业用水之争也是政府不得不面对的一个严重的社会问题。

二 屯垦队与原居民之间的用水之争

上文已经说过，关于移民与原居民之间的关系，目前由于史料的限制，还不能做详细的探究。笔者在查找资料的过程中，听到过有关民国时期政府的屯垦队与原村落民户之间争水争地事件的讲述。无独有偶，笔者于阜康市档案馆查到一份民国时期屯垦队与当地村落争水争地引起纠纷的资料，从一个侧面也可以说明移民与原住民之间所存在的矛盾。由于屯垦队在当时代表的是政府一方，所以此事件也意味着政府与地方之间的用水之争。

查土墩子东沟十六户地划归屯垦队，西沟十六户地划归该处回族人民耕种，以东岗穄源为界。分水量以三分之二分给回民，以三分之一分给屯垦队。该处前农官马福禄率人众先在屯垦队上游硬行开地一段，并占沟口龙王庙产一段。一面声称不论何人拦阻，即以老命与何人相拼等语。委员已劝告该队（屯垦队）隐忍不与人民争讼，以保

---

① （清）袁大化、王树枏等：《新疆图志》卷42，东方学会1923年铅印本。

和平①。

民国时期，为了加强本地区的开发，政府在内地招募农民，组成了具有国家经营性质的屯垦队，安排到固定地区开荒种田。但是屯垦队与当地原居民发生了利益上的冲突，尤其是对水资源的争夺，同时也意味着移民与原居民之间产生冲突。当时阜康县政府为了避免屯垦队与当地民众争地、争水事情的发生，便将屯垦队和当地民户的开垦地界有了明确的划分。并将三分之二的份水量给当地民户，三分之一给屯垦队。尽管政府划分明确，但当地民户对此仍大为不满。因为屯垦队的存在对当地民人来说，就意味着屯垦队与他们之间存在着对地、水等资源的争夺。所以前农官马福禄就在河流的上游硬行开地，以堵截河水，减少甚至断绝屯垦队的灌溉用水，以此来达到迫使政府撤出屯垦队的目的。政府对此也没有其他解决办法，只能令屯垦队隐忍，避免与当地居民发生冲突，以维护社会的稳定。屯垦队与当地民户争水争地的事情正如预想的那样，如民国二十三年（1934）发生在本村的争地、争水诉讼案就是明显的反映。

> 具切结人，阜康土墩子乡约吴来兴率众户民等情，因与屯垦队因地涉讼一案。具经委员长调查：新民二十三年冬，占种地亩、拆毁房屋、拉烧公家汽车、路用木料、霸占水源等，均系在现蒙委员长泛中调解。屯垦队所种户民之地，灌水准设三尺水口，由孙专营长等监视，不得任意强灌及偷放等情弊，以维民生，乡约等不异言，新坝切结。是实②。

屯垦队在土墩子东十六户地发展起来，但与当地民户之间的争水争地的纠纷也随之不断发生。甚至有时会使冲突升级，出现资料中所说的占种地亩、拆毁房屋、拉烧公家汽车路用木料、霸占水源等严重的社会问题。

---

① 新疆屯垦委·阜康县关于调查阜康农官马福禄在上游开地及占庙产的公函（民国二十八年六月二十一日），阜康市档案馆藏，档案号：M1—1—1166。
② 阜康县土墩子乡约吴来兴田地涉讼一案的切结（民国三十年七月十九日），阜康市档案馆藏，档案号：M1—1—161。

最后，地方政府不得不派专人负责监督，以防止这种冲突再次发生与恶化。

三 农、牧区之间争水个案分析

本书所研究的区域内，除农业区之外还有牧业区。牧业是由哈萨克和蒙古等民族经营，主要分布在木垒哈萨克族自治县和吉木萨尔县的三台镇、阜康市、昌吉市的几个乡镇等。笔者在吉木萨尔县三台镇调查时，镇政府一工作人员则说："目前处理农、牧业之间的关系十分困难。农业区属于镇政府管辖，而牧业区则由县畜牧局管理。在同一行政区内，形成了两套不同的管理体制，一旦二者发生争地争水纠纷，需要镇政府和畜牧局接洽予以协调解决。而难以达成协议时，不得不请县政府出面调解。"其实这种情况由来已久，尤其在民国时期，农、牧业区之间的纠纷也时常发生。各县市档案馆中也有较多的档案资料来足以说明这个问题，但最主要的表现则是因争夺水而发生的纠纷尤为常见。

> 具告状人，芨芨槽水利阎应福、户民刘光德、杨生忠及众户民等叩乞：县长恩准做主，调查惩讯，滋扰农民事。缘小民在芨芨槽子为农，因其水利不足，每年仅靠聚堵各处遗水灌入海子，以备耕种春苗。今年秋间，经我们水利督促，各户拉送草束三十车，以备春天修堵海子。讵料，今有佃坝过来的牧民，四顶房子，两个掌柜，吆来牛十多头，马有三十多匹，羊四百多只。到小民芨芨槽夹修海压水，草束三十车塞满渠道。春天如何走水，碍于耕作要务，我们大渠每年春天挖渠堵海，实在苦累。如到立秋，又复铲草修渠一次，今被牧民如此践踏，因此，小民将两个头目为定查问。该牧民欺哄不说，欺民不理。小民查问他们到我们渠道这样横闹，该牧民言说是佃坝户民，王万清指教（只叫）他们到此牧放牲畜。小民思维王万清，我们的户少渠长，每年苦累情况，他们系替纳饱前来，必是该牧民自己任意妄为，牧放牲畜的①。

---

① 芨芨槽水利阎应福、户民刘光德等状告哈民毁坏佃坝一事的情由（民国三十六年一月二十八日），昌吉市档案馆藏，档案号：J1—1—10—7。

　　芨芨槽位于昌吉城北三十公里，其灌溉渠为芨芨槽渠，因为此渠离河源较远，沙地渗漏严重，至芨芨槽时水量已经很小，常造成灌溉用水不足。因此，他们修建了海子，将所遗留之水储存，以备春天耕种。不料则由佃坝过来的牧民来此放牧，沟渠、海子都被牲畜践踏破坏并偷压他们的海子之水。芨芨槽"水利"阎应福、户民刘光德和杨生忠将其查问，他们只说是佃坝户民，王万清叫他们来此放牧，对于其他方面并不言说。芨芨槽由于自然条件的限制，河水资源本已比较匮乏，牧民来此放牧，不但毁坏了沟渠，而且也加剧了水资源紧缺的状况。

　　同样的事件还发生在昌吉县黄嘴窝子村。黄嘴窝子村在县城西七十公里处，是一个主要由外地来此进行耕种，冬天他们再返回家乡的民户所组成的村落，具有"雁行"的特点。每年冬天要有一户留守，以负责看护财产。周发荣家就是当年的留守户。没有想到的是，该年有些牧民带来牛羊马数千头来此放牧。不但践踏了沟渠，而且还将村民的房子占为己有，且牲畜肯吃村民的冬麦。他们不听周发荣的阻止，周发荣迫不得已将他们告官。

　　　　县长均前恩准做主，惩究牲畜进田踏坏渠道事。缘去年古历九月间，有牧民塔塔之牲畜及伊同苏木共有房子七八十顶，共吆牛羊四五千头，马有三四百匹。由小民黄嘴窝子大渠过往数次，将大渠塌毁之形象，约在五六里之远寫。该牧民塔塔又于去年腊月二十七日，将伊房子占据。小民冬麦附近不过三四里之远，每日将伊一家之牛羊马匹任意纵放，就在小民冬麦地牧放。被牲畜将地内雪抛开吃冬麦，约有八斗多地不能生长。现在春暖，不日耕作，就要用水。该牧民塔塔等如此纵畜践踏田苗，将大渠踏得坍塌，不通水道。滋扰农民，阻碍春耕。如今黄嘴窝子户民大半已经回古（故）乡，仅剩小民一家，今被塔塔之牧畜遭毁冬麦，损塌渠道，阻碍务农水利，妨碍小民生计①。

---

　　① 周发荣状告哈民塌毁渠道及其牲畜啃食冬麦一案的情由（民国三十七年十二月十八日），昌吉市档案馆藏，档案号：J1—1—17—2。

　　当然，这样的事情在当时来说，各县区是时常发生。对于政府来说，因为涉及农牧业之间的问题，对农牧之间的争水纠纷处理，政府向来还是比较及时和慎重的。因为对于农牧业之间的水利解纷，如果事件一旦处理不好或者不及时的话，往往会引发民族之间的矛盾，还可能会发生严重的冲突。晚清民国乌鲁木齐地区，随着人口的增加和开垦规模的扩大，人、地、水之间的矛盾也越来越突出。尤其是民国时期，水利纠纷和争水事件更是屡见不鲜，因争水发生诉讼的案件是十分频繁的。笔者在阜康市档案馆查找资料时，粗略估计，仅在民国时期与争水有关的案件接近总案件的40%以上。其中虽没有看到因争水而发生命案，但也不乏引起严重事件的案例。可见，尽管中央政府将水利制度和水利社会的管理模式从内地移植到乌鲁木齐地区实施，但由于本区特殊的自然和人文环境的限制，与内地各区相比，管理制度上仍有较大的不同。即是说，国家企图进一步加强对边疆地区的控制与消融，但在社会实践的过程中，本区也存在独有的特征。水利纠纷事件仍然不断地频繁出现，由此所引起的纠纷已经成为影响社会稳定的主要因素。乃至于今天，仍是我们必须要面对的现实问题，应足以引起国家和地方政府的重视。

第 六 章

环境与社会秩序的构建（上）

——以妇女类型和婚姻观的转变为例

晚清民国乌鲁木齐地区属于典型的移民社会，除民族众多这个地域特征之外，性别比例失调、移民人口来源区域多元化也是人口结构的主要特点。因此要想更加深刻了解这个社会及人文环境，我们在了解了其乡村社会管理体系和与之密切相关的水利秩序两个方面后，还必须对它的社会和人文环境加以探究，那么婚姻在了解这样的社会和文化中就有着非常重要的作用。综合来看，本区域的婚姻方面虽然与其他地区有着相同或相似之处，但由于当时社会环境的各种因素之间存在着互动关系，所以婚姻方面也具有本区域的独有特征，这与当时的社会变动、人口结构及自然环境等有着紧密的联系。

第一节　几种主要的妇女类型

一　金妇

金妇制度在古代中国亦有很长的历史，其渊源最早可以追溯至汉代。一般来说，我们将流犯发配边疆时所陪伴他的妻女即称为"金妇"，而在官方文献中，也有的将"金妇"称为"金妻"或"流妇"。清代的"金妇"制度最早则出现在康熙三年（1664），当时钦天监官员吴明煊的应金之妻流放到东北地区的宁古塔。《圣祖实录》也记载了对"金妇"制度的改革，原来在京中定罪流放的犯人，其应金之妻要先从本省解往京中再金发。但为免"金妇"中途遭受凌辱，此后由各犯人先回本省，然后再将

"金妻"一同解往流放地①。这样的规定可以避免"金妇"在途中遭受押解人员的凌辱。尽管如此，但清朝的"金妇"制度仍不能保证她们在流放之地免遭侮辱，甚至因此而自杀者亦有之。"乌鲁木齐虎峰书院，旧有遣犯妇缢窗楹上。山长前巴县令陈执礼，一夜明烛观书，闻窗内承尘上窸窣有声。仰视，见女子两纤足，自纸罅徐徐垂下，渐露膝，渐露股。陈先知是事，厉声曰：'尔自以奸败，愤恚死，将祸我耶……'乃徐徐敛足上，微闻叹息声。"②虽然此记载兼有小说的性质，但在乌鲁木齐虎峰书院上吊自杀的金妇应该是事实，因为该时期正是纪晓岚发配到乌鲁木齐之时，他的记载应有较大的可信度。即使遣犯及妻女改为民籍，由于丈夫的影响，在较长时期内也不能改变妻女低下的社会地位。我们可以根据下面三条史料看出当时"金妇"在乌鲁木齐地区社会地位的大致状况。

> 乾隆三十二年（1767），屯官以中秋之夕，犒诸流人，置酒山坡，男女杂坐，醉逼流妇使讴。诸流人故悍，又皆使酒，俄顷激变。戕屯官，劫军器，据城叛。黎明报至乌鲁木齐时，班兵散在诸屯。城中仅百有五，然皆百战之余，视贼灭如也。镇守都统温福即率之以行至红山口，守备刘德叩马曰：此去昌吉九十里，我驰一日至城下，是贼以逸待劳，且其城非百余人所能仰攻破也。贼得城必不株守，势必来，不如扼险待之。两崖隔蔽，贼莫测我多寡，是反客为主，反攻为守，破贼必矣③。

> 昌吉遣犯彭杞，一女年十七，与其妻皆病瘵。妻先殁，女亦垂尽。彭有官田耕作，不能顾女，乃弃之林中，听其生死。呻吟凄楚，见者心恻。同遣者杨煟语彭曰："君太残忍，世宁有是事！我愿异归疗治。死则我葬，生则为我妻。"彭曰："大善。"即书券付之。越半载，竟不起。临殁，语杨曰："蒙君高义，感沁心脾。缘伉俪之盟，老亲慨诺。故饮食寝处，不畏嫌疑；搔抑抚摩，都无避忌。然病骸憔

---

① 周学峰：《略论清代新疆的"金妇"问题》，《新疆大学学报》（哲学社会版）2010 年第 1 期。

② （清）纪昀：《阅微草堂笔记》卷 4，上海古籍出版社 2005 年版，第 52 页。

③ 《昌吉县乡土图志·兵事录》，中国社会科学院中国边疆史地中心编：《新疆乡土志稿》，全国图书馆文献缩微复制中心 1990 年版，第 98 页。

悴，迄未能一荐枕衾，实多愧负。若殁而无鬼，夫复何言？若魂魄有知，当必以奉报。"呜咽而终。杨涕泣葬之①。

玛纳斯有遣犯之妇（即金妇），入山樵采，突为玛哈沁所执。玛哈沁者，额鲁特之流民，无君长，无部族，或数十人为队，或数人为队；出没深山中，遇禽食禽，遇兽食兽，遇人即食人。妇为所得，已褫衣缚树上，炽火于旁，甫割左股一脔。倏闻火器一震，人语喧阗，马蹄声殷动林谷。以为官军掩至，弃而遁。盖营卒牧马，偶以乌枪击雉子，误中马尾。一马跳掷，群马皆惊，相随逸入万山中，共噪而追之也。使少迟须臾，则此妇血肉狼藉矣②。

上面所引三则史料，其中第一则除我们引用出处以外，还于《迪化县乡土志》《昌吉县乡土志》、魏源《圣武记》以及纪昀《阅微草堂笔记》中均有记载；后面两则史料则是出自纪晓岚《阅微草堂笔记》。因为纪晓岚本人于乾隆三十四年至三十六年（1769—1771）被流放到乌鲁木齐。这三则史料中所记载之事件则正好是发生在他流放后不久，故可信度较高。在第一则史料中，昌吉屯官实际上是以借中秋犒劳诸流犯作为口实，目的是使流妇唱歌，以试图进行调戏，但遭到了流犯眷属们的拒绝，便立刻受到了屯官的鞭打。这种行为必然会引起流犯们的强烈不满，继而激起事变。戕屯官、攻城墙，与官府对抗，但最终遭到失败。不仅作乱遣犯给予"二百四十七名予以斩杀"③，而且对俘虏昌吉流犯的眷属被分赏给各级将领为奴，受到了严厉的惩罚。据记载，"乌鲁木齐参将负责安排昌吉所俘流犯们的眷属，而这位参将利用了自己的职务之便，分得了四个姿色最好的"④。而第二则史料中说明了流犯由于当时生活所迫，不得不参加繁重的体力劳动，因此没有时间和精力来照顾病重的妻子与女儿，只能听天由命令其自生自灭。但当时同为遣犯的杨熺对此却于心不忍，便提出将彭杞的女儿收留的要求时，彭杞随即要求杨熺立下自愿收留的字据，

① （清）纪昀：《阅微草堂笔记》卷8，上海古籍出版社2005年版，第128—129页。
② （清）纪昀：《阅微草堂笔记》卷9，上海古籍出版社2005年版，第145页。
③ 《乌鲁木齐政略》，《中国西北稀见方志》第8册，全国图书馆微缩复制中心1994年版，第573页。
④ （清）纪昀：《阅微草堂笔记》卷10，上海古籍出版社2005年版，第160页。

就把病重的女儿作为"物品"一样免费送给了他。然而，她却在杨熺照顾半年后去世。第三则史料则说明了作为流犯的妻子，为维持家庭的生活，有时候她们也不得不从事一些田间和野外的劳作以补贴家用，但是在流匪遍野的混乱社会秩序中常使她们的生命不断受到威胁。可见，她们身为遣犯的眷属，其社会地位十分低下，甚至有时生命安全都不可能得到保证。

关于清代乌鲁木齐地区金妇的数量，就目前史料来说没有确切的记载。但我们可以根据关于遣犯数量的记载，能够推断她们的数量亦应不少。"鳞鳞小屋似蜂衙，都是新屯遣户家。斜照衔山门早掩，晚风时裊一枝花"，其描写的是昌吉、头屯及芦草沟等地的屯垦聚落，皆为遣户所居，可见当时的遣犯户并不在少数①。在玛纳斯的"塔西河，居民甚盛，闽漳、泉人在此耕种者数百家，皆遣犯后嗣"②。玛纳斯的犯屯主要安置在乐土驿、包家店等乡镇。现在境内福建籍人，如陈氏、林氏等都是当时遣犯的后裔。陶模的奏折可以说明当时遣犯数量亦应不少，甚至对社会稳定都产生了重要的影响。

> 奏为改发新疆人犯无裨屯政，拟请一律停止，就地另行招垦恭摺仰折。圣监事，窃维实边莫先于兴屯，兴屯莫难于招户。新疆自经兵燹，地旷人稀，部议将直隶、山东、山西、河南、四川、陕西、甘肃七省免死减等人犯改发新疆助屯，立法不可谓不善。因到配不安耕作，有室家者方行起解，防弊不可谓不周。光绪十五年（1889）后，经前护抚臣魏光焘奏准，释罪入籍为民，被恩不可谓不厚。计必地日，加辟户日加增用。朝廷实边至意，乃臣到任以来，叠据各属禀报逃亡之仍不少，成本概属虚悬。在屯者惮于耕耘，迄无成效。甚至欺压平民，窝藏奸宄，围殴抢劫之案层见叠出。欲兴屯田，而其弊如此良由。遣犯不尽耕之民，语以稼穑之艰难或非所素习。此辈本属败

---

① （清）纪昀：《乌鲁木齐杂诗》，王希隆编：《新疆文献四种辑注考述》，甘肃文化出版社1995年版，第170页。

② （清）林则徐：《荷戈纪程》，杨建新主编：《古西行记选注》，宁夏人民出版社1987年版，第456页。

类，欲令熏蒸为良善，更有所不能。斯即勉就钤束不至，潜逃而以此，无赖之徒。聚居边塞荒旷之地，当不虚仅掷帑项，贻误屯田为可虑也。臣与藩臬两司再四筹商，以为欲救其弊，莫如将前项人犯概行停解，就本地之民力垦未种之田亩。上年，臣复奏编修胡果桂条陈折内，有招无业缠民设法安插之议。诚意缠民世居边檄，身与地习即心与业，安拓一户可收一户之效。各属老户，生长蕃育历有年，所拟择壮丁较多者，酌量加拨地段。主伯亚旅，本属一家，既议增力必倍奋，是一户更得两户之用。如此办理就地，可以取材公欤，无须多费而逃之虚本，各弊不禁自绝。富庶亦可渐臻，此其利害较然不得不及早变计者也。所有垦（恳）请停止改发新疆助屯人犯，就地另行招垦①。

《乌鲁木齐政略》载，乾隆四十三年（1778），乌鲁木齐遣犯人口达1240户，5580余口。从乾隆四十五年（1780）始，平均每年发往新疆遣犯六百余人。如此计算，至乾隆六十年（1795），天山北路东部应有遣犯近一万余口②。遣犯人口的增加，他们的家属子女来此地的亦应不是少数。总之，作为清代乌鲁木齐地区"流犯"之妻女者，"金妇"这个特殊的群体，虽然政府制定了相关的政策给予保护。如乾隆三十二年（1767）刑部就对金妻发遣到新疆的流犯制定了细则，"三年无过，准其为民。本犯身故，而三年未到的金妻，一律入民籍安插，流犯未到配所身故的，其妻子如愿到配所为民，地方官负责安插，如不愿，就送解回原籍"③。尽管如此，一方面由于她们受到丈夫的影响，几乎没有什么社会地位可言，在经济、政治等方面也不断受到排挤。即使她们经过三五年的劳作后，跟随丈夫加入民籍，变为普通的民户，但仍在社会中受到歧视。从另一方面来看，在性别比例严重失调的移民社会中，"金妇"流放政策不但有助于

---

①　（清）陶模：《陶模新疆奏稿》，学生书局1970年版，第125—130页。

②　齐清顺在《清代新疆遣犯研究》中认为：天山北麓东段地区是遣犯主要的安置区之一，占遣犯总数的40%—50%之间。1778年乌鲁木齐为5580余口，1778—1795年的十七年中，共发往新疆遣犯达10200口，其中减去15%的逃亡、死亡损耗外，剩8670口，天山北麓东段地区所安置的遣犯应占一半左右，为4335口，两者相加为9915口。（《中国史研究》1988年第2期）

③　《清实录》卷780，第51册，中华书局1986年版，第579页。

"流犯"更能安心在发配地区屯田生产，促进了屯垦农业的发展，而且对于维护乌鲁木齐地区社会秩序稳定起到了一定的促进作用。

二 节妇和烈女

古代历朝统治阶级对妇道与妇德的教育以及宣传也特别重视，认为"按臣道莫大于忠，妇道莫大于节我"①。因此，为了能使广大妇女按照统治阶级的要求规范自己，他们极力倡导节妇旌表制度和妇女从一而终的伦理观，并始终是封建中国妇女道德精神的主流思想。并且由封建皇帝率先垂范，定期进行旌表节妇、贞女。因此，各级地方政府官员和乡绅阶层也都会极力配合，致使从一而终的节操观呈现出愈演愈烈之风。"贞、节"二字便成为中国古代规范妇女"人伦之大，风化之美"的最高准则了②。在中国历史上，历代"节妇""烈女"一直受到各级地方官府和乡村士绅的表彰和颂扬，并成为当地乃至全国各地妇女学习和效仿的楷模，因此她们很多的事迹可以在地方志中得以记载并获得了广泛传颂。即使在男女比例严重失调的移民地区，统治阶级对"节妇""烈女"等妇德宣扬也是如此。笔者根据乌鲁木齐地区相关地方志，对有关本区域乾隆、嘉庆时期"节妇、烈女"的记载进行统计，如表6—1、表6—2和表6—3所示。

表6—1　　　　　　　乾嘉时期乌鲁木齐满营节妇统计

旌表时间	姓氏	丈夫姓名	丈夫身份
乾隆三十九年	姜氏	全保	正黄旗满洲观保区佐领下马甲
	李家氏	萨三太	镶红旗满洲五十九佐领下马甲
	杭阿坛氏	伊桑额	正蓝旗满洲常德佐领下马甲
	萨克达氏	柯星额	镶蓝旗满洲古禄保佐领下马甲
乾隆四十年	京克里氏	伊三太	正黄旗满洲宁山佐领下马甲
乾隆四十一年	瓜尔佳氏	金三	正黄旗蒙古福印佐领下前锋
	车穆特氏	岳苏土	正白旗蒙古福印佐领下马甲

---

① (清)和宁:《三州辑略》卷6，成文出版社1968年版。
② (明)魏象枢:《寒松堂集》，山西人民出版社1992年版，第729页。

续表

旌表时间	姓氏	丈夫姓名	丈夫身份
乾隆四十二年	瓜尔佳氏	三虎	正白旗满洲阿琳佐领下马甲
乾隆四十三年	乌扎拉氏	巴云阿	正白旗满洲伍云珠佐领下马甲
	锡拉努特氏	董宁	正蓝旗蒙古三启克佐领下马甲
乾隆四十四年	札噶齐氏	观住	镶黄旗蒙古富兴保佐领下马甲
	莽努克氏	西尔胆	正蓝旗蒙古三启克佐领下马甲
乾隆四十五年	吴佳氏	得凌额	镶蓝旗满洲纪录保佐领下马甲
	瓜尔佳氏	达三太	镶黄旗满洲贵保佐领下马甲
乾隆四十六年	孙氏	四达色	镶蓝旗满洲纪录保佐领下马甲
乾隆四十九年	索启尔氏	德隆阿	正黄旗满洲大达色佐领下马甲
	吴佳氏	德克精布	正黄旗满洲大达色佐领下马甲
乾隆五十年	富察氏	景福	正黄旗满洲莫尔根佐领下马甲
	鄂岳尔氏	富森布	镶白旗满洲安中布佐领下马甲
	瓜尔佳氏	富灵保	镶蓝旗满洲鄂尔吉佐领下马甲
	赵佳氏	库库尔	正黄旗蒙古来明阿佐领下马甲
	什英尔氏	七十六	镶白旗满洲安中布佐领下马甲
乾隆五十二年	吴佳氏	得克京厄	正蓝旗满洲西凌阿佐领下马甲
乾隆五十三年	朱氏	贾福	正黄旗满洲常清佐领下马甲
乾隆五十四年	瓜尔佳氏	扒山	镶白旗满洲安绅克佐领下马甲
	瓜尔佳氏	凌德	镶白旗蒙古良太佐领下马甲
	周氏	凤林	正红旗满洲萨里纳佐领下马甲
	石佳氏	珠明阿	镶蓝旗满洲传尔洪阿佐领下马甲
乾隆五十五年	张佳氏	富常	正红旗满洲萨里纳佐领下马甲
	赫佳氏	颜禄	正红旗蒙古禄克京额佐领下马甲
	瓜尔佳氏	色清阿	镶红旗满洲常山佐领下马甲
	富察氏	花纱布	镶红旗满洲常山佐领下马甲
	阿布拉尔氏	六十七	镶红旗蒙古凌得佐领下马甲
	韩氏	苏太	蓝旗蒙古富清额佐领下马甲
	萨克塔氏	海保	镶蓝旗□□付尔洪阿佐领下马甲
	五佳氏	杨桑阿	正红旗满洲灵太佐领下间散
乾隆五十六年	哈尔吉氏	图桑阿	正黄旗满洲灵太佐领下马甲
	牛呼哩氏	裕保	镶黄旗满洲七凌阿佐领下马甲

续表

旌表时间	姓氏	丈夫姓名	丈夫身份
乾隆五十六年	黑佳氏	伊明额	正蓝旗满洲承德佐领下马甲
	马甲氏	定福	镶白旗蒙古福兴阿佐领下马甲
	赫舍里氏	苏金太	镶蓝旗满洲传勒贺佐领下马甲
	瓜尔佳氏	百岁保	正红旗满洲萨里纳佐领下马甲
乾隆五十七年	富察氏	五十一	镶白旗满洲安绅布佐领下马甲
	王佳氏	伯云保	正白旗蒙古明德佐领下马甲
	阿斯图氏	金福	镶红旗蒙古凌德佐领下前锋
	伊尔根觉罗氏	阿克东阿	正白旗满洲扎锡佐领下马甲
	伊尔根觉罗氏	超凌阿	正黄旗满洲灵太佐领下马甲
	王氏	惠保	镶白旗满洲绥德佐领下马甲
乾隆五十八年	那喇氏	和僧额	正白旗满洲苍太佐领下马甲
	赫舍里氏	海林保	正黄旗满洲色克图佐领下间散
	白佳氏	关宁	镶白旗满洲安绅布佐领下马甲
乾隆五十九年	瓜勒佳氏	特通额	正蓝旗满洲札隆额佐领下马甲
	杜里氏	什德	正红旗满洲存家保佐领下马甲
	袁氏	卓凌额	镶红旗满洲常山佐领下马甲
乾隆六十年	赵佳氏	达音太	正蓝旗满洲札隆额佐领下马甲
	李佳氏	阿勒京额	镶黄旗满洲署承德佐领下马甲
	乌佳氏	观太	镶黄旗蒙古额勒京额佐领下间散
	田佳氏	根宁	镶蓝旗蒙古佟信佐领下马甲
嘉庆元年	邢佳氏	伊勒图	正红旗蒙古禄克京额佐领下马甲
嘉庆三年	鄂卓特氏	德克金布	正红旗蒙古克孟额佐领下马甲
	马佳氏	月宁	镶蓝旗满洲札郎额佐领下马甲
	朱佳氏	常有	镶白旗满洲安绅布佐领下马甲
嘉庆四年	王佳氏	忠绅保	正白旗满洲富全佐领下马甲
	刘佳氏	海澜	镶白旗满洲多敏佐领下马甲
	高佳氏	渭和岱	镶白旗满洲多敏佐领下马甲
	那拉氏	德明阿	正蓝旗满洲札隆额佐领下马甲
嘉庆五年	伊拉哩氏	佟山	正黄旗满洲伊明阿佐领下马甲
	伊拉哩氏	都隆阿	正黄旗满洲富宁佐领下马甲
	沙尔图勒氏	官凌	镶白旗满洲多敏佐领下马甲

续表

旌表时间	姓氏	丈夫姓名	丈夫身份
嘉庆五年	宁古塔氏	福禄	镶红旗满洲德清阿佐领下马甲
	他他拉氏	和成保	镶黄旗蒙古额勒京额佐领下前锋
	伊尔根觉罗氏	郝楞额	正红旗满洲当伦布佐领下马甲
嘉庆六年	巴雅尔拉氏	伊凌阿	正黄旗满洲英太佐领下马甲
	罗佳氏	诺音太	正黄旗满洲英太佐领下间散
	瓜勒佳氏	公格保	镶蓝旗满洲札郎阿佐领下马甲
嘉庆七年	白虞特氏	因保	正蓝旗满洲多隆武佐领下马甲
嘉庆八年	瓜尔佳氏	琪琳保	正黄旗满洲富宁佐领下马甲
	土鲁努特氏	官全	镶蓝旗蒙古拖布奇佐领下马甲
	那拉氏	粮保	镶黄旗满洲富凌佐领下马甲
	白佳氏	佟禄	镶红旗满洲德清阿佐领下马甲
嘉庆十年	图尔努特氏	多禄	镶红旗满洲德清阿佐领下马甲
	纳拉氏	中福	镶蓝旗满洲成格佐领下前锋
	张佳氏	五凌阿	镶白旗满洲绥德佐领下马甲
嘉庆十一年	噶尔特氏	莫尔太	正黄旗蒙古巴哈啦佐领下马甲

资料来源:(清)和宁:《三州辑略》卷6,旌典门,成文出版社1968年版。

表6—2　　乾嘉时期古城(今老奇台)满营节妇统计

旌表时间	姓氏	丈夫姓名	丈夫身份
乾隆三十九年	伊尔根觉罗氏	特住	正红旗蒙古对齐佐领下前锋
乾隆四十年	伊尔根觉罗氏	道保	镶白旗蒙古巴格佐领下马甲
乾隆四十一年	舒氏	和隆武	镶黄旗蒙古石家保佐领下领催
乾隆四十二年	瓜尔佳氏	得什	镶白旗蒙古巴格佐领下马甲
乾隆四十三年	伊尔根觉罗氏	顾纳	正黄旗满洲傅森太佐领下马甲
	克楚特氏	朱隆阿	正白旗蒙古达浪阿佐领下马甲
	富察氏	五十一	镶红旗蒙古石家保佐领下马甲
乾隆四十五年	佟氏	舒敏	正白旗满洲达浪阿佐领下马甲
乾隆四十六年	赫舍里氏	六十三	正蓝旗蒙古关保佐领下马甲
	噶佳氏	佟安	正黄旗蒙古富森太佐领下马甲
乾隆四十七年	巴雅拉氏	白达色	正白旗蒙古他思哈佐领下马甲
乾隆四十九年	关氏	皂保	镶黄旗蒙古六十五佐领下马甲

续表

旌表时间	姓氏	丈夫姓名	丈夫身份
乾隆五十年	索佳氏	吉住	镶白旗蒙古七达色佐领下马甲
	王佳氏	韦陀保	镶蓝旗蒙古宁阿佐领下步甲
乾隆五十一年	舒木鲁氏	额尔得你	镶白旗蒙古保浪阿佐领下马甲
乾隆五十五年	富察氏	林住	镶黄旗蒙古六十五佐领下马甲
乾隆五十七年	李佳氏	佛得保	正白旗蒙古他思哈佐领下步甲
乾隆五十八年	季佳氏	六十九	正黄旗蒙古诺尔布佐领下马甲
乾隆六十年	鄂勒佳氏	小小见	正红旗蒙古明福佐领下前锋
嘉庆元年	莫勒折勒氏	佟格	正蓝旗蒙古六十八佐领下马甲
	托和落氏	勒凌阿	正红旗蒙古明福佐领下马甲
嘉庆二年	牛胡鲁氏	额勒登保	正红旗蒙古明福佐领下马甲
嘉庆四年	瓜拉佳氏	那月珠	正蓝旗蒙古尧住佐领下马甲
嘉庆五年	塔塔尔氏	萨哈布	镶黄旗蒙古穆通阿佐领下马甲
	富察氏	杭什	正蓝旗蒙古尧住佐领下马甲
嘉庆八年	杨吉尔氏	哈思哈	正黄旗蒙古色保佐领下马甲
	杨察氏	巴里珠	正白旗蒙古博陈武佐领下马甲
	吴氏	札勒杭阿	正红旗蒙古阿布太佐领下马甲
	郝舍勒氏	宁古奇	镶红旗蒙古拜灵阿佐领下马甲
	赵氏	来保	正蓝旗蒙古尧住佐领下马甲
嘉庆十一年	魏佳氏	保明	镶红旗蒙古佛二卿额领下马甲
	特木克氏	乌灵阿	正蓝旗蒙古尧住佐领下马甲

资料来源:(清)和宁:《三州辑略》卷6,旌典门,成文出版社1968年版。

表6—3 　　　　　　　乾嘉时期乌鲁木齐地区烈女和节妇统计

旌表时间	姓氏	所在区域	身份及原因
嘉庆九年	关成氏	巴里坤	正黄旗蒙古和僧阿佐领下马甲图榨谦本之妻,因强奸不从被害殒命
嘉庆十年	闫张氏	绥来县	民妇因被强奸不从致遭惨杀
嘉庆十一年	朱王氏	奇台县	民妇因被调奸捐躯明志
乾隆四十八年	徐侯氏	迪化州	民妇因被奸不从致遭残杀
乾隆五十年	侯氏	奇台县	民妇因被奸不从致遭残杀

资料来源:(清)和宁:《三州辑略》卷6《旌典门》,成文出版社1968年版。

　　根据表 6—1、表 6—2 和表 6—3 可以统计出乾隆、嘉庆时期，乌鲁木齐地区及古城满营，其"节妇"达到了 115 人，"烈女" 5 人。当然，这还没有考虑漏报、漏记等记载不全的因素，其人数是相当多的。从而可以看出在乌鲁木齐地区，尤其在满营这个小团体中，清代统治者对"节妇、烈女"等女性道德精神的宣扬和极力倡导的情形。"乾隆十五年至六十年（1750—1795），由朝廷旌表的仍达到了 33679 人，年平均为 732 人；嘉庆一代（1796—1820），较之乾隆时旌表人数又有所增加，在总共 25 年里，批准了 20179 人，年均达 807 人。"① 而且根据表 6—1 和表 6—2 的统计，能推断出满营中守节妇女众多的原因，除了特殊的身份及较高的社会地位要求她们成为普通妇女的表率、较为容易受到更多传统女性道德精神的说教和宣扬、清政府对她们的优遇政策以及比较完备的社会生活保障机制外，还与下面几方面原因有紧密的联系：首先，政府极力倡导妇女的贞节观，不仅在内地，即使在边远地区也是如此。之所以在边疆地区也采取同样的措施，一是让女子（主要是寡妇）为丈夫、为男子"守贞从一"所采取的一种手段，且对其还不断进行妇女道德操守舆论灌输，以及不厌其烦地进行劝惩措施的教育，以此达到给妇女造成巨大的社会舆论压力，使其保持所谓"好女不嫁二男"传统妇道；二是通过"节妇、烈女"精神道德的极力宣扬，以使边疆地区的思想文化氛围形同内地，改变边疆地区粗狂、野蛮的民风。可以使移民们虽生活在边疆地区，但却感受到形同内地的人文环境，从而能更安心在边疆地区生活。因此在乌鲁木齐地区更是如此，迪化城内东街就"建女坊一，系前故迪化府张守朝开镒之妾曾氏，年少殉夫，奉旨敕建"②。其次，政府之所以不断加强和完善了对"节妇、烈女"的旌表制度，目的就是使更多的妇女按照传统道德标准来要求自己并严格遵守，以能够得到朝廷旌表为荣。而在守节期间，并能够得到政府或社会上的物质资助，甚至一些家族为了鼓励族内

　　① 郭松义：《清代妇女的守节与再嫁》，《浙江社会科学》2001 年第 1 期。

　　② 《迪化县乡土志·地理》，中国社会科学院中国边疆史地中心编：《新疆乡土志稿》，全国图书馆文献缩微复制中心 1990 年版，第 15 页。

寡妇守节，也给予她们大量的物质帮助①。限于目前的史料，还没有发现乌鲁木齐地区关于这方面的记载，不过笔者于2013年6—8月在该地区进行田野调查时，当地的老人告诉笔者，在当时对于守节的妇女会得到政府和本村乡绅、大户的经常性资助。如上文所列举的田家大户田德禄就曾经常资助河西村曹氏的生计。但总体来说，由于乌鲁木齐地区宗族系统还不成熟，经济发展相对比较落后，其资助也较为有限。不如内地宗族和家族那样，不仅建立了资助标准，有的甚至还成为族内一种固定制度。

总之，由于统治阶级不遗余力地进行传统妇德的倡导、宣传与社会舆论灌输，则出现了女青年失偶如"或不能守，其姊妹多耻之"②的社会现象；而在江南等地区甚至出现了一些可怕场面③。有的寡妇，尤其是较为年轻的寡妇，她们为了避免出现"寡妇门前是非多"的一些闲言碎语和周围人士强大的社会舆论压力，几年甚至数十年期间她们都不敢迈出大门一步，使她们也不得不被迫沦为"从一不二"传统妇女道德的社会牺牲品。根据表6—1和表6—3的统计，乌鲁木齐地区的节妇和烈女的人数亦不少，而且从方志记载中，也没有出现像内地这样的可怕情况，这可能与政府对乡村社会控制力较弱有一定的关系。

同治、光绪年间（1864—1878）的持续动乱，乌鲁木齐地区人口的丧失严重，也迫使地方政府不得不对人口进行再次整合。社会人口构成发生了明显的变化，在绪论中已有说明。但从建省以后至宣统年间，各地方志中关于烈女、节妇的记载相对较少，甚至在较多的地方志中就没有涉及。现就根据所研究区域中相关乡土志和方志中的记载，就有关史料摘录如下：

---

① 这里引用有关苏州地区的两条史料，"寡妇守三年者，本房房长及亲支保明，批给本名一户米，五年以上加一户，十年以上加二户，十五年以上加三户，二十年以上加四户；三十岁以内守节至五十岁者，已合国家旌表之例，优加五斗；如内有子孙者，再加一户；如本族聘他姓女未成婚而亡，能归本族夫家守者，给加"［乾隆（苏州）《范氏家乘》卷15］；而席氏孀妇赤贫为夫守节，"虽在壮年亦准给米，如有幼稚子女，照口发给，子壮其子停给，孀妇不停"。（光绪《唐氏世谱载记》卷12，《义庄条规》；转引郭松义《清代妇女的守节和再嫁》，《浙江社会科学》2001年第1期）

② 光绪《吴川县记》卷2，转引郭松义《清代妇女的守节和再嫁》，《浙江社会科学》2001年第1期。

③ "彼再嫁者，必加戮辱，出必不从正门，舆必毋令进宅，至穴墙乞路，跣足蒙头，群儿鼓掌掷瓦石随之"。（钱泳：《履园丛话》，中华书局1979年版，第635页）

"谨考道光年间,有双烈女者,系姑嫂二人,忘其姓氏,世居木垒河。嫂乃童养媳,姑亦未嫁,家素贫。其父早故,其母尝为稳婆。有邻近无赖子往请其母与伊妻导产,窥见少烈女,少艾,遂萌淫欲。乃将其母送至己家,返身复去,大肆强暴,双烈女叫骂不从。一被无赖子所杀,一羞愤自尽。地方鸣官,置无赖子于法,禀请奏立专祠于奇台,春秋享祀,祠前立有碑石。嗣古城张成独捐银两,另行建祠于木垒河街。"①

"又古城户民冯克仁之妻张氏,美而贤。同治三年逆回变乱,随夫逃匿南山之巅。贼酋闻其质丽,欲夺之,率党围困。张氏知贼为己来,以衣襟复面,扑于崖下而死;又王节系古城巨商王春发等之母也,其夫王林早逝。该氏矢志靡他,抚子成立。光绪十六年,地方扬其事于上,奉旨旌表,建立专坊;又李节妇,系东乡户民李因光之妻。光绪二十六年,李因病故,家贫无子,该氏从容就义,慷慨捐躯。该处绅、约人等不忍烟(淹)没,公禀立案,有卷可稽。"②

回乱时,"死难旗兵妇女一并袝祀,并于祠(三忠祠)东建立总坊一座。西关外有王刘氏节孝坊一座,系光绪四年表建"。③

昌吉县有节妇二人,"虽于目例微有不合,然亦足以资后来之感动,与本境乡贤同一为宜彰表也。任阎氏,县分属黄草湖民,任满礼之妻。满礼贫乏,商省不常归,氏奉舅姑以妇道,兼子职执箕视膳礼无不周。光绪二十六年四月二十六日,满礼病故,氏三日不饮食,获以身殉,时年二十又四。三十一年秋八月,地方胪其事于官,奉旨已旌;焦张氏,县分属和庄民,焦禄妻,孝翁姑,礼兄嫂夫子前,和顺以敬宗族,赞其贤,人言无间。光绪三十年九月,内(焦)禄病,氏衣不解带。禄死三日,既成茔,氏以一子女,分乞其嫂与母为教养无何,氏沐浴更衣奠茔后仰药以殉,时年二十九岁。三十三年秋绅民

① (清)杨方炽:《奇台县乡土志·耆旧录》,中国社会科学院中国边疆史地中心编:《新疆乡土志稿》,全国图书馆文献缩微复制中心1990年版,第64页。

② 同上书,第65页。

③ (清)杨方炽:《奇台县乡土志·地理》,中国社会科学院中国边疆史地中心编:《新疆乡土志稿》,全国图书馆文献缩微复制中心1990年版,第73页。

闻于上行入告而旌表焉"。①

"惟查有节妇二人,附载氏族条下。虽于目例征有不合,然亦表彰之意云尔。查陕民蒲廷佐之妻王氏,因夫族死守节。适有邻户潘姓,用财物将王氏之父母贿通,强夺其志。王氏过门时饮泣吞声,即服毒身死。地方乃揭其事,知县黄廷珍重惩潘姓,扬其事于上,奉旨旌表阖邑,绅民荣之;又本境黑凉湾户民陈姓之妻张氏,性纯孝,姑早寡守节四十余年。张氏竭奉养得姑欢。未久夫死,以事其姑。有邻户杜姓者,肆意横暴,率众强夺。该氏沿路骂不绝及,入门欲以计脱,乃将马桢火之,众往扑,张氏乘间逃。知县黄廷珍闻之,乃严治杜姓,赠氏家一门履双节匾额,至今任犹啧啧称道焉。"②

根据上面所摘录的史料进行统计,从道光至宣统年间,"节妇"7 人、"烈女"4 人③。其"节妇"中带有"自愿"性自尽的 3 人,守节终寝的 4 人;烈女中由于强奸(娶)不从而死亡的 3 人,战乱被迫死亡 1 人。根据上面的史料,除可以统计节妇及烈女的人数外,还可以反映出她们的行为得到了地方政府和乡村士绅阶层的极力支持。地方各级官员不仅扬其事于上,而且还给予他们一定的精神鼓励,如绥来知县黄廷珍赠张氏一门的履双节匾额;古城乡绅张成独捐银为姑嫂二人建祠于木垒河街,春秋享祀。她们也被当地百姓们啧啧称道,并成为学习和效仿的榜样,甚至当地民众因为她们而深感荣幸。从这些少数的地方志记载中可以看出,尽管政府和乡绅阶层仍对"节妇、烈女"行为给予精神鼓励,但积极性却不如以前那样高涨。这种情形在对于喀什噶尔游击刘乾福之妾刘白氏旌表过程中能够看出,地方大员对此的态度也不太积极。

---

① 《昌吉县乡土图志·耆旧录》,中国社会科学院中国边疆史地中心编:《新疆乡土志稿》,全国图书馆文献缩微复制中心 1990 年版,第 100 页。

② (清)杨存蔚:《绥来县乡土志·氏族》,中国社会科学院中国边疆史地中心编:《新疆乡土志稿》,全国图书馆文献缩微复制中心 1990 年版,第 138 页。

③ 就目前来看,针对节妇或烈妇的划分有不同的标准,一般把自尽而死的称为"烈女",笔者认为这样有失欠缺,主要因为自尽有外界被迫自尽和"自愿"自尽两种情况,在本节的划分中,把带有"自愿"性的殉夫划为节妇中,而被迫性的则划为烈妇。其中,"对死难旗兵妇女一并袱祀,并于祠(三忠祠)东建立总坊一座"一条,由于其具体人数无法统计,并没有计算在内。

奏为烈妇夫亡殉节恳:

恩旌表以维风化,恭折仰祈。

圣鉴事,窃据新疆布政使丁振铎,详准喀什噶尔道黄光达,咨据疏勒直隶州知州石本清、疏附县知县刘兆松详称,已革副将衔新疆补用游击刘乾福,湖南邵阳人。其妾白氏,系甘肃固原州民白复生之女,秉性柔顺。光绪十七年刘乾福纳为簉室。十八年刘乾福因公被议,派往喀什噶尔提标效力。二十年冬间,刘乾福在差次患病,白氏侍奉汤药,衣不解带者累月。刘乾福病重,白氏旦夕祷神,愿以身代。二十一年正月十二日,刘乾福病故,白氏呼号痛哭,誓不欲生。家属闻知,昼夜防范,无间可乘,遂脱簪珥殡殓如礼。二月二十七日,值刘乾福生辰,白氏沐浴更衣,诣柩前仰药哭奠,一痛而绝。该员等谊属同乡,见闻确切,不忍听其湮没,造具事实册结。由道加结,详同核转前来。臣查官员身故,其妻妾殉节者,由同乡官于服官省份,呈明奏请旌表。今已革副将衔,新疆补用游击刘乾福之妾白氏捐躯,殉节义烈,可嘉合无,仰恳。

天恩俯准饬部,照例。

旌表以彰节烈而阐幽光,除将册结咨部外,谨会同陕甘总督臣陶模、甘肃学政刘世安恭折具陈。伏乞。

皇上圣鉴训示,此案改题为奏,合并声明,谨奏①。

总之,与建省后相比,就地方志中关于节妇、烈妇记载数量明显减少,此种现象不得不引起我们的思考。出现这种情况的原因究竟是什么呢?是政府不再倡导还是对节妇、烈女观念发生了改变?这是很值得我们思考和探究的。

第二节 妇女婚姻观的转变与社会建构

"天地合而万物兴焉,夫昏(婚)礼万世之始也";又说"昏(婚)

---

① 烈妇白氏之夫殉节恳恩旌表折(光绪二十六年六月初四日),达力扎布主编:《新疆巡抚饶应祺稿本书献集成》第4册,学苑出版社 2009 年版,第73—76 页。

姻者,将合二姓之好,上以事宗庙,而下以继后世"①。用我们今天的话
来解释就是:由于有完整意义上的婚姻才有夫妻和比较确定的父母、子女
关系,才形成了一个个相传承,大小不同的家庭。众多的家庭组成一个复
杂的社会,于是才有了民族和国家。所以社会学家把婚姻、家庭和性,看
成是人类初级的社会圈②。由此可见,婚姻不仅仅是一种自然行为,更属
于一种人类社会行为。因此,在一定的社会区域内,妇女婚姻观的改变,
对同时期的社会秩序构建具有非常重要的影响。当然,影响妇女婚姻观改
变的因素很多,如社会经济的发展,政策的改变,文化教育水平的高低和
普及程度、宗教信仰、交通和通信技术、人口区域结构与民族的构成及对
外交流等。但就晚清民国乌鲁木齐地区而言,影响妇女婚姻观的主要因素
则是人口来源多区域化和民族构成、宗教信仰及居民文化的多元化。尤其
是同治、光绪年间持续动乱之后,移民人口结构重新进行了整合,与动乱
前相比较,人口的来源区域更加广泛,民族之间不断相互融合,持有不同
婚姻观念的人群之间相互影响,导致多种婚姻理念的交汇,这对社会婚姻
的重新建构有着非常重要的影响。根据新疆建省前后乌鲁木齐地区人口的
来源来看,女性大多来自内地各省份的农民家庭、遣犯及商人眷属等;从
民族成分上看既有汉、回、满,还有维吾尔、哈萨克、俄罗斯等民族;后
来,这些家庭的人口不断繁衍,子女也越来越多,由此形成男女之间的婚
姻关系,从而结成了新的社会姻亲网络。

一 社会环境与婚姻的互动关系

前文已经提到,新疆建省以后,从地方志的记载来看,关于"节妇
和烈女"的记载人数则明显减少,出现这种情况的主要原因是人口结构
发生了巨大的变化。当然,作为典型的移民社会——晚清民国乌鲁木齐地
区,政府为了有效维护自己的统治,除在民间极力倡导妇女从一守节的女
性道德的同时,但也不得不面对当时移民社会人口结构的现实,即现实社
会存在一些要求寡妇再嫁的强大的社会压力。因为当时社会上人口性别比
例严重失调,如果再仅仅沉湎于传统妇女道德说教,对她们进行精神上的

---

① 钱玄、钱兴奇等注译:《礼记》下册,岳麓书社2001年版,第811—812页。
② 郑杭生:《社会学概论新修》,中国人民大学出版社1994年版,第215页。

禁锢，再也不可能起到决定性的作用。更何况我们从人性的角度来看，如果再要求大量妇女按照古代妇女行为准则而进行"守节"的话，从根本上也显示出男女社会地位上的严重不公平性及人类社会的虚伪性。也可以说是对妇女生理和心理上人为地严重摧残。鉴于移民社会男女比例失调的严酷现实，当时一些比较开明的乡绅和地方精英人士注意到了移民社会这种实际情况，他们甚至也做出与当时世俗相悖的决定，不但没有遭到周围民众的反对，相反，他们的行为却赢得了周围大多数人的尊重与敬仰，至今仍被作为佳话而被广为流传。如前文提到的安宁渠村田家大户的田德禄就是非常明显的一例。

田二爷的长子田玉翱于 1944 年被国民党抓去被迫当了"壮丁"。经过一年多的疲劳征战，积劳成疾，酿成肺心病，于 1945 年 6 月去世。留下不到三十岁的妻子和四岁的儿子田广义。按照当时女人没有地位的世俗社会惯例，年轻的媳妇如生有一男孩，丈夫因病或意外伤害先逝，她不得不守家和抚养孩子长大成人，并为老人养老送终，这将是她重要责任和义务。但经过夫家族人的同意，也可以"坐产招夫"；假若生有女孩，就可以带女儿改嫁。这样来说，田玉翱之妻必须为丈夫守节，并承担抚养孩子的重任，或坐产招夫，这也符合当时社会对妇女的要求。但身为庙会会长，在当地享有崇高威望的田二爷，却是一位性格耿直豁达、善解人意的地方精英人物。他认为长子走了，不能再让年轻貌美、贤惠柔弱的长媳终日以泪洗面、死守活寡，毅然做出了惊世骇俗的决定：认儿媳作"闺女"，并给她找婆家，让她有个好的归宿，以过上幸福美满的日子。并且还为她准备了绫罗绸缎等丰厚的嫁妆，于 1946 年 9 月将她嫁到八道湾一位姓张的大户人家。1949 年农历九月九日田二爷去世之日，其长媳也赶回"娘家"，作为"女儿"为其守孝①。虽然田二爷的决定在当时来说有违背世俗的一面，但他的事迹却作为佳话在当地被广为传颂。这在一定程度上也说明了时人对"节妇、烈女"的观念逐渐淡化，对寡妇再嫁也不再会给予强烈的谴责或设置种种障碍。当然，这种观念的转变还有比较复杂的社会因素，下面就对当时复杂的人文环境加以分析。

---

①　此段是根据田广荣的《怀念爷爷》（2009 年）和田德禄之孙田广智的口述而写。

（一）性别比例严重失调是社会环境与婚姻互动的最主要动因

19 世纪 60—70 年代，为了恢复和发展动乱后的农业经济，政府通过鼓励与制定多种优惠的移民政策，吸引了大批的内地和疆内移民到乌鲁木齐地区从事屯垦，以增加农业劳动力，恢复农业经济。通过这些移民措施所增加的人口存在一个重要的社会问题，就是男女比例严重失调，甚至是处于极其不正常的状态。从前文所列表 1—1 中就可以看出，迪化县男女性别比例高达 190∶100，最低的阜康县也达到了 128∶100，平均达到了 162∶100。而根据学者姜涛的推算："清中后期的男女比例大致在 113—119∶100 之间，男子远远多于女子"①，而此时乌鲁木齐地区的性别比则远远大于这个平均数值，这就会使得相当多的男子无法找到固定的配偶。如果再加上某些男子的"一夫多妻"和部分女性从事青楼职业等其他因素的存在，将会有更多的男子终生不能够娶妻，这种情况在乌鲁木齐地区则变得更为严重。面对如此严酷的社会现实，如果再按照传统社会那样大力宣扬"节妇、烈女"的妇女观念，使大量"守节"妇女存在的话，无疑则更加剧了男子娶妻的困难。下文关于婚姻类型章节中，三十多岁的男子未曾娶妻不得不参与到服役婚中来，并由此所引起的婚姻纠纷是屡见不鲜的，可见当时大多数男子娶妻是非常困难的。由于战争、疾病以及繁重的体力劳动，常常会使一些已婚男性过早去世，而其妻子的年龄大多是在15—35 岁。因此，从年龄上来看，她们都是可以通过再婚重新组织家庭。如果当时还用传统的女性道德精神伦理说教来严格要求她们的话，这不仅是对她们生理和心理需求的一种严重摧残，而且在人口性别比例严重失调的乌鲁木齐地区，社会中、下层普通男性本来已是难于寻觅女性伴侣的情况下，更无异于雪上加霜，从而增加了社会不稳定性的因素。

晚清民国乌鲁木齐地区的很多成年男性，往往由于生理需求导致了很多抢醮、逼醮、抗媚，甚至通奸、强奸、鸡奸等事件，以及由此导致了各类刑事和民事案件发生，严重影响了社会的稳定。如吕宗禄入赘别人家，故欲中止与西宁人陈才的鸡奸行为。陈才不允，怒杀吕宗禄②；"山西人

---

① 姜涛：《中国近代人口史》，浙江人民出版社 1993 年版，第 300 页。
② 宫中档朱批奏折 04—01—27—0013—02，乌鲁木齐都统"奏为审明陈才因奸谋杀吕宗禄身死案按律定拟事"，嘉庆八年七月二十一日。

李自义与吴才娃之妻吴刘氏通奸，给予其财物。后李自义无钱再给，便与吴刘氏断绝奸情。吴刘氏屡屡相邀李自义，均遭拒。后起争执，李自义殴伤吴刘氏并致死"①。再如前文所列《绥来县乡土志》的记载，潘姓强娶蒲王氏，导致蒲王氏服毒身死；杜姓抢孀妇陈张氏，虽陈张氏逃脱，但在社会上产生了很大的负面影响。并且这样的事情在近代乌鲁木齐地区却呈现出愈演愈烈的趋势。甚至有的趁其夫外出，欲与其妻通奸者，有的直接抢亲，欲将其占为己有的，这样的案件频繁发生。

查已故商民郭玺之妻梅花，年仅二十有四，貌美贤惠。民国五年遭变，被贼抢去为妻。现在，被缠回阿有普赎回为妻。但此女系卑职两姨兄妹，不得不恳请做主，追出另配，实沾恩便于无既矣，理合呈明②。

宋罗氏状告陈鞋匠。民夫宋继业前往阿山挖金未回，小民母子二人静守家庭，毫无奸邪行为。现有陈鞋匠与夫素有相识情形，因此，陈鞋匠趁其民夫未回，伊来小民房内百般调戏，又用银钱意欲勾引。小民致（执）意不从，该陈某又于黑夜前来杠门。又由窗内泼水，小民不能安居。经院邻又用好言相劝，免如此妄为，诚恐闹出是非。该陈鞋匠色胆包天，视法如毫，任意习委又在背处警言，行为如此伤民，何能甘忍。因此请县长做主，伸冤惩治，以安民生③。

从上面所列举的案件来看，晚清民国乌鲁木齐地区成年男性择偶已经非常困难。而妇女守节在相当程度上则更会加剧男女比例失调所造成的矛盾，这就促使某些人不得已而做出某些不理性的反应，从而使社会秩序出现不稳定的现象。但是从人类生理的自然需求来看，不得不说他们的行为

①　宫中档朱批奏折04—01—26—0033—050，署乌鲁木齐都统刘芬"奏为审明阜康县客民李自义因奸叠扎吴刘氏身死案按律定拟事"，嘉庆二十二年七月二十七日。
②　户民梅花就被贼抢去为妻现恳追回另嫁一事的呈明（民国七年十一月二十三日），新疆维吾尔自治区档案馆藏，档案号：M1—27—308。
③　宋罗氏状告陈鞋匠企图调戏民妇的情由一状（民国十三年十一月十八日），昌吉市档案馆藏，档案号：J1—1—27—1。

在某些方面也具有一定的合理性。由此可见，性别比例严重失调的社会环境，致使成年男子做出某些不理智的行为，这样二者之间就会产生一个互动过程。在这个过程中，就促使"贞节"观念逐渐淡化，妇女婚姻观也会随之发生很大的转变。

(二) 家贫子幼而无经济来源的严酷现实是二者互动的又一动因

在封建男权社会之中，男子无疑在家庭中居于主导地位，是家庭的支柱和经济生活主要的来源。相反，妇女则处于从属的社会地位。移民社会中成年男性居民，大多是只身来到陌生环境中进行打拼，他们的财富积累是相当缓慢的，所以成熟的家族系统在短时期内也不可能形成与发展起来。即是说，晚清民国乌鲁木齐地区的居民中，中下阶层在相当长的时期内仍居于多数，大户及富有阶层则相对较少。"移民社会的阶级结构和职业结构都比较简单，除少数富裕的人之外，大多数是下层人民。"[①] 这就意味着大多数中青年家庭中，如果丈夫一旦意外去世，妻子就失去了生活的经济来源，生活上立时就会陷入窘境之中。再说，由于移民区还没有形成较为成熟的宗族或家族社会，因此不可能出现像江南和华北地区那样，寡妇可以得到本宗族的大量资助而得以守节。所以对于贫困的寡妇来说，她们为了能够正常的生活下去，不得不在经过夫家或族人的同意或自己做主，招赘后夫或选择再嫁。而对于这样的再嫁之妇，周围的人们往往会持有同情甚至理解的态度。面对这样的社会现实，大多民众很难对她们的行为有谴责的理由。因此，家贫子幼、无所依靠和无法获取经济生活来源是促使寡妇婚姻观念转变的另一重要原因，在移民社会中更是如此。

寡妇招婿一般来说是由于孩子幼小，需要抚养，家中劳动力短缺及家庭财产不致流失等多种原因促成的。主要是由夫家做主，为年轻寡妇招赘后夫，以免自己的财产被族人或旁人或丈夫的兄弟染指、吞灭，只好通过坐产招夫的方式而加以保全，以留给亡夫的子女。一般被招婿之人将会承担更多的责任，除要照顾老人、抚养孩子、承担家庭劳动外，还改换姓氏以承嗣，负责养老送终等。而且在他们生活的过程中，要正确处理好与承嗣之家庭成员之间的关系，不然将会受到欺辱、排挤，甚至会产生激烈的冲突。既然社会现实环境已经迫使大量寡妇再嫁或招赘后夫，这样也致使

---

① 陈孔立:《有关移民与移民社会的理论问题》,《厦门大学学报》2000 年第 2 期。

人们的"贞节"观念逐渐淡化，对于减轻移民社会男子娶妻难度是一种有力的缓解，从而更有利于维护社会稳定。

（三）从熟人社会到陌生社会是社会环境与婚姻互动的重要原因

所谓的熟人社会，更为通俗地讲，我们可以认为是"小圈子"的社会，是费孝通先生在 20 世纪《乡土中国》中提出的概念。认为中国的传统社会是复杂庞大的关系网，而这种关系网是通过人与人之间的私人关系而形成的①。易言之，就是他们在迁移到乌鲁木齐地区以前所生活的社区，人与人之间都有一定的社会关系；但相对于他们迁移到乌鲁木齐地区后来说，则完全是一个陌生社会。在这样的社会中，他们为了扩大自己原来社会生活文化影响，便通过各种方式不断进行宣传。当然，他们也在积极改变自己的文化，以融入目前所生活的多元文化区域环境中。笔者于 2010 年在乌鲁木齐市曾参加过一个朋友的婚礼，他在迎娶新娘的过程中出现了这样一件意想不到的事情。这件事情我们不妨先给它定名为"离娘肉的故事"，也许能从一个侧面来说明在多元文化的区域中，婚姻风俗存在的差异性问题。

新郎来自四川广元，而新娘则来自河南濮阳，两人也是经过几年的恋爱才得以喜结连理，将走进婚姻的殿堂。结婚当天，新郎家完全按照四川广元婚姻仪式迎娶新娘，一大早到了新娘家。而新娘家则对这样的婚礼安排不同意，要求按照新娘家的婚姻仪式进行。但她们的焦点无非就是女方要求男方给一块大约二十斤左右的猪肉（在婚礼中称之为"离娘肉"）后方可上婚车。男方开始坚持不给，并声称要严格按照他们老家的传统婚俗进行，结果双方造成了僵持不下的局面。当然我们今天谁也不在乎二十斤猪肉多少钱的问题，而是双方都要坚持按照老家婚俗来办理。男方家人认为我家娶媳妇就要按我们的婚俗办，而女方则认为婚俗都不按照我们家的办，女儿嫁过去岂不受气？最后经过协商，还是按照女方的婚俗办理，才使婚礼得以顺利进行。

---

① 费孝通：《乡土中国》，上海人民出版社 2013 年版，第 58 页。

　　从这则婚姻故事中我们可以看出，区域不同其婚俗也会有所差别。当然我们今天遇到这样的事情都会很容易地协调解决。而这种事情在晚清民国时期，甚至在 20 世纪 60 年代还是非常难以调解的问题。这则故事告诉我们在不同的区域，往往由于婚俗不同，会造成种种矛盾甚至冲突，这种现象在以移民为主的乌鲁木齐地区则更为常见。看似这与本节论述没有多大的联系，其实笔者的主要目的在于说明这样的一个道理：区域不同，婚俗存在差异，那么文化区域不同对寡妇再嫁的看法是否也存在不同呢？对寡妇守节是鼓励还是反对？笔者于 2013 年 8 月在吉木萨尔县三台镇调查时，在镇政府的安排下就此问题询问了羊圈台子村陈杨氏老人。她今年九十四岁，祖籍是陕西宜川县，她的祖父是跟随逃荒队伍于 19 世纪 80 年代移民来到羊圈台子落户的，至今已一百四十余年。就寡妇再嫁问题，老人给笔者讲述了宜川人的看法，当时还令笔者半信半疑。

　　对于死了妻子的男人，如果想要再续弦（再娶老婆）的话，他们也常常要求媒婆给予介绍寡妇，一般是他们不会再要求娶室女（未婚女子）的。即使同时有寡妇和室女，对于他们来说，也是优先选择寡妇而不是室女。老人给出的理由则是寡妇与室女比较起来，寡妇更善于治理家庭以及处理各种家庭及邻居之间的复杂关系，这样更有利于丈夫在家族中树立自己的威信。对于此种婚姻观念的解释，陈杨氏的儿子却补充说：丧妻男子经常留有前妻的子女，而且以前家庭中常常几代人住在一起而不分家，家庭十分庞大。因此，家族内部各种人际关系也较为复杂，往往许多家庭矛盾交织在一起。在这样大的家庭环境中，则对于初嫁室女来说，是无法应对和处理各种复杂的家庭矛盾与人际关系。但相对于寡妇来说，由于已经具有这方面的经验，更善于处理这些关系，而室女与之相比则不具备这样的能力；再者，与室女相比较，寡妇的社会阅历等方面则更加丰富，对如何处理和摆平家庭矛盾，她们能够做到恰到好处。而对于再婚男子而言，所需要地则是一个好的贤内助，而不是太在意女子以前的婚姻状况。其目的就是使妻子管理好家庭的各项事务为首要任务，而不至于使家庭出现矛盾四起的情况，显然这比娶一个室女来说要划算得多。所以很多再婚男子愿用重金招娶寡妇而不会感觉丢了脸面，这在当时来说还是较普遍存在的一种社会现象①。

当然听了陈杨氏及她儿子的解释，看似有一定的道理，但笔者的疑虑并没有完全消除。在吉木萨尔县档案馆及地方志办公室并没有查到相关的记载，询问其他工作人员，他们也无从知晓。回来后，笔者在查阅《宜川县志》时，却有这样的记载，可以证实陈杨氏老人的说法，"至丧妻再嫁（娶），率重寡妇而轻室女，以室女不谙操作，寡妇必善持家。一有寡妇，居为奇货，索价动逾百金，恬不为怪"②。居然将寡妇视作奇货，并且不惜重金予以争相迎娶，这在当时已不是奇怪的事情了。可见，重金争娶寡妇在当地来看应该是一个较为普遍的社会现象，而寡妇再嫁不会再受到时人的谴责。

除此之外，从熟人社会到陌生社会，由于缺少了周围熟人的监督和社会舆论的强大压力，对于那些本想再嫁的寡妇来说，则是心理和生理上长期遭受压抑的一种释放。在熟人社会中，她们也迫于"贞节观念"的束缚和周围熟人的讥讽，想嫁却不敢再嫁，而正是在这种强大的社会舆论压力之下，从而不得不忍受生理和心理上的双重压抑。而到了陌生社会，她们则相对比较随意地按照自己的意愿行事，如"我们当地风俗就是如此"（鼓励寡妇再嫁）为借口给予解释或周围人可能也这样认为。当然，不管其是否真实，社会周围的人民也许会不断地效仿，从而在一定程度上可以促使"贞节"观念的淡化，寡妇再嫁进而会得到时人的认可。正是在这样的社会背景之下，很多年轻寡妇在思想上也抛弃了传统妇德的说教，走上再嫁的道路。甚至在乌鲁木齐地区，还出现一女嫁数次的事情，如本书所举王占元之女就是如此，而王占元夫妇对此事亦不觉得为耻，可见她们父辈的"贞节"观念就已经比较淡化了。

大多在乡村，特别是在偏远的移民社会中（清代民国乌鲁木齐地区就是如此），由于特殊的社会环境，促使了当地妇女不再受传统"贞节"

① 本段是根据吉木萨尔县三台镇羊圈台子村陈杨氏的叙述整理。郭松义先生在《清代妇女的守节和再嫁》一文中也持有相似的观点。

② （清）吴炳：乾隆《宜川县志》卷1，《中国地方志集成》第45册，凤凰出版社2007年版。

观念的束缚，寡妇的再嫁率就会较高。相反，在一些中心地区，"尤其像江浙和京师周围，受传统道德说教影响较深，社会舆论压力较大的地区，妇女守媚比例就相对要大得多"①。总之，以同治、光绪年间持续动乱为界点，通过这两个时期地方志记载的"节妇和烈女"人数的变化，进行统计与对比，清代乌鲁木齐地区的满营及中心城镇，这些地区的"节妇和烈女"人数相对于乡村要多得多，即是很好的明证。也就是说，随着社会环境发生了变化，传统的"贞节"观念与现实的社会环境不断互动，最终从大力宣扬古代妇女的"贞节"观到战乱后其观念不断弱化，对于男子娶妻难度也有一定程度的缓解，从而对维护社会稳定具有一定的作用和积极意义。

二　环境与社会互动中的婚姻观念转变

（一）择偶网络②：从亲缘向地缘的转化

不同区域的人群迁入乌鲁木齐地区，重新进入了一个新的社会环境，从一个熟知文化的环境进入了多元文化交汇的陌生社会环境，新的文化环境对人们的择偶标准会产生较为重要的影响。从总体上看，其择偶网络经历了从熟知社会中的"亲缘网络"向陌生社会中"地缘网络"的转变过程。迁徙到居住地之初，他们处于一个完全陌生的环境中，彼此之间互不了解与认识。几年以后，子女的年龄到了择偶之际，他们优先在自己的亲戚或朋友这样小圈子范围内或一同迁移来的小团体当中选择。因为他们之

---

① 郭松义：《清代妇女的守节和再嫁》，《浙江社会科学》2001 年第 1 期。

② 王跃生先生用"通婚圈"概念来表示择偶的区域范围。并认为在中国古代以耕作为主，交通落后，缺少迁移流动的农业社会，婚姻圈比较狭小。主要原因：一是婚姻方式和信息渠道限制了婚姻圈的扩展；二是"从夫居"为主的婚姻习惯下，对女方来讲，无论家长还是女性本人，都希望婚嫁行为发生后，相互之间仍能经常来往。在交通工具落后时代，要保持这种密切关系，只有嫁在近处，才能方便走动。（《社会变革与婚姻家庭变动——20 世纪 30—90 年代的冀南农村》，生活·读书·新知三联书店 2006 年版，第 96—97 页）同时杜赞奇基于施坚雅"婚姻圈与集市圈相一致的观点，基层市场社区中有一种农民内部通婚的特别趋向"的观点，也认为"出嫁闺女的村庄坐落于婚娶媳妇村庄的'联姻范围'之内，这一范围可能独立于集市圈之外。其辐射的半径可能以一定时间内步行可达到的距离为准，亦可以原有联姻范围为准"。（《文化、权力与国家——1900—1942 年的华北农村》，江苏人民出版社 1996 年版，第 18 页）因所研究的区域与社会状况不同，本书中所说的"择偶网络"与王跃生与杜赞奇所说的"婚姻圈"也有所不同。

间相对比较熟知，能够比较好地相互进行沟通和了解。如前文提到的四十户村村民黎文玉老人的妻子就是他的表妹；羊圈台子陈杨氏与丈夫是同村，也都是从宜川县一块迁移而来的同乡。这种"亲缘网络"中的婚姻在迁到乌鲁木齐地区之初，甚至数十年内都是择偶优先选择，这主要是因为他们在母体社会长期发展和生活的过程当中，他们的择偶空间与心理距离已经达到完全重合的状态。郭松义对这种婚姻过程也认为，迁移到一个新的区域，"因为情况和条件都改变了，他们与母体社会，即原居地的婚俗行为，也会显示出一定的差异性。反映在婚聘上，打破了以往相对封闭的地域格局，有条件进行多种选择。一般情况是，在移垦初期，人们多采用回原籍择偶，或在客地乡亲中结亲，慢慢地有人尝试在土客和不同原籍的客客之中联姻"[1]。郭先生说的回原籍寻找配偶一般发生在迁移到东北地区的移民。就在 20 世纪 70—80 年代这种婚姻关系在东北地区仍然大量存在。而在乌鲁木齐地区则几乎很少发生，其原因就是新疆与内地之间有长距离沙滩与戈壁的阻隔，交通限制使得这种情况不可能或很少发生，即使发生其成本也是相当高的。后来随着与周围人相互之间的了解和认知并彼此逐渐熟悉以后，择偶圈子也慢慢地发生变化，日趋突破了"亲缘网络"的限制，逐步向"地缘网络"转化。同乡之间有很多共同点，如方言、饮食、思想观念、婚姻风俗等，而且心理上的亲近感也容易使他们相互之间加强了解。当然还有很多同姓为婚者，各县民国档案资料中经常出现，这更多地反映了当时百姓"婚姻圈"的狭窄，社会环境使得他们没有更多的选择余地。当时，乌鲁木齐地区地广人稀，经济、交通、通信等方面尚不发达，致使他们没有更多的机会相亲相遇，所以他们择偶的范围只能局限于周围几里、几十里之内，甚至同村为婚者也比较常见，这种情况主要是由他们的生活范围和自然环境所决定。

笔者在玛纳斯县凉州户镇调查时，凉州户及其周围的几个村落大都是从甘肃凉州地区迁移而来的。从村落形成至 20 世纪 70 年代，青年男女择偶基本上是以祖籍为凉州的范围内进行选择，很少与其他区域通婚的；乾德县（今米东区）西宁大庄子是一个回民村落，村中青年择偶目前仍保

---

① 郭松义：《清代婚姻关系的变化与特点》，《中国社会科学院研究生院学报》2000 年第 2 期。

留着"亲缘网络"或"地缘网络"的范围以内。由于受到宗教影响，与接受现代教育相比，回族男青年更愿意经商。但是，他们由于资金的限制，大多是在本村或本镇从事一些小本的生意，活动范围就使得他们择偶区域相对要狭小得多。而且，在择偶上，他们认为双方同为穆斯林的为最佳婚配。对于与非穆斯林婚姻，古兰经有严格的规定和限制。而"本民族通婚中，除了同父或同母的兄妹之间不能通婚之外，只要是同吃过一个母奶的，不管有无亲戚和血缘关系都不能通婚。但是姑表兄妹之间的通婚则不受限制。过去这种姑表亲上加亲的现象，在回族聚居区是比较多的"①。记得笔者于2010年在古镇达坂城进行考察时，当地一位杨姓老人告诉笔者达坂城这样一种情况："新中国成立前，达坂城的女孩非常漂亮，就像王洛宾在《达坂城的姑娘》中写的那样。但近几十年来，这里的女孩子却越来越丑，不怎么漂亮了。主要是因为新中国成立前，来到这里的回族民众大都是从其他各地迁移而来的，彼此之间没有血缘关系，青年男女相互通婚，出生的孩子都很漂亮。但经过几十年的发展，这里的户民之间或多或少的都有亲戚关系，形成了一个比较紧密的亲戚网络，而婚姻仍在这个亲戚圈的范围内进行。近亲结婚，尤其是表兄妹之间通婚的较多，严重影响下一代"。老人所讲情况是真实存在的，在笔者所走访的几户20世纪50—60年代出生的村民中，夫妻双方是表兄妹关系的占有相当大的比例。不过近十年来，随着回族青年文化水平的提高和国家优生优育政策的宣传，他们的活动范围也逐渐扩大，这就给予他们更大的择偶空间，大多婚姻突破传统的血缘和地缘关系限制，甚至族际通婚也很常见，尤其是回、汉通婚较多。

（二）女性稀缺：由"媒妁之言"到婚姻及家庭的主动权

中国古代传统婚姻的一个重要特点是青年男女择偶婚配没有自由选择的权利，主要是由父母等长辈给予选择，即我们经常所说的"父母之命，媒妁之言"。甚至在古代国家法律上都有明文规定："嫁娶均有祖父母、父母主婚，祖父母、父母俱无者，从余亲主婚；其夫亡携女适人者，其女从母主婚。"② 也就是说，在古代婚姻中，如果没有自己长辈主婚，从法

① 楼望皓：《新疆婚俗》，新疆人民出版社2006年版，第59页。
② 《大清律例通考校注》，中国政法大学出版社1992年版，第443页。

律上来说这种婚姻是无效的。古代青年男女在择偶上没有自主选择的权利，甚至从提亲、相亲至结婚，男女之间从没有见过一面的大有人在。因此还常出现相亲、拜堂结婚是一个人，而晚上行洞房花烛之夜的却是另外一个人的替婚现象。当女方发现时，往往采取隐忍的态度。既然生米煮成了熟饭，也只能是委屈自己凑合着度过一生。

由上文分析可知，作为新垦区的乌鲁木齐地区，晚清民国时期的人口结构是男多女少，性别比例严重失调，已经达到了极不正常的状态。不可否认的是，正是这种情况存在，即女性从而可以作为一种稀缺资源，在很大程度上能够更加有效地按照自己的意愿来控制婚姻上的某些行为。这种情况存在，无疑在某种程度上有利于提高整个女性群体的社会地位。反映在婚姻关系及家庭生活上，则以往女性被奴役的家庭地位会逐步得到改变，于婚姻选择和家庭事务方面还具有了一定的主动权，甚至决定权。有的丈夫明知妻子与别人有奸情只能规劝却不敢休妻。如"殷可珀之妻余氏与李伏通奸，为余氏次子六三子发现，六三子随将此事告知其父殷可珀。殷可珀遂令其妻断绝与李伏之奸情关系，但余氏不听，仍与之通奸"[1]。后由李伏因奸久生情，欲与余氏私奔，余氏不从，结果殷可珀一家三口被李伏所杀；"陕西人张成与杨玉玺之妻王氏通奸，后被杨玉玺得悉，杨玉玺规劝其妻无效，只得纵容"[2]。而且，在一些家庭婚姻中，女方也不是完全处于弱势群体，由乾德县的一份离婚协议也可以看出，当时女性在家庭中所处地位的改变，已经达到男女平等，甚至在某些家庭女性起到决定性的作用。

　　为签请离婚备案事。窃查王士珍、陈月秋夫妇自结婚以来，情意不合，碍难同居，双方情愿离异，以后男婚女嫁各不相涉。只有小儿王成德，准其带养十五年。以后如有疾病，各由天命，敝人并不干涉。除登报声明外，理合澄清。

① 军机处汉文录副奏折03—2313—005，乌鲁木齐都统兴奎"奏为申明迪化州客民李伏因奸后拒挟根杀死奸夫一家三命一案事"，嘉庆十七年五月二十五日。
② 军机处汉文录副奏折03—2796—082，乌鲁木齐都统"奏奇台县客民张成逞凶杀人案"，光绪二十年十月二日。

县长鉴核备案施行，谨呈。

乾德县县长　闫[①]。

这些情况的出现，与女性稀缺有极为密切的关系。由此可见，这些在偏远垦区的女性，由于具有资源稀缺性优势，再加上她们脱离了旧风俗、旧道德等社会环境的束缚。最主要的是没有了熟人的监督，甚至有人认为自己可以不拘社会道德伦理行事。相对于以上所列婚外性关系案件而言，寡妇再嫁也很少受到社会上的歧视。甚至有的寡妇一嫁再嫁，而无妻鳏夫，甚至未婚青年对之仍是趋之若鹜。如昌吉县王占元之女先嫁于梁家，后其丈夫死于匪乱，又嫁于刘好元之长子。不料刘好元之长子在安宁渠下苦时染病身亡，再嫁于刘好元之次子刘玉连，而其父王占元又欲毁婚，想将其女再嫁他人[②]。不但如此，有的妇女为了自己能够保持婚外奸情或欲另嫁他人，还时常以婚配失当作为理由，威胁丈夫，使其服从或放任自己。甚至还以离婚为要挟，强迫丈夫给娘家父母或兄弟一定的钱财，有的还出现了"一妻多夫"的群婚形式，在这种不正常的社会环境中出现"不正常"甚至畸形的婚姻形式。

总之，晚清民国乌鲁木齐地区，作为典型的移民社会，由于社会环境多种因素的影响，各种社会力量与之产生了不同程度的互动关系，从而使传统的"贞节"观念逐渐弱化，婚姻理念也处于不断的变化之中，出现了各种具有区域性特征的婚姻类型。而这些婚姻类型的存在，是与当时社会环境不断互动和博弈的结果。

---

① 关于王士珍与陈月秋的离婚签呈（民国三十一年九月四日），乌鲁木齐市米东区档案馆藏，档案号：J8—4—71—9。

② 刘玉连状告王占元挑唆其妻不回夫家所引起的婚姻纠纷一案（民国三十六年十月二十一日），昌吉市档案馆藏，档案号：J1—24—2。

第 七 章

环境与社会秩序的构建（下）

——以婚姻类型和个案分析为例

　　婚姻是指男女两性的结合，并且此种结合是为一定的历史时代和地区内社会制度及其文化和伦理道德规范所认可的夫妻关系。采取什么样的婚姻形态与一定社会下的经济、政治和文化道德规范有着密切的联系①，可见一定的婚姻形态研究可以更好地反映相应时期社会的全貌。因此，婚姻历来成为人类学、社会学、民俗学、历史学等学科学者所关注的主要对象之一；从另一个方面来说，如果想要了解"一个社会的活动组织、它的制度形式，以及赋予它活动的观念体系"②的话，婚姻关系无疑则是一个非常好的窗口。如前文绪论中所说，在乌鲁木齐地区这个典型的移民社会里，移民人口结构中一个最为突出的特征是性别比例严重失调，男多女少，已经成为影响社会稳定的重要因素。本章主要是对这几种婚姻类型及个案进行分析，进而揭示出当时移民社会婚姻特征和国家权力在构建社会秩序方面与环境的互动。

第一节　社会环境互动下的婚姻
类型及其个案分析

一　赘婚

　　赘婚，是中国古代社会乃至今天在某些区域仍普遍存在的一种婚姻，

---

①　王越平：《排斥与融合——四川白马藏族入赘婚的研究》，《西北民族研究》2008年第2期。

②　[美] 克利福德·格尔茨：《文化的解释》，韩莉译，译林出版社2002年版，第426页。

俗称"招女婿"或"倒插门"。可以分为两种：一种是无年限的；一种是有年限的。所谓无年限的是招养老女婿，即给岳父母家下一辈子"苦"，做一辈子"长工"，养活岳父母直到他们去世为止（多是在女方无男孩的家庭）。男方到女方家居住，婚后所生子女也随母姓。男方到女家后也有改姓者，给岳父母养老送终，永久居住妻家，则是我们所说的普遍意义上的赘婚（实际上大部分是岳父母去世后又回到男方家居住）。当然，这种婚姻一般出现在家庭贫困的男子。因家庭贫困常导致娶妻不易，素有"家贫子壮则出赘"之说；所谓有年限的多是指在一定婚姻成立之前，明确到女方家下苦期限，一般为五年或六年，甚至八年，期满后方允许男女双方结婚。女婿进女方门必须带一部分财产，其中，牛、马或麦子是必不可少的。同时还要有能吃苦的体力，到年限满时人家才能够允许姑娘和你结婚，否则可能还是不允许结婚的，此种形式也可称为服役婚。若在中途男死或女亡的，一般惯例是"男亡退一半，女死连根烂"，是说男的死亡了按他所带来的财产退还一半，女的死亡什么也不能得到。招女婿可以来弥补自己家劳动力的不足。贫雇农多是招出女婿，因为他们都是地没一分、橼无一根的光棍汉[1]。乌鲁木齐地区招赘婚所盛行的原因，主要是由于本土地广人稀，劳动力缺乏。本地人少，外省人多，因而贫苦农民家庭如果想要娶一个媳妇就十分不易，再加上封建买卖婚姻制度的普遍存在，导致了招女婿的家庭就相当多[2]。并且我们根据女方招赘时的身份不同，可以分为寡妇赘婚和室女赘婚（或称为服役婚）。

（一）寡妇赘婚

寡妇赘婚在西北各个省份以及华北的山西、西南地区的四川及江南的两湖和两广等广大农村区域广泛存在，有的地区还称为"坐产招夫"。从名称来看，寡妇招赘大多与财产有很大的关系。在一个富裕家庭中，如果男人意外去世，留下年轻寡妇、年幼的孩子以及大量家产，那么其丈夫的族人或者他的兄弟就会通过各种卑鄙手段逼迫寡妇改嫁，企图霸占或不断蚕食她们的财产。正是在这样的背景下，寡妇为了不愿使亡夫的财产被族人甚至亡夫的兄弟鲸吞、霸占、蚕食，就采取招赘后夫的办法，加以保全

---

① 《北疆农村调查》，中共中央新疆分局宣传部印，1953 年，第 17 页。

② 同上书，第 36 页。

亡夫资财，以此来留给亡夫和自己所生的子女。"寡妇恐人占其产而坐以招夫，鳏夫再得利其产而计图寡妇，媒妁说合有产之寡妇，可多得酬金，故有产之寡妇即可居之奇货也。"①从这条记载中可以看出寡妇招夫的主要目的是保全财产，而且寡妇再嫁观念与宜川县有相似之处，而鳏夫则看上了寡妇的财产，寡妇招赘则是为保全财产。在男多女少的社会中，鳏夫如能够被招为夫，不仅有妻为家，而且还有较多的财产可以享用，犹如今天平民男子娶富婆为妻。当然，这种婚姻观念在乌鲁木齐地区应广泛存在，且女方也往往采取主动，经过夫家同意后，以完成这种婚姻。而且这种婚姻多发生在富裕家庭或家族中，"富裕之家，子女不愿媳妇改嫁，而为之招夫"②。下面一例就是笔者在奇台县档案馆查找资料时所找到的一个典型案例，为了便于说明问题，将其诉状形式略有改变。

> 奇台县平定渠民妇赵潘氏，年二十八岁。其先夫赵洪均于二十二年匪乱伤亡，家主父母年老，妻子幼小，度日维艰。至二十四年冬，间有李克荣者，自愿与赵门承嗣。认民妇之翁父赵长荣为父，更名赵洪谥，招民妇为妻，以资养老抚幼。

根据上面的叙述，可知这是一桩典型的"坐产招夫"的入赘婚。作为事件重要参与者李克荣，也完全按照入赘的程序办理。自愿入赵家承嗣，并认赵潘氏之翁父赵长荣为父，更名为赵洪谥，实际上就是取代了赵潘氏之亡夫赵洪均的位置。李克荣的主要任务是替赵洪均抚养幼子和给其父养老送终。如果李克荣安分守己地履行自己的义务，那么在当时来说，应该是一桩美满婚姻。但李克荣的主要目的不是入赵门承嗣并履行对赵家的责任和义务，而是看上了赵家的财产，再看下面赵潘氏诉状中所称：

> （没曾想李克荣）进门将近一年，至二十六年春间，该伊良心已

---

① （清）聂焘：《镇安县志》（乾隆）卷6，《中国地方志集成》第30册，凤凰出版社2007年版。

② 余正东等编：《洛川县志》（民国）卷23，《中国地方志集成》第48册，凤凰出版社2007年版。

变，唆使民妇随伊分居别度。民妇一时受其愚弄，即将赵门衣物、首饰等席卷一空，出外居住一年有余。至二十七年秋间，该伊将民妇带去之各物花费净尽，反将民妇百般殴打。民妇受磨不过，即控至县府。经周前县长、司法刘主任会审判结，两造离异，令民妇仍归赵门，俱各有案。

从赵潘氏的诉状中，可以看出李克荣在入赵家近一年中，应该是完全按照入赘要求尽自己的义务，并取得了赵潘氏的信任。但一年后，在李克荣的挑唆之下，赵潘氏将赵门之财物尽行带去随李克荣分居别度。但一年多的光景，李克荣将赵潘氏所带财物挥霍净尽，并对其施以家暴。由于赵潘氏不堪忍受而被迫告官，后经县府司法审判，两造分离。如果事情到此为止，也不会再有后面的纠纷，但事实上，李克荣却是一个地痞无赖之徒，对赵潘氏仍然纠缠不休，事情还远没有结束。

迫后，该伊（李克荣）从军，屡告不休。此次该伊呈控司法处，将民妇传案候讯。将近两月审讯，一次未结。该伊与上星期将民妇之子女二人偷驮而去。且此案词讼五年之久，府外有案私下和解之人证。何以该伊自恃势力强迫民妇为妻历年，词讼久不结案。情延至极，谨此具禀，呈。

原告：赵潘氏；被告：李克荣①。

县府司法处作出两造分离的判决后，李克荣从军，但却屡次状告赵潘氏。在当时来看，其目的还是垂涎于赵潘氏之财产与娶妻困难，并想与之和好。但赵潘氏经历了前面的教训以后，与他分离之意已决。李克荣始终不能得逞，竟然偷偷驮走赵潘氏的两个子女，致使案件久拖而不能结案。对于该案的最终判决，笔者在档案馆并没有找到。当然笔者列举该案件的主要目的是说明当时寡妇赘婚这种婚姻类型的存在，并不是要说明整个司法案件的处理过程。但在移民社会中，各类移民良莠不齐。尤其对年轻寡

---

① 具呈平定渠民妇赵潘氏年二十八岁为谋产骗妻久不结案仰恳（民国三十一年十月二十五日），奇台县档案馆藏，档案号：J5—14—4。

妇来说，作为社会弱势群体，一些地痞无赖等不安本分之人，只图谋她们的财产而无实质婚姻的事件也不断出现，造成了很多社会问题。

"坐产招夫"发生在富裕家庭是司空见惯的事了，但在一些贫困家庭也会出现这种婚姻形式。如"民国时期绥来县东罐子地吴全福家，他的大儿子死了，大儿媳就给二儿子；二儿子死了，现在又给儿媳招一婿，这种不合理的婚姻是在不合理的社会制度下产生的。由于劳动人民的贫困迫不得已走上招女婿的道路"①。吴全福本属于贫寒之家，用数十年的积蓄为大儿子娶了媳妇。不想大儿子去世，经过撮合，长媳改嫁于次子。不曾想，吴全福次子也早早去世，他的儿媳再次成为寡妇。吴全福两个儿子过早去世，乃决定为儿媳招夫以承嗣。当然这个事例与赵潘氏案例不同的是，贫寒人家招夫的主要目的是承嗣，而富裕之家是为了保全亡夫的财产。

寡妇"坐产招夫"以承袭其亡夫财产或者子死"以媳招夫"为承嗣。虽然某种程度上这种婚姻并不符合当时的社会礼制，但鉴于实际情况，乡人对此却习以为常。有的地区不但得以允许，而且还世代相沿并成为"俗例"，也得到了地方政府的默认。乾隆十一年（1746）在《清律》中就有"坐产招夫，听从民便。私拟图谋，有伤风化者，应申禁族邻禀逐"②的规定，即就是说，只有当寡妇所招之夫引起纠纷或有伤风化之事发生时，只要禀呈官府，国家政权才会会同其族人进行干预，像前例赵潘氏与李克荣所发生婚姻纠纷案即是如此。

（二）室女赘婚——服役婚

服役婚也属于入赘婚，但女方多为未婚女性，也称为"室女"。根据其服役的期限长短不同，可分为终生入赘和短期入赘两种。服役婚在中国社会中已有很长的历史，早在原始社会母系氏族向父系氏族转变时期就已经出现，是一种以男子赴女家服劳役为结婚条件的古老婚姻习俗。这种劳役等于男子向女家支付妻子的身价，是对女家失去一个劳动力的先期赔偿。通常服役都有一定的期限，服役期满，男子才可以携带妻子儿女返回

---

① 《北疆农村调查》，中共中央新疆分局宣传部印，1953 年，第 18 页。
② 《大清律例汇辑便览》卷 10，《户律·婚姻》，湖北臧局，同治十一年（1873）刻本。

男家①。但也有的男子终生生活在妻家以弥补劳动力的不足或为女方承嗣并为女方父母养老送终的。

　　晚清民国乌鲁木齐地区，由于男女比例严重失调，甚至导致了整个社会人口结构处于畸形的状态。男多女少已经成为制约成年男性寻找配偶的重要因素。作为新垦区的乌鲁木齐地区，人少地多，需要大量的劳动力，正是基于这样的背景下，服役婚在本地区得到了广泛流行。调查时，据七十岁以上的村民回忆，他们的父辈或祖辈的婚姻接近一半都是服役婚。"这里还盛行一种招女婿的风气。女婿招到家来，有五、六、七、八年的，也有永生一世的，人家可以要他去卖零工或雇出去拉长工。"② 男方一般要在女方家下苦五年至八年的劳动期限，甚至也有一生都是在妻家生活的。在女方下苦期间，女方可以随时将其雇出做短工或长工，以此作为换取老婆的条件。因此，也有部分女方家庭的父母以此来骗取男方的财产和劳动力的。"被招女婿的农民，常有白白等了几年，老婆却没有得到手的。一种是岳家借口他干活不行，还没有苦满就被开除了，也就不给工资；一种是时间未满就与女方发生了关系，被岳家抓为藉词逐出来，但也有因此男女双方私自皆逃的。"③ 但是，当时出现第一种情况的较多，不但进门时的财产无法要回，而且对于服役婚的男方一般都是三十岁左右的单身汉，已错过了适婚年龄，几年下苦时间，耽误了婚娶，有的因此可能终生未能娶妻。而相对女方来说，年龄较小，招婿时十一二岁，几年以后才十六七岁，对其影响不大。如"文家庄任云被招为养老女婿时三十二岁，女十一岁。东罐子地高进兴招养老女婿二十六岁，女十六岁。石家庄石生福招养老女婿时三十二岁，女十二岁"④。因此，有些男方也因下苦后被逐而与女方之间发生纠纷，甚至状告到官府。奇台县小屯户民桑顺状告刘隆安即是比较典型的案例，但此案例中的毁婚原因也相对比较复杂。

　　　　具告，小屯户民桑顺，年五十二岁，系甘肃人。为勾串破婚，乞

① 《中国大百科全书》第 10 册，中国大百科全书出版社 2009 年版，第 377 页。
② 《北疆农村调查》，中共中央新疆分局宣传部印，1953 年，第 17 页。
③ 同上书，第 25 页。
④ 同上书，第 17 页。

恩做主,俯准调查究追事。情因民子桑林风于民国二十七年二月间给刘隆安招婿,同让婚人泽胜基、孙团总立有合同婚证书。言明自带小麦四石,骒马两匹,苦工三年为满后,妥实立书。该刘隆安计谋乘能勒逼苦工四年,诚恐异日发生纠葛,惟马年满归回。至三十年春间,也已三年苦满,尚完婚。后所生一女不许归家,该伊起诉到案。经司法前主任讯解,公民助洋七十五元,准其夫妇回家并马匹带回,以清纠葛。到今年马匹羽惯、刁横。且近年来,该刘隆安与泽胜基同谋,挑唆民媳。况泽胜基实系该伊之大女婿,其女六月间病故,至今该刘隆安主谋使儿媳同伊姐夫同居一处,诡串起诉到司法案下,意图破婚,到今两月未能讯结。任其母女自由,该伊等不瞿公法明条,事出如此,无法奈何,只得叩恳县长案下,为民做主,传集到案,以讯自明①。

该案例中,桑顺之子桑林风于民国二十七年(1938)二月,由泽胜基和孙团总两人做媒证并立有合同婚证书,给刘隆安招婿。自带小麦四石,骒马两匹,下苦三年满后许二人完婚。但苦满三年后,刘隆安要赖,不但不许二人完婚,而且想乘机要桑林风再苦一年。而桑顺却认为,下苦不能延长,唯恐刘隆安赖账,日后再发生纠纷。桑林风在刘隆安家下苦期间,与刘隆安次女已发生关系,并生有一女,刘隆安也不许他们所生之女回桑顺家,并将此事告案。经司法官员调解,由桑顺出洋七十五元作为补偿,准桑林风夫妇回家并可将原带马匹带回,以此解决两家纠纷。但是,事情到此并没有完结。媒证泽胜基是刘隆安的大女婿,并且在民国三十年(1941)六月,泽胜基之妻病故。因此,刘隆安与泽胜基二人同谋,从中挑唆,使桑林风之妻与泽胜基同居一处,意图破坏桑林风夫妇的婚姻。并诡串起诉到县府,以破除桑林风与次女的婚约,至今已两月却未能讯结。

在刘隆安招婿的整个过程中,刘隆安并没有像前文所说的两种情况来处理问题,"一种是岳家借口他干活不行,还没有苦满就被开除了,也就不给工资;一种是时间未满就与女方发生了关系,被岳家抓为藉词逐出

_____

① 具告小屯户民桑顺年五十二岁,系甘肃人为破婚乞案(民国三十年四月二十九日),奇台县档案馆藏,档案号:J5—1—142。

来"。这就说明，桑林风在刘家下苦的表现得到了刘隆安的认可。即使桑
林风下苦期间与刘隆安之次女发生关系并生有一女也没有遭到驱逐，说明
当时刘家对这门婚姻表示无异议。那么为什么会发生刘隆安要求桑林风再
延长下苦一年或意图破婚的事情呢？可能与泽胜基之妻病故后，其有意想
再续娶桑林风之妻为妻，并从中挑唆有关。

对于流行于晚清民国乌鲁木齐地区的招女婿的婚俗，20 世纪 50 年代
中央新疆分局宣传部在北疆，尤其是在乌鲁木齐地区做了调查，并编写了
《北疆农村调查》一书中，对当时招女婿的婚俗有这样的描述：

> 招女婿是以做苦长工若干年，为当女婿的条件，这是一种变相雇
> 佣劳动剥削的巧妙办法。一部分原因是由于买卖婚姻盛行所造成的，
> 被招女婿的自然都是精强力壮的青年。农民事先双方认定，被招女婿
> 的确要替招女婿家苦上五六年或十年八年长工，这期间不给工资，只
> 供穿吃。年数苦满了才能把女儿或妹妹嫁给他，结婚时不再花"财
> 礼"。婚后继续住岳父家，但可以独立户头。岳家分给一些地种，维
> 持两口生活。但同时仍要帮忙岳家干活，没有报酬。也有婚后没有分
> 家的，而算作为岳父家的一分子，如老汉韩金，是其在大恶霸李洪元
> 招赘的妹夫[1]。

当然，以服役为主要条件的入赘婚之所以在乌鲁木齐地区盛行，主要
是由于社会环境因素的影响。笔者在绥来县调查时，找到了韩金的儿子，
他告诉笔者："当时成年男子很难找到媳妇，贫困家庭更是如此。他的父
亲常年在舅父李洪元家做长工，因为踏实能干，故招赘其父为妹夫，终生
住在李家（至今都是如此），并分给韩金夫妇几十亩耕地。平时农忙季节
时，韩金就给李洪元帮忙。当韩金有困难时，李家也会给予帮助，实际上
是亲戚之间的互帮互助。"

二 骗婚

对于移民社会而言，人口结构中性别比例失调是常见的社会现象。然

---

[1] 《北疆农村调查》，中共中央新疆分局宣传部印，1953 年，第 24 页。

而正是这种情况，女性就成为一种稀缺资源，从而导致了很多社会问题的发生。尤其是在不同文化和地域背景下的群体中，社会各方面存在比较大的差异，更是引发了多种社会矛盾和冲突。以骗取钱财为主要目的骗婚事件在乌鲁木齐地区则较为流行，并且产生了较多的婚姻纠纷。在民事档案诉讼案件，婚姻方面就占有较大的比例，昌吉县河州工户民马会岭状告马忠义便是一例。

> 与河州工民户马忠义答应将小女给小民为婚，不准小民对别人谈叙此事。伊与小民给了七万两工银，二石小麦代种。言定八个月工银三十万两，两石小麦。现在小民家父令伊请同媒证，将婚姻说好再苦。(但)马忠义推脱说是伊女尚小，再苦一二年。这赖再释，小民知伊设计哄骗①。

马会岭与马忠义同属于河州工户民。从其诉状上来看，既然马忠义将小女许配给马会岭，并且说定马会岭先付给马忠义七万两工银和两石小麦，然后言定到马忠义家下苦八个月，以顶工银三十万两及两石小麦。马会岭之父遂要求马忠义聘请媒证，先将婚姻说好后再到他家下苦。本来这是当时服役婚姻正常的要求和程序。但是，马忠义却以小女年龄尚小为借口，先让马会岭到他家苦一两年后再商量婚姻问题，这显然是不符合当时服役婚的程序。既然是光明正大的婚姻问题，为何不愿聘请媒证而且不让马会岭对别人谈及此事呢？恐怕一开始就是马忠义所设计的一场骗婚陷阱。笔者在昌吉市档案馆查找资料时，有一份较为完整的带有骗婚案件的卷宗，现予以摘录如下并说明当时骗婚事件。

> 具状人，小民王占元，叩祈县长做主讯断事。缘小民之女许给刘好元之长子为妻，不想其长子因病身亡，女被又许其次子为妻等情。蒙恩当堂讯明情由，民女自己回称，实在不愿与伊次子为妻。令小民回去，夫妇二人可以好好劝说，仍与刘好元次子为妻等。因遵示之

---

① 马会岭状告马忠义企图骗婚事情缘由一案（民国二十三年十一月二十六日），昌吉市档案馆藏，档案号：J1—1—38—1。

下，民即问女，屡劝不听，致（执）意不愿再进刘好元之门，何能为妻？小民乃系后父，也是无法。可该刘好元既云之长子去年七月之故，理应早为向民说知。民虽不能见婿之面，也可指出故堆。小民知道确情，方位（为）妥善。现在伊既如此欺民强占做事，律有明条，只得叩求县长做主，恩准以法讯断而结诉端，施行。

从诉状中可知，王占元悔婚的主要原因有两个，一是王占元原将之女许配给刘好元之长子为妻，不想他的长子在安宁渠下苦时因病身亡。但刘好元并没有将此消息及时告知王占元；二是刘好元想要王占元之女嫁给次子刘玉连为妻，而王占元之女却不同意。虽屡经王氏夫妇劝说，其女仍不从。而刘好元却要强做此事，所以发生婚姻纠纷，只得恳求县长做主，以法讯断。如果这件婚姻纠纷真的是像王占元所说的那样，此时只要王家悔婚，将刘家彩礼退回，有媒证作证，纠纷即可消除。然而事实并不是如王占元所说。就在王占元将刘好元之子刘玉连告官的同时，刘玉连也将王占元以拉去民妻，不肯送回为由也将其告于官府：

> 具呈人，户民刘玉连（刘好元之次子），年二十三岁。为主谋挑唆，霸乡不归，叩求县长恩准作主讯断事。缘小民前控告王占元，保结拉去民妻，不肯送回等情。蒙自邀请农、约等众在我院与王占元赔情下语，并议再送若干银两以被伊夫妇过度。该王占元坚抗不肯，奉将伊女许人。小民恩性，伊女不诚悦意。小民于未完给之前，请媒证与久抗，（王占元）不准民妻回家。小民诚恐发生是非，因此，叩求县长做主，核断以免婚姻，而免事端。

而刘玉连在诉状中坚称王占元是保结拉去民妻，不肯送回。并且邀请农官和乡约当面给予王占元赔情并商议再送给王家若干银两，但王占元却不答应这门婚事，仍决意将女再许嫁他人。从两人所呈递诉状中也各有说辞，难以分辨事情的原委，我们不妨看刘玉连的一份口供。

> 小人户务农，家有父一、母一、妹一，哥已不在。前年十二月与我哥（二十八岁）说的梁家姑娘（梁王氏，王占元的女儿）为妻，

彩礼十二万已经付过。说的是童养媳，今年正月领过来，那时我哥哥
在房子里。五月，我哥哥到安宁渠下苦，病死了，我们去看已经死
了。我与我父的主义（主意）对姑娘说，现在哥哥死了，你就与我
当媳妇，他（她）愿意了。十一月初二日，请的曾老五到娘家去说
这事，他回来说娘家已经愿意。曾老五去主说此事，□响□□□给的
现在老二娶了，我了愿意。（王占元）非要邀回去不可。我们不让他
们混闹不行，并要动武刁女上车走的。王占元的女儿，先嫁给了梁天
兴，因匪乱，梁天兴死亡，后又到刘家。午春间将女领到民家，不幸
□□□□□□，兄亡故，未曾完娶。小民于十一月初间，请曾老五与
梁寡妇（王占元之女）前去，通知我兄病故。现在与女商过，情愿
与民为婚，固（故）而梁寡妇听说，慨然捎话：是伊之家计困难，
不能前来吃酒。因为喜期促进，不便起身，令曾老五回来向小民交
代，教（叫）我们照耕完娶。因此，小民已于十一月二十七日拜堂
完婚。忽于前日小民岳母使令王占元呹车前来，民家再不提说小民完
婚两相商和之话，王占元就与媒人潘生中吵架。

刘玉连的口供，很明显推翻了王占元诉状中的两个原因，即刘好元长
子下苦因病而死及打算梁王氏嫁给刘玉连为妻想法及时告知了王家，并得
到了王家及其女儿的同意。在事件中刘玉连提到了重要的参与者曾老五，
即曾子恒，那么曾老五口供怎么说的呢？不妨来看看他的口供：

　　曾子恒距刘玉连十里路。刘玉连请的我和潘生中之子去的。说你
的女婿也死了，你的女儿现在就许与其二子玉连为妻，他王占元听后
认了。我回来对刘玉连家说，亲戚已里依了，但过事他们不来，叫你
们过去。过事必须我在场，以免他闹事。我还在距前我就去了石泉
子，我们去说话的时候，他们王家小女亦在房子里，正有房主王某在
房子。

曾子恒的口供与刘玉连口供基本吻合。我们再看看王占元提到的一位
事件的参与人王老四，即王立贤的口供：

十一月二十四日去说的。刘家二十七日要过事，开始说的是与大儿子过呢，并没有提死的话。王家以日子太近，姑娘太小，请挪日子，不知怎样出的这事。刘木匠在新户住，那天说话，他亦去的。现在，他们王家打点怎样的事，我们有听着，我听见王家人他说，现在是与刘家结亲。

曾子恒和王立贤的口供中主要的分歧点在于，当时是否提出刘好元之长子病亡的事情，就此事各执一词，难以决断。那么政府官员也不得不提审主要的当事人王占元之女梁王氏，其庭上的供词，就使整个事件的原委十分明了。

> 梁王氏：要将你给别人，你愿意不愿意？答：我死人也不愿意，刘玉连没有打过我，也没有骂过。过了事，我们两人很高兴，很和气。头先叫我不跟刘玉连回去的话，是我妈交（教）我说的，并不是我说的。我在小桃午房子住过两个晚上，现在我主意决定要和刘玉连回去，好好过，不后悔，决（绝）对不听我父母的话。如果反悔，愿再坐班房子。请将我放出去，我就回去，所供事实。

梁王氏与刘玉连两人生活在一起，属于你情我愿，生活和气，可以说是一桩幸福美满的婚姻。那么作为父母的王氏夫妇为什么以种种理由，拆散他们，意图另许他人呢？其实王占元的口供也倒出其实情：

> 今年二月二十三，邀女去再未回来，数年，收礼过了十万[①]。

王占元之女起先嫁于梁天兴，后梁天兴因匪乱死亡，又许配给刘好元之长子，其长子因病又亡。结果与次子刘玉连结为夫妻。经过几次婚姻，王家已经收礼超数十万两。并且当时的婚俗中，离婚后其婚前彩礼也不许退回的，并且以此还可以为要挟，女婿可以再给以钱财。通过一嫁再嫁的

---

① 刘玉连状告王占元挑唆其妻不回夫家所引起的婚姻纠纷一案（民国三十六年十一月二十八日），昌吉市档案馆藏，档案号：J1—24—2。

婚姻方式,已经成为当时部分人家发财致富的一种门路。因此,王占元以此想利用其女骗婚的形式以达到获取更多钱财的目的。更有甚者,有的农户为了解决当时的生活等方面的困难,将女临时许嫁他人,造成了一女两许或多许的情况,从而产生了骗财赖婚的婚姻纠纷。

> 情因客民之表弟郑星梁与民同住治下。该有沙河沿之吴兴、赵才、钟氏三人由下滩逃难上来,该吴兴养有孙女一个,未曾许人。本年春间央请媒人何兴顺、郑海清二人介绍,将孙女许与表弟之下婚配。是时言定财礼银十二万两,脂粉、首饰、衣物俱全。客民即送礼银二万四千两,花红酒以及脂粉共费银八万六千有零,均有花单。该伊家道贫寒,令女婿代种稻籽五斗,要用女婿垫给。只出工人一个,照获收后,后来人亦不出。客民无法,后又胡说孙女已许与他人,不久将要过门……①

三　买卖婚姻

买卖婚姻是指包括父母在内的第三者违反婚姻自主原则,以索取财物为目的、强迫他人结婚的行为,即指由这种行为造成的婚姻。广义的买卖婚姻还包括以聘金、聘礼、嫁妆等其他形式索取财物的婚姻。历史上买卖婚姻主要是指男子为购买妇女做妻,必须付出一定数量的牲畜、金钱或其他等价物②。其中,换亲、转亲、童养媳等婚姻都是包办买卖婚姻的不同表现形式。买卖婚姻在我国远古时期就已经广泛存在,即使到晚清民国时期亦是如此。把男、女婚姻当作一种特殊的买卖,体现出一种赤裸裸的金钱交易。地处偏远的乌鲁木齐地区,晚清民国时期由于特殊的人口结构,买卖婚姻则更加盛行,甚至成为极其普遍的一种婚姻现象,并素有“养羊造粪,养女解困”之谚。

> 买卖婚姻在这里是极普遍的现象。姑娘们一到相当的年龄,做父

---

① 呈控吴兴一女两许骗财赖婚的诉状（民国二十四年十二月）,乌鲁木齐市米东区档案馆藏,档案号:J8—3—112—6。

② 《中国大百科全书》第15册,中国大百科全书出版社1990年版,第282页。

母的就发动打听谁家给钱财多就给谁。如东罐子地张吕德女儿给梁秀庭要了四个元宝，四石大米，六石六斗麦子；袁生财女儿给张吕德儿子要了三个元宝，八石大米，十石麦子；焦家庄子张三胖一个十二岁的姑娘，去年给呼图壁一家，要了三个元宝，八石大米，十石葫麻①。

当时有许多小户人家，为了能娶上媳妇要欠下很多年的债。下庄子王德福在五年前娶了个媳妇，用了两个元宝，八石大米。据他自己说拉下的帐就有二十五石麦子左右，再要三年才能还完。由于只重金钱，对于女儿选择对象从来是不重视的。东罐子地梁老汉告诉我们，塔西河李克强将自己十七岁的姑娘，以二十两金子卖给了一个七十岁的老头子，当时只听别人说比女儿大不多，就很高兴地把女儿卖出去了②。

从上面的调查资料可以看出，民国乌鲁木齐地区买卖婚姻是广泛存在的，尤其是在农村中更是如此。买卖婚姻之所以如此盛行，其原因是受传统观念、地理条件、人口结构等多方面因素共同影响的结果，但最直接、最主要的原因还是贫困。乌鲁木齐地区虽然地广人稀，并不缺乏土地，但由于自然条件和生存环境的制约，维持温饱虽不成问题，但如果想要生活上得到根本的改善，仍然会制约大多数的农民。由于男女比例出现严重失调，男多女少，女性竟成为紧俏"商品"和稀缺资源，造成了成年男性择偶特别困难，对家庭贫困的男性更是如此。当女方以此为借口索要高额彩礼时，男方只能设法加以满足而无其他选择，从没有讨价还价的余地，所以素有"养女解困""新疆女贵"之说。而对于女方来说，一方面他们通过女儿的婚姻可以索取大量的彩礼来改变当前贫困的生活状况；另一方面有的家庭通过女儿的婚姻可以为自己的儿子娶妻积累大量财富，以此来解决自家的经济困难，而不至于欠下高额的债务。苦就苦在只有儿子没有女儿或儿多女少的家庭，往往因儿子的婚姻问题使家庭陷入赤贫的状态。

针对乌鲁木齐地区买卖婚姻情况，还具有以下几个特点：首先，男女

① 《北疆农村调查》，中共中央新疆分局宣传部印，1953年，第16页。
② 同上书，第17页。

年龄差距过大。对于涉及买卖婚姻中的男女双方，女方的年龄一般在十一二岁居多，而男方多是因家庭贫困、难以娶妻的困难户，大多在二十五岁至三十五岁，远远超过了当时的适婚年龄。因此，男女双方相差多在十岁以上甚至更多，像塔西河村李克强将十七岁女儿卖给七十岁的老头子。虽然他们的年龄差距过大，但是所给彩礼较多，这种情况也时常发生。笔者在乌鲁木齐地区调查时，村中现在年龄八十岁以上的老太太，多是买卖婚姻的受害者，她们与丈夫之间的差距多在二十岁左右。主要是这些地区的女性过少，男性的婚龄不得不受到严重挤压。即适婚男性难以在同龄女性中选择配偶，所以只好通过透支刚刚成年甚至未成年的女性，以满足组建家庭的需要。吉木萨尔县老台村杨家老太与丈夫相差三十岁，她出嫁时才十五岁，而丈夫已经四十五岁。夫家用了六个元宝、十石大米作为彩礼。"那你对当时的婚姻有没有反抗？"当我问到这个问题时，杨家老太摇摇头说："十五岁，一个娃娃，还不知道什么。再说了，就是反抗也没有用啊，没用。父母把我养到十五岁，很不容易了。把这么大的姑娘嫁给了我家老头子，理所当然地应该给我娘家钱吗，天经地义的事。"可见，当时女孩面对买卖婚姻，只能听之任之，把自己作为商品任由父母买卖，缺乏自主意识和反抗的精神，以牺牲自己的婚姻自由换取父母的养育成本。其次，过高的彩礼，给婚后家庭带来沉重的经济负担。下庄子王德福用了两个元宝、八石大米娶得媳妇，其彩礼折合成麦子是二十五石，大概相当于当时四十余亩地一年的产量。这些彩礼在上文所举的张吕德的儿子及张三胖的女儿相比还是较少的，婚后用了八年时间才能还完，给他们婚后家庭带了巨大的经济压力；再次造成了家庭关系的不和睦。如"东罐子地李延合去年把十四岁的姑娘嫁出去，要了三个元宝，八石麦子，六石大米。婚后姑娘从婆家偷跑回来好几次，哭着不走，而夫家不断催促让她回家，父母打骂着又把她送回去"[①]。最后，买卖婚姻也严重干扰了正常的社会秩序。由于夫妻之间年龄差距过大，二者之间存有代沟，没有共同语言，造成夫妻关系紧张，甚至出现激烈的家庭冲突。毁婚、悔婚、离婚事件经常出现。有的妇女为报复丈夫或因年龄相差悬殊出于生理需求，婚内出轨、婚外恋等行为则更为常见，产生了很多民事纠纷，甚至还出现严重的

---

① 《北疆农村调查》，中共中央新疆分局宣传部印，1953 年，第 17 页。

刑事案件。

此外，除了这种赤裸裸买卖婚姻形式外，童养媳在乌鲁木齐地区也大量存在。如前文所提到的王占元之女梁王氏，就是王占元将女儿早早许配给梁家，送到梁家准备养大后再成婚。笔者在昌吉市二工镇下营盘村进行调查时，村中的焦李氏、田桂花两位老人都是童养媳。据田桂花老人回忆，三四岁的时候就被父母送到了下营盘村的夫家，十一岁时成婚。其婆婆也是典型的封建妇女，将田桂花常常当婢女使唤。童养媳的存在，说明了当时一些贫寒家庭无力或不愿养活女孩，便将其早早嫁人，到夫家养大。费孝通先生也认为："童养媳的存在与经济萧条有很大的关系。江南江村在太平天国运动之后，也曾流行过此类非正常的婚姻。"[①] 但很多女孩在夫家却过着不幸的童年，有的生活还极为痛苦，甚至出现"饮食每至不周，鞭棰在所恒有，饮恨吞声，婉转而死者比比然也"[②] 的悲惨事件。

相对于贫寒家庭而言，而生长在地主、富农阶级家庭中女儿的婚姻要相对好一些。她们还可以平安长到十七八岁，主要是因为优越的家庭经济条件可以给予她们的婚龄以较大的调整空间。玛纳斯县凉州户镇凉州户村三队（此前称为李家油坊村）的陈李氏，在十八岁时才嫁于邻村的陈家。李家是当地有名的大户人家，拥有近万亩耕地，并开油坊两处，方圆几十里的村民都到此换油，经济相当富裕。而贫寒家庭的女孩，一般在十五岁之前就要出来卖身价。贫困生活就决定了她们早婚的命运。"'还有更小就卖给人的'。焦家庄王德力的妻子告诉我们：'她家有五个姑娘，一多半都是很小卖了人家的，第三个姑娘八岁就卖出去了。她还指着一个床上坐着一个十多岁的说，要不是这两年儿子大点能给人家做长工的活，这个早就卖给人家了'。"[③] 王德力家养育孩子多，经济困难可想而知。其最小的两个女孩没有像前三个一样在很小的时候被卖出，主要是因为他们的儿子已长大成人，能够通过做长工使家庭经济条件稍微有所好转，才使最小的两个女儿避免了在小时候被卖的厄运。由此可见，贫穷是买卖婚姻流

---

① 费孝通：《江村农民生活及其变迁》，敦煌文艺出版社 2004 年版，第 48 页。
② 金开诚、王娜：《古代婚姻》，吉林文史出版社 2010 年版，第 104 页。
③ 《北疆农村调查》，中共中央新疆分局宣传部印，1953 年，第 17 页。

行的主要因素。

转亲在这个男女比例严重失调的地区也是时常存在的一种买卖婚姻形式。在笔者所调查的吉木萨尔县老台村李家、羊圈台子村陈家及凤凰台村杨家三家的转亲就具有代表性。李家、陈家及杨家的男子都超过了结婚年龄（李家男子三十岁、陈家男子二十七岁、杨家男子二十九岁），找不到婚配的对象。三家父母为此很着急，恰巧的是，三家中比儿子小的女儿已长大成人。老台、羊圈台子和凤凰台三村相距较近，即使相距最远的凤凰台与老台也不过五公里，因此三村之间形成了较多的熟人圈。后通过村中熟人撮合，李家之女嫁于陈家，陈家之女嫁于杨家，杨家之女嫁于李家，转亲始告成功。"转亲实质上也是买卖婚姻中的一种极端表现形式，父母主要是通过牺牲女儿的婚姻愿望解决儿子的婚姻困难，或者说妹妹以屈嫁来使兄长得到婚姻的机会。"① 这三家之间的转亲之所以能够发生，除上面的条件之外，还有就是三个家庭的经济条件相差不多，但都属于贫困之列。三家相互结为姻亲，婚姻费用也可以相互协商，但大多数是本着节省原则进行的。

在笔者所调查的聚落中，绥来县凉州户镇牛王宫村刘家兄弟二人因换亲而发生矛盾的事情，目前在村中还广为人知。刘家老大有一个三十二岁儿子，本已错过了适婚年龄，但他的弟弟家有两个女儿，也都已长大成人。此时就有人给刘家老大出主意，让其弟弟家女儿为老大的儿子换亲，但弟弟始终不同意，结果使得老大的儿子终身未得娶妻。时至十几年前老大的儿子去世时，仍就此事耿耿于怀，致使两家矛盾始终未解。

四　霸婚与抢婚

"霸婚"多发生在已婚家庭中。由于丈夫长期不在家中，夫妻处于分居状态或关系不合、经济困难等原因造成重重矛盾，这就使他们的邻居或熟人圈中由于丧偶或错过婚龄的男子有机可乘，图谋霸占其妻。通过私奔或给予妇女经济上的补偿或贿赂其亲戚、父母等，意图与之长期生活在一起，以达到事实婚姻的目的。但根据其被"霸占"女性的角度来看，有

---

① 王跃生：《社会变革与婚姻家庭变动——20 世纪 30—90 年代的冀南农村》，生活·读书·新知三联书店 2006 年版，第 120 页。

的是带有自愿性的，如原来丈夫家庭比较贫穷、夫妻感情不和或已经破裂等；但也有的是迫于对方的势力或淫威而被迫的。但"霸婚"的出现是由多种因素综合作用的结果。奇台县张文玉状告崔延瑞"霸婚"一案，就具有典型性。

> 具状人，张文玉告崔延瑞（事）。情因民在民国二十二年，因匪乱以来，奇台城内居住有民妻赵氏、男孩一人，女孩一人与民孙父赵奉甲同居。因兵役之故，将民抓在队伍之内，不久即行开走，抛其母子妇女四人同住。民在三十年来此搬家，妻子却在被告家中。经说舍人陈虎海、赵奉甲、孙志六居中调停，妻子归民，给其被告出伙食费银捌仟两。收银交与孙父赵奉甲，不想交过，该被告不允交人。其时说□人等全回，因此民空来一趟，迟至现在已十年之久。民未搬取妻子，而该被告霸而不交还。民念妻子被霸，一家不能团圆，只约恳请主任作主，传案讯义，秉公办理，早使民合家团圆，为便谨呈奇台司法①。

张文玉状告崔延瑞"霸占"其妻。其主要原因是在民国二十二年（1933）时，因为匪乱张文玉被抓去当兵，长时间未能回到家中。因此，家中只剩有妻子和男、女孩子各一及民孙父赵奉甲四人，居住在奇台县城内。意想不到的是张文玉一走就是八年，直到民国三十年（1941）才有机会回家。在这八年中，张文玉在诉状中并没有说明与家庭的联系情况，是否与家中经常通信以保持联络还是中断了联系。如果保持联系，其妻又与崔延瑞居住在一起，说明了她不遵守妇道、含有自愿性，更何况赵氏之父赵奉甲也在家。如果与家中失去了联系，他的妻子可能认为张文玉几年没有消息，已不在人世或迫于生计，从而与崔延瑞同居，这种情况也是可以理解的。但不管存在哪种情况，张文玉于民国三十年回到家中后，被告知妻子在崔延瑞家中后，经过陈虎海、赵奉甲、孙志六三人的居中调停，赵氏仍归张文玉，但需要支付给崔延瑞伙食费8000两。令张文玉没有想

---

① 兹有张文玉呈控崔殿元到司法处转请核办一案（民国三十三年十二月二十四日），奇台县档案馆藏，档案号：J5—1—141。

到的是，伙食费交过之后，崔延瑞仍然不允许赵氏回自己家中，以至于拖了两年之久，他的真实目的在于长期霸占赵氏已十分明确。事件发展到这一步，崔延瑞"霸婚"的企图已昭然若揭，张文玉也只好求助于司法机关来寻求解决。但事实上司法机构并没有采取有效的措施，致使该案久而未决。昌吉商民丁万年之妻被霸占则是另外一种情形。

> 具状人，商民丁万年，年前在昌吉南关设立生意，迨后赔本停业。又于二十六年备本赴古城贸易，所留民妻徐氏，年已二十六岁，居住南关。小民去后，有院邻卢瑞祥将民妻去居入伊家，日夜霸守。去年小民回家，该卢瑞祥主谋挑唆民妻不予回家，□□□□①。

与张文玉之妻被崔延瑞霸占相比，丁万年之妻被卢瑞祥霸占则属于另外一种情形。一方面可能是丁万年在生意上赔本导致家庭经济困难，从而使妻子与其产生了不和，主动与邻居卢瑞祥通奸；另一方面则是如丁万年所说，卢瑞祥霸占其妻。如果真是卢瑞祥霸占其妻的话，那么丁万年去年为什么没有告官？恐怕其中必有隐情。

除上面介绍的几种婚姻形式外，还存在一种最为野蛮和原始的婚姻，即"抢婚"。这种婚姻形式不但存在，而且在当时，由于特殊的人口结构和社会环境，所存在的数量并不少。笔者在安宁渠镇调查时，保昌堡的杨王氏就是被抢婚而安居在此村的。杨王氏最初嫁于七道湾，后来丈夫去世，守寡期间被抢到保昌堡与现在的丈夫成婚。当初杨家人在抢她时，谎说山里的土匪来抢东西，要其赶紧出去躲难。由于当时没有地方躲避，就稀里糊涂地跟着杨家人来到保昌堡，后来才知道被骗来与杨家老三成婚。在最初来的几年内，杨家人把她看得很紧，大门都走不出去，完全没有了人身自由。后来由于已经成为事实婚姻，并生了孩子，只好在此安家。但是也有因已经订婚但不能完娶而发生抢婚的，此种情况在乾德县档案中也有所反映。

---

① 兹有昌吉商民丁万年状告邻居卢瑞祥霸妻案（民国二十八年十月二十六日），昌吉市档案馆藏，档案号：J8—16—1587。

情因客民所生一女，许与户民杨禄为妻。迄今四年，财礼十八万两业已同媒人何福元、老傅二人纳过。每年催请完婚，属以家计困难，不能如愿。去冬十二月又送棉袄、棉裤两件，声言不旧（久）就要迎亲，去了不见音信。忽于本月十九日夜半，率领多人手执石头、瓦片乱打。户民赴炭窑拉炭，未在家中。彼时家中无人，多系女流之辈。黑夜之中将女抢去成婚，已经三日，而女婿杨禄并未来大小一人，似此抢估成婚，实与世间道理不合，情□□□□□①。

虽然这则档案残缺，就具体的抢婚事实我们不能究其真实的情景，但我们能够确定存在抢婚的事实，就达到了我们所研究的目的。

以上几种类型婚姻，在晚清民国乌鲁木齐地区是存在的。且这几种类型的婚姻与当时社会环境的互动有紧密联系。服役婚的广泛存在则是与本区地广人稀、劳动力的缺乏相关。有的农户可以通过服役婚以弥补家庭劳动力的不足，或通过服役婚来改变家庭的经济状况；买卖婚姻则与贫穷相关，当时乌鲁木齐地区尽管地多人少，能够维持温饱。但由于地理环境的影响，要在生活上获得改善还是有很大的困难；霸婚和骗婚与人口结构中性别比例的严重失调相关联，男子娶妻十分困难，很难得到婚姻的机会，有些人不得已就通过无赖与流氓的手段霸占别人的妻子。而有女儿的家庭通过骗婚可以获得财产，而大多男子只要有一丝获取婚姻的希望，宁可受骗也不愿放弃微小的机会，所以就造成了骗婚的盛行。一方面，成年男性为了满足自身的生理需求，总是想方设法获取婚姻的机会；另一方面，社会环境对成年男性能够获取婚姻的机会也存在诸多限制，从而造成这两者之间的长期互动，使各种非正常婚姻在非正常的社会环境中得以较多的存在。

第二节 社会环境与婚俗的互动关系

一 社会环境与婚姻的互动

本章一开始就对婚姻与社会的关系问题做了说明，婚姻与一定的社会

---

① 关于李兴成呈控杨禄抢婚的诉状（民国二十七年三月二十四日），乌鲁木齐市米东区档案馆藏，档案号：J8—3—260—4。

经济、文化等方面有着密切联系，可以说，一定时期的婚姻形态能够反映该时段社会的概貌。既然如此，那么社会变动对婚姻形态的选择就有非常重要的影响，前面所列举的几个婚姻个案中都有所体现。如张文玉的妻子赵氏被崔延瑞"霸占"与当时的匪乱，赘婚与劳动力的缺乏，买卖婚姻与落后的社会经济，骗婚与男女比例失调及性资源分配不公等有关系。而本书研究时段主要集中于道光元年至民国三十八年（1821—1949），该时期的乌鲁木齐地区是社会变动的频繁期，那么在婚姻形态上也有比较明显的反映。但限于目前史料，仅以两个民国时期婚姻案例对二者之间的关系进行分析。

案例一

具呈人，户民马太和，年五十六岁。为偷卖人口、遁盗家财，祈恩准做主提究事。情因小民之子，自匪乱时，迫于连长抓去当兵。后平定，民子开赴和阗公干未归。至二十四年四月间，民媳要走娘家向浪，小民细因伊父马太亡已死，只有寡母。前已来过，民家屡向小民诉述艰难，无人照看，因此，小民允许。伊母声称或住一月或二月，即送回等语。临走时，同伊母带去金牙千（签）子一付，重一两；金耳环一对，金手左（镯）一对，共重三钱二分；金峰一个，重三钱；金寺（十）字一个，重一钱二分；银手镯二对，重六两五钱，所有穿用衣服全部带去。住了一个月，小民因农忙在急，赴彼叫媳。伊母声称，民子未回，待民子回昌时，随即送回等语。小民无奈，告知农官马忠仁，民媳不回等情，并且带去金银首饰衣服等项。农官劝慰小民，两家原系自好亲戚，有伊担任赴彼说合，叫媳妇回来等语。况且民子尚在，每年来信不能脱身归家，俟有机会速回。小民思之，民子未在，亦未见农官回音，只得任其在娘家向浪，亦是无法。今年左历五月间，接得民子一信，内云明年春间准定回家。小民在省城作商，接得昌吉家中之信，正秋收。内人忙雇不暇，于前日赴伊娘家，叫媳回来，回称民媳现在改嫁迪化王义为妻。小民闻之回昌，倘民子回家时，小民以何言对答，是以不得已，叩祈县长电鉴，恩赐做主，提究施行①。

对于整个案件来看，是一桩婚姻纠纷。但马太和状告儿媳及其母与王义时，却冠以偷卖人口、遁盗家财的罪名。偷卖人口是指儿媳的母亲及王义在其丈夫仍然在世的情况下，瞒着夫家又将女儿另嫁他人，按现在说法就是犯有重婚罪；遁盗家财却指儿媳在回娘家时，将其夫家的金银首饰悉数带走。那么事件起因仍与社会动乱有直接的联系。马太和之子是因为匪乱被抓去当兵，匪乱平定后又被开赴和阗公干。与前文所列举张文玉案不同的是，尽管马太和之子因公干不能回家，但每年都给家里寄书信以通声息。匪乱发生于民国二十二年至二十四年（1933—1934）四月，马太和之子两年没有回家。其儿媳之父马太亢已经去世，家中只剩其母，无人照看，生活实属艰难。因此，其母要求女儿回娘家住一月或两月，也是符合情理的。鉴于亲家生活实际情况，马太和就没有阻拦，但儿媳回娘家时将所有金银首饰和穿用衣服全部带去。其实，从这个行为上可以看出她有不回夫家的端倪。一个月过后，到了农忙季节，马太和便去叫儿媳回家，但其母亲却以马太和儿子不在家为借口，不让女儿回夫家。马太和无法，只有将儿媳不回家及带去金银首饰、衣服等项告知农官马忠仁。马太和之所以这样做，可能他已经发觉这桩婚姻将要发生变故，以期在发生纠纷后能够掌握主动权。因为农官在乡村社会中享有较高的威望。马忠仁虽然答应马太和去儿媳母亲家给予说和，劝其儿媳回家，但很长时间马忠仁并没有给马太和回信。马太和也认为儿子不在家，只好听任儿媳在娘家居住。马太和在省城经商，于左历五月间接到儿子的家信，说明年春准定回家。时值秋收季节，家中却来信称其儿媳已改嫁到迪化王义为妻，马太和才觉察到事态的严重性，不得不将儿媳母女及王义告到官府，以求助于官府给予公正判决。

案例二

具呈人，氏妇周周氏，年二十二岁。为欺死灭生、昧骗田产恳

① 户民马太和呈控王义等偷卖人口，循盗家财等情一案（民国二十五年八月二十六日），昌吉市档案馆藏，档案号：J1—1—6。

祈，恩准做主提究事。情因氏父周继贤只生氏一人，家济寒苦。氏十
一岁时，同媒陈正邦将氏招赘鲁生有养老，妇终之婿随即进门，带地
半户，作为礼银。自氏许婚后，氏夫鲁生有亦有父母，将氏父归并同
家过度。氏至十三岁时，是民国十八年，不幸氏父之故。临终时叮嘱
所遗田地半户，周家并无亲属，此地归氏经营，作为氏父逢节烧化纸
课费用。后至二十年，氏与夫完婚，随夫过度。于二十二年匪乱，将
氏夫全家被匪杀害，只逃得氏一人。鲁家别无近亲，氏无法过度，自
主婚姻改嫁县府周喜为妻。忽有卢凤海出头阻拦，自称与氏夫系本
族，要当人主，非要礼银不可。氏夫周喜即请人说和，出银七百六十
两。卢凤海又称超度周、鲁两家之亡魂，并将氏父所遗田地半户均归
卢凤海经收。彼时，有近邻梁老二，杨大兴均知底细。氏自嫁周喜之
后，不见卢凤海超度周、鲁两家之亡魂。氏屡向夫提说此事，氏夫不
但不究，反岂切劝阻氏，只得罢休。诳料氏之父现在与氏托梦云，氏
有愿心不还，并不念生身父母在幽冥受罪，抢愿（强怨）氏坐视不
理，且不用女儿分文，我遗田产被外人得受等语。因此，氏屡得冲气
之疾，所以氏甘心难忍，情不得己，为（惟）有陈述详情，叩祈①。

此案所涉及社会变动问题的两个方面，一是民国二十二年（1933）
的匪乱，周继贤的招赘婿鲁生有及全家死于匪乱之中，唯有鲁生有之妻，
即周继贤之女周周氏得以幸存。二是在当时社会中，妇女如何才能安身立
命的问题。周继贤只有一女，并在其十一岁时招鲁生有为赘婿。鲁生有带
地半户作为礼金，并负有给周继贤养老送终的责任和义务。民国十八年
（1929）周继贤病故。因周家并无亲戚，故将遗产半户地交与其女经营，以
作为周继贤的逢节烧化纸课之费用。两年后，周继贤之女十五岁，便与鲁
生有完婚，随夫过度。民国二十二年（1933）匪乱起，结果鲁生有全家除
其妻一人逃出外，其余全死于匪乱。而鲁生有之家在此没有族亲，这就使
得年仅十七岁的周周氏无依无靠，无法生活，所以只有自己做主改嫁给县
府周喜为妻。然改嫁之事却遭到了卢凤海的阻拦，并自称是鲁生有的本族。

① 周周氏，年二十二岁，为卢凤海骗田产恳祈（民国二十七年十一月二十六日），昌吉市
档案馆藏，档案号：J—1—11—16。

这里就会涉及妇女在社会中的身份归属问题。一个女人其身份归属可以分为三个阶段，"从出生到出嫁，在村中生活、生存的权利是由其父给予的（如果父亡，决定权在兄）；出嫁后在村中生活、生存权利是由其夫决定；夫亡由其子决定，即我们通常说的未嫁随父，出嫁随夫，夫亡随子。也就是说妇女并非先天就是村落的当然成员，她必须在'后天'获得某些东西，而这些东西是准入村落的资格证明"①。鲁生有死亡后，一无子女，二无族亲，所以鲁生有之妻自主改嫁也符合当时社会上对妇女身份的认同原则。很显然，卢凤海与鲁生有不是本族，那么其为什么还要冒充是鲁生有的本族呢？因为当时来说，寡妇改嫁需要征得夫家及其族人的同意。如果卢凤海与鲁生有是本族，那么鲁生有之妻再嫁必须征得卢凤海的同意，这就意味着卢凤海可以做主，向周喜索要彩礼和继承鲁生有全家的财产。而周喜对此以不要引起更多的麻烦，就卢凤海的要求经过请人说和，出礼银七百六十两予以完结。且卢凤海以超度周、鲁两家之亡魂为借口，将周继贤所遗田地半户也被其经收。后经邻居告知，卢凤海并没有兑现给周、鲁两家超度亡魂的承诺。周周氏不断向丈夫周喜提起这件事情，但是周喜反而劝说妻子不要对此再纠缠。周周氏梦见父亲周继贤埋怨自己有愿心不还，且田产被外人霸占等语，周周氏愤怒至极，遂将卢凤海告于官府。

从上面两个案例中可以看出，其共同点都是由于民国二十二年（1933）的匪乱所导致的婚姻悲剧。案例一中，因平定匪乱，马太和之子被抓去当了壮丁，致使几年不能回家与妻子团聚，从而造成妻子改嫁于他人，成为一桩婚姻纠纷案件；案例二则是由于匪乱，只有鲁生有的妻子一人逃出外，其余家人全被杀害。当时，鲁生有家没有族亲，所以生活艰难，被迫自己做主改嫁，但却遭到了自称是鲁生有之族亲的卢凤海阻拦，从而因其改嫁所引起的财产纠纷案件。总之，这两起案件的发生，都与社会变动有直接的关系。

二 社会环境与婚俗的形成

通过上文分析可知，晚清民国乌鲁木齐地区的婚姻习俗具有区域性特

---

① 杨华：《宗族性村落妇女的"历史感"与"当地感"》，《中国社会学会 2007 年会"社会建设与女性发展"论坛论文集》，2007 年，第 85—108 页。

征，也可以称为区域性或地理性特征。婚俗也属于民俗的范畴，是在特定区域形成的，也可称为风俗地理。因此我们有必要先了解民俗地理的概念。民俗地理是"研究一定空间范围内民俗的起源、形成、传布和融汇过程中的地理因素、区域特征、发展前景及其对文化、经济环境作用的学科领域。它是介于民俗学和地理学之间的领域，属文化地理学的范畴"[1]。毫无疑问，民俗都是在民间所创造并于民间所通行和不断得以传习的，无疑，多元风俗文化的融合却为新民俗的产生创造了条件。一般来说，多民族文化的交流与融合，容易衍生出一种新文化，如盛行于隋唐时期的"燕乐"，就是由北方少数民族音乐与中原音乐融合而加以衍生的；金朝院本与宋朝词话融合而衍生的元朝戏曲等。民俗也是如此，来源于不同区域的人群，甚至不同的族群，他们生活在同一个陌生环境中，也造成了多种风俗共存或衍生出新的风俗。如由于一些村落回族群众较多，而汉族相对较少，致使他们特别容易受到回族饮食文化的影响，至今新疆的很多汉族群众形成了不吃猪肉的习惯。婚姻风俗同样如此，如在本区域内就存在着一夫多妻、一夫一妻和一妻多夫，甚至在个别地区还有群婚、租妻等多种形式；那么这多种婚姻形式的存在以及维吾尔族相对较为自由的离婚和再嫁，哈萨克、蒙古等民族自由恋爱等婚俗对于改变汉、回等民族的贞妇、烈女以及寡妇再嫁等观念都有不同程度的影响；此外，由于劳动力的缺乏，所造成的服役婚盛行，雇主之妻与雇工之间的通奸现象，也很像东北地区"拉帮套"之风在本区域内较为常见；由于性别比例的严重失调，买卖婚姻及霸婚，甚至早已灭绝的收继婚等婚姻类型多有存在，这些婚姻形式大都与特殊的社会与自然环境有密切的联系。

　　下面笔者所要讲述的民俗内容，可以说在很大程度上是与特殊的社会与自然环境有着决定性的作用。由于当时受环境的影响，"以血缘关系为纽带而形成家族的统制和以宗法礼制为核心的封建伦理，都在移民的整个活动中受到了严重的冲击"[2]。在乌鲁木齐地区较为偏僻的村庄中，出现伦理道德减退，甚至伦理防线崩溃的现象。以至在今天，当地很多村民还在不断讲述"烧香""扒灰""脏床"等关于公爹和儿媳、阿伯子（哥

---

① 《中国大百科全书·地理学》，中国大百科全书出版社 1990 年版，第 300 页。

② 张伟：《近代四川移民及对社会构成的影响》，《西南民族大学学报》2003 年第 12 期。

哥）和弟妻之间破坏伦理道德的故事来作为日常生活的谈资，这种事情甚至在偏远的垦区还一度十分盛行。笔者于 2010 年 8 月在奇台县东一百五十里的白杨河村调查时，村中老人会给笔者讲述他们祖辈初来此地时的情况：为了吸引更多的内地民户移民到新疆，当时，清政府做了大量的前期准备工作。但毕竟迁移民户太多，建房材料严重缺乏，所以只能给每户提供一间仅有十几平方米的土坯房。且政府对于搬迁者却要求全家必须进行整体性搬迁。但不管家庭成员多少口，都是一间土坯房，包括厨房、卧室甚至库房在内。这样，由于住房条件的限制，多是一家所有人口挤在一铺炕上睡觉。而当时的迁移民户大多是一家三代，六口之家居多，有的家庭人口甚至更多。一般的睡觉位置布局是以第三代人，即孙子辈作为间隔睡在暖炕的中间，把小两口和老两口分割在炕的两端。在靠近墙的地方，通常来说炕比较凉，就成为父子两人经常睡卧的地方。因此，婆婆和儿媳之间的距离就更加贴近了，所以老年夫妻和少年夫妻的很多私生活就没有办法做到隐蔽。更何况当时迁移过来的大多是穷苦农民，衣被十分缺乏，几人合盖一被的情况也十分常见，这就给家庭中非夫妻男女之间的接触拉近了距离。再说，当时这种贫困状况在短期内也不可能得到改变，再加上受自然环境的限制，这些偏僻垦区大都远离城镇，交通不便，垦户居住十分分散。业余时间没有任何的娱乐活动，这对来自内地的移民来说，无形中就会促使社会文明的倒退。同居一炕的公爹与儿媳、阿伯子与弟妻在长期的接触中，伦理阻隔和禁忌警告却在不知不觉中有所减弱。从今天村民的谈资和民间传说中可以窥见当时的情况，"烧香""扒灰""脏床"等各种谈资，虽说不上普遍存在，但亦应不在少数，而这种情况在邻近的巴里坤、木垒等县也广泛存在①。

同样的道理，在当地的婚姻中，无论是维吾尔族、回族，还是汉族及其他民族，由于宗教规定或婚姻传统，都有早婚的风俗，但这些大多发生在男方经济条件较好的家庭中，即使在迪化也是属于少数之家。移民社会中，由于男女比例严重失调，我们可以看到，由于家庭经济条件的限制所形成的晚婚，甚至很多不婚行为，在当时的乌鲁木齐地区尤为普遍。当年早婚为人们所推崇，而晚婚和不婚则是由于社会环境而迫不得已，多是含

①　许学诚：《人文镇西》，新疆美术摄影出版社 2012 年版，第 195—201 页。

有被迫性的。当时人口性别比例严重失调，男多女少，"女方索要高额的彩礼是司空见惯的，而作为男方为了能够娶上媳妇，也不得不四处借债，以满足对方的彩礼要求。可见，女家的嫁妆是软约束，而对男方家的聘礼却是硬要求。那些没有财力者将成为婚姻市场的失败者"①，因此，在乌鲁木齐地区才流行"养女解困"之说，而"新疆女贵"之风直到20世纪80年代仍然存在。总之，晚清民国乌鲁木齐地区，由于移民社会所具有的特点，多元文化不断在本区域融合以及特殊的社会与自然环境的影响，逐渐形成了具有区域特色的婚俗地理，并且在一些方面还具有深远影响。

第三节　政府与婚姻法律

一　政府与婚姻法制②

婚姻不仅仅是一种个人行为，而且还是一种社会行为，但就整个婚姻过程中来说，应更多地倾向于社会行为。因为各种"婚姻的缔结必须要符合特定的社会规范以及伦理道德，否则将会受到社会舆论的严厉谴责，有时甚至会触犯刑律而受到国家法律的制裁"③。由此可见，在特定时期和地区，国家权力与各种婚姻制度有着极为密切的关系。因为婚姻制度的规范必须要由政府制定和参与，否则将会失去权威性。清朝和民国时期的新疆地区，由于民族众多，政府在"修其教不易其俗，齐其制不易其宜"④的总原则下，除对婚姻制度作出了相应的规定、规范以外，还就当地民族的婚姻习俗和习惯法也给予了认可，并赋予了法律方面的效力。相对来看，却对蒙古、满、汉、索伦及锡伯等民族的婚姻制度却作出了特殊的规定。

---

① 王跃生：《社会变革与婚姻家庭变动——20世纪30—90年代的冀南农村》，生活·读书·新知三联书店2006年版，第63页。

② 关于民国时期政府就乌鲁木齐地区婚姻方面的规定，梁海峡在其硕士论文中有所涉及。《民国新疆乌鲁木齐地区少数民族婚姻研究》，硕士学位论文，新疆大学，2004年。

③ 梁海峡：《民国新疆乌鲁木齐地区少数民族婚姻研究》，硕士学位论文，新疆大学，2004年。

④ （清）祁韵士：《皇朝藩部要略·李兆洛序》，包文汉整理，黑龙江教育出版社1997年版，第2页。

（一）清朝婚姻法律对新疆地区的规定与宗教婚俗的认可

乾隆二十四年（1759），清政府为了维护新疆地区的稳定和安全，除实行屯田和驻扎大量的军队外，对内也采取了一定的措施，如民族隔离，禁止族际通婚等。在遗户安插区由于"遗户男多而女少，争委禽者多雀角鼠牙之讼，国同知立官媒二人，司其事，非官媒所指配，不得私相嫁娶也"①，企图来保持该区域内部的稳定。就清代婚姻关系的规定，往往是与民政制度混淆在一起的，下面就清朝关于新疆地区婚姻法律的有关规定作如下简要说明。

首先，我们先来了解有关禁止族际通婚②的规定。清政府为了避免民族之间产生不必要的婚姻纠纷，在南北疆推行严厉民族隔离政策。乌鲁木齐地区亦是如此，修建了满城、汉城、回城，各居其地，反映在婚姻上就制定了禁止族际之间的通婚法律、法规。"新疆回、汉向不通婚。汉人人数较少，婚姻更为困难。守员待聘之闺秀，虽降格以求，亦多不可的。"③此外，关于蒙古与汉、维吾尔族与汉、维吾尔族与回及维吾尔族与安集延人之间的通婚也被严厉禁止，并且有非常严格的规定。如嘉庆六年（1801）蒙汉通婚的禁令，"民人（汉族）娶蒙古妇女之处，严行禁止。其业经娶过者，任伊等两家情愿，均令陆续带回原籍。禁止后，仍有私娶蒙古妇女者，一经旁人告发，将所娶之妇离异，交还母家。将主聘妇女之人枷号三月，满日鞭一百；将违例之民，亦枷号三月，满日鞭一百，解回原籍"④。维吾尔族与汉通婚更是被清政府严厉禁止，"各回城换防绿营弁兵不准擅娶回（维吾尔族）妇，违者将擅娶回妇之弁兵分别责革。所娶回妇离异，仍将该管官分别参处。如由内地发遣新疆给伯克为奴之犯，亦不得擅配回妇，违者即将为奴人犯枷责，回妇离异。仍将该管阿奇木伯克等参处治罪"⑤。即使到南疆经商贸易的汉族商人亦不能擅自娶维吾尔族

① （清）纪昀：《乌鲁木齐杂记》，正中书局印行，《新疆史志》第2部，第6册，第9页。
② 关于"族际通婚"问题，梁海峡在《清至民国新疆婚姻法制浅谈》中有相关论述，但有些方面值得商榷。（《新疆大学学报》2010年第1期）
③ 吴诸宸：《新疆纪游》，《中国西北文献丛书》第110册，第385页。
④ （清）托津、曹振镛：《钦定大清会典事例》第10册，中华书局1991年版，第1124页。
⑤ （清）托津：《钦定回疆则例》卷6，《中国边疆史地资料丛刊》，全国图书馆文献缩微中心1988年版。

妇女为妻。回族与维吾尔族虽有共同的宗教信仰，但他们之间的通婚也遭到了清政府禁止，"内地无业汉回，溷迹回疆，藉称同教聘娶回妇为妻。煽惑愚回，多方教诱，并有充当阿浑之人，系属汉奸。现已奏明严禁科条，应严行示禁"①。从那彦成的奏议中可以看出，禁止维吾尔族和回族之间通婚的主要原因是认为两民族通婚将会危害社会的稳定。后来，随着清朝国力日趋衰落，而与新疆近邻的安集延却日益强大，并成为晚清主要边患和新疆社会动乱根源。清政府为防止其侵略和骚扰新疆地区，对维吾尔族与安集延人之间的通婚也予以明令禁止。

其次，政府对民族宗教规定的各种婚姻习俗给予了法律上的认可。新疆各信仰伊斯兰教民族的婚姻中，大多承认宗教在婚姻习俗中的作用和重要影响，以至于今天仍是如此。如回族青年结婚时必须由阿訇给予念经和主持，这样的婚姻才能获得家族各成员及宗教上的认可。在他们看来，只要有阿訇念经和主持婚姻，即使不领政府结婚证，他们的婚姻也是可以得到族内的普遍认可；即使领有政府的结婚证，其结婚过程中如没有宗教人士的参与，也很难被认同。当时，清政府根据新疆各民族的实际情况，对民族宗教上规定的各种婚俗给予不同程度上的法律认可。如对于婚姻权的掌握、聘礼的多寡、婚配年龄及婚姻解体与复合等方面，虽有政府规定，但也允许各民族特殊情况的存在。譬如，政府在婚姻权上宣扬"父母之命，媒妁之言"，但也允许伊斯兰教所规定的"天定""奉遗""自配"及牧区自由恋爱的存在；但对蒙古、满、汉、索伦及锡伯等民族婚姻中聘礼却有严格的规定，如对蒙古族，"庶人结婚聘礼给马五牛五羊五十，逾数多给者入官"②，而对维吾尔族，"纳彩征丰约视家有无"③ 及哈萨克族与国家法律规定相违背的"富人往往致马千蹄，牛千足，驼百峰，银二三千两"④ 的婚俗并没有取缔。清代于婚龄规定"男十六岁、女十四岁为

---

① （清）那彦成：《那文毅公奏议》卷77，文海出版社1966年版，第8893—8894页。
② 边疆政教制度研究会：《清代边政通考》，安庆书局1939年版，第221页。
③ （清）袁大化、王树枏等：《新疆图志》卷66，民国十二年（1923）东方学会本。
④ 《新疆史地与社会》，正中书局1947年版；丁世良、赵放：《中国地方志·民俗资料》西北卷，书目文献出版社1989年版，第337页。

法定的结婚年龄"①，而伊斯兰教允许"男过十四五即娶，女过十一二即嫁"②，"缠回至女子有早婚之弊，十二三岁即嫁人。婚姻大抵幼少时，其两亲互比较两家之财产而定婚约，后则以媒介者而通告之女子之父，承诺之先以婿家羊一头赠予，女家于是始定结纳之期日，至婚礼之期妇家招阿浑诵经"③。可见清政府对维吾尔、哈萨克等民族采取了较为宽容的婚姻政策。

(二) 民国时期婚姻法律对新疆地区的规定

民国建立，为中国婚姻制度的近代化奠定了良好基础，于婚姻制度上与清朝政府法律规定相比存在两个明显的变化：一是袁世凯于民国元年(1912)四月废除民族之间通婚的禁令，"共和伊始，五族一家。若仍于婚姻一节，有此疆彼界之拘，则睽隔殊多，何以免参差而昭联合。为此劝汉、满、蒙古、回、藏五大族，各宜互通婚姻，以除异同之迹"④。但中央政府提倡和宣传族际通婚，仍遭到了多数少数民族，尤其是民族上层宗教人士的极力反对。他们认为："与教外人婚配，嫁回教男子后，须随教；但回教女子绝对不能和教外男子结婚，恐怕女子在嫁后转变她的信仰，就是不叛教，他们也认为是莫大的耻辱"⑤，可见宗教情结是阻碍着族际通婚的重要因素之一。综合民国时期整个新疆的族际通婚情况，无论是在杨增新、金树仁、盛世才军阀统治时期还是国民党掌控新疆时期，由于各少数民族上层人士的抵制，族际通婚在新疆，即使在乌鲁木齐地区也没有得到他们的响应，对此政府也迫于各方面的压力并没有强制性加以推行。甚至在民国三十五年(1946)国民政府与三区政府谈判期间，由于当时三区政府坚决反对伊斯兰与异教徒通婚的提倡和宣传，国民党新疆省政府为配合谈判的顺利进行，也不得不通过了"禁止维汉通婚的决议"⑥。

---

① 张晋藩：《清代民法综论》，中国政法大学出版社1998年版，第190页。

② (清) 永贵、苏尔德：《新疆回部志》卷2，成文出版社1968年版。

③ 张献廷：《新疆地理志》，成文出版社1968年版，第81页。

④ 万仁元、方庆秋：《中华民国史料长编》第2册，南京大学出版社1993年版，第332—333页。

⑤ 陈志良：《新疆各民族之研究》，《开发西北》1935年第3期。

⑥ 民国三十五年七月十八日新疆省政府第二次会议正式通过，其主要内容是"(一)已婚而生子女者不离；(二)已婚而未生子女者，视双方自由意思，酌情合离；(三)……(四)通令各级汉族军人及各级公务人员，不得再娶回妇"。(方仲颖：《新疆之现在及将来》，新疆高等法院检查处1949年版，第25—26页。)

二是民国十八年（1929）颁布的《民法》中关于婚姻的条款，其中禁止
近亲结婚、早婚等陋习；提倡男女平等、婚姻自由、一夫一妻等民主婚姻
思想。虽然大部分只是流行于形式，新疆地区更是得不到基本实施，但对
婚俗改良等方面还是起到了一定的积极作用，尤其是在破除早婚陋习中则
更为明显。《民法》第九百五十八条规定"男未满十八岁，女未满十六岁
不得结婚"①。盛世才时期，鉴于早婚的危害，其在制订第二期三年计划
中就有明确规定："本省各民族有早婚例习，殊与人民健康发展有碍。虽
经政府宣传与取缔，但尚未彻底消除……以期彻底消除早婚现象，至必要
时应动员社会力量逐渐改革。"② 并且发布了文告："凡有幼女之家，不满
十五岁而给人早婚者，一经告发或被访闻查明，定将该主婚之父母及媒
证、念经之阿洪、毛拉、结婚之男子均各严行治罪，绝不宽容。"③ 其实，
在杨增新主政时期，由于早婚所造成的身体伤害事件已引起政府的重视。
起因则是发生在呼图壁县的维吾尔族塔西汗，他将十一岁的女儿玛不哈嫁
于乌受为妻事件。玛不哈受到丈夫的严重伤害，塔西汗不得不求助于县政
府，经县佐查问得知：

　　小女（玛不哈）过门数日后，小妇人（玛不哈之母）前去看女，
祇见满炕是血，小女倒卧，命将垂毙。小妇人将女接回调养两月有
余，饭食下喉即吐，该乌受犹每日来家吵闹，逼问要人，迫不得已，
恳求做主等情。县佐当堂将该玛不哈提进三堂察看，实系面黄肌瘦，
气息垂危，两眼皮肿，奄奄待毙。随饬稳婆探验，该女阴户高肿数
寸，交骨离开二三分未合，子（直）肠突出寸余。并细问该女，玛
不哈供称："小女自到夫家，夫婿乌受是晚即用带捆绑强暴行奸，接
连数日。该女难受哭泣，乌受即用鞋尖重踢，以致血流如泉等语。"④

　　杨增新即以此案为例，出示晓谕："各缠民以后女子出嫁年龄至少须

① 王云中：《中华民国现行法规大全》，商务印书馆1933年版，第58页。
② 张大军：《新疆风暴七十年》，兰溪出版社1980年版，第4376页。
③ 关于严惩早婚事件的布告（民国二十九年七月十三日），新疆维吾尔自治区档案馆藏，档案号：政2—6—727—226。
④ 杨增新：《补过斋文牍》辛集二，1921年。

满十四岁为度。女家父母故意违背处以相当之责罚，夫家强迫索娶未满十四岁之女完婚者，准女家控告等"①，以此来杜绝早婚之陋习。但是，尽管国家法律上有各种规定以期杜绝各民族的早婚恶习，但由于受当时社会环境和国家控制力弱化的限制，并不能够得到彻底执行，所以并没有取得预期的效果。

二　宗教与婚姻习俗

清至民国时期的乌鲁木齐地区，其主要居民是汉、回、满、维吾尔、哈萨克及蒙古等民族，伊斯兰教及藏传佛教在本地区有着深远的影响。经过长期的发展，宗教在婚姻风俗上有多方面的反映。如维吾尔族在男方向女方求婚时，"男家馈送牛羊、布匹，邀请亲戚，更求阿浑（訇）数人，同赴女家议婚，念经为定或立判书为证"②，宗教人士阿訇念经或由他们所写判书成为媒证。"阿訇有小回章，曰摹；用其章曰榻摹。凡户、婚、析产及繁难重大事，皆请榻摹为证信。"③ 阿訇在维吾尔、回、哈萨克等民族中有极高的威信，"凡立书契、券约等事，非阿訇置用摹记不信"④。户、婚、析产以及各种重大繁难问题，都是由阿訇来组织给予调解，并订立契约文书，加盖印章，从而使其具有一定的法律效力。而对于那些鳏男寡女，如果想要再婚者，其欲求配偶都是按照伊斯兰教规定的"天定"或"奉遗"方式来进行，于此种婚姻中，阿訇等宗教人士更是具有决定性的作用。"又鳏男寡女欲求配偶者，于礼拜日更换新衣，随同游玩，或至本处礼拜寺等。是日（玛扎尔日）男女聚集之期，至者先拜阿浑（訇），以婚姻事具告，阿浑即为祷告看经，遂于稠人之中指一女子，此良配也。其人即将所戴之小帽与女子互换戴，以为永订，即可成婚。"⑤

---

① 杨增新：《补过斋文牍》辛集二，1921 年。

② 《新疆史地大纲》，正中书局 1947 年版；丁世良、赵放：《中国地方志·民俗资料》西北卷，书目文献出版社 1989 年版，第 334 页。

③ 《和阗直隶州乡土志·人事类》，中国社会科学院中国边疆史地中心编：《新疆乡土志稿》，全国图书馆文献缩微复制中心 1990 年版，第 691 页。

④ 《疏勒府乡土志·人类》，中国社会科学院中国边疆史地中心编：《新疆乡土志稿》，全国图书馆文献缩微复制中心 1990 年版，第 600 页。

⑤ 《新疆概览》，仁声书局 1933 年版；丁世良、赵放：《中国地方志·民俗资料》西北卷，书目文献出版社 1989 年版，第 327 页。

如果男女婚后不合，也可以离婚，在维吾尔语中谓之"央吊"。如果是"男弃女者，则厚赠之；女弃男者，则一物不能带去；子属夫，女属妇。但自成亲以至'央吊'，均待阿浑证明"①。可见在维吾尔族婚姻中，从订婚到结婚甚至离婚后再成婚者，阿訇等宗教人士都要参与其中，并起着重要的作用。而同样信仰伊斯兰教的哈萨克族与回族的婚姻与维吾尔族有着明显的不同。主要是哈萨克族的生活方式以游牧为主，婚配权上男女崇尚自由恋爱。女方在配偶的选择上有很大的自主权，并且对男方选择上，除了同母者不可相配外，余皆可婚配。"其（哈萨克）婚嫁之礼，极尚自由"②，这样的婚姻习俗则可能与民族的习惯法则有关，如果订婚后女方悔婚，即收过彩礼后又退婚者，这种情况将是对男方莫大的侮辱。如伊斯兰经典所说："收回礼品的人犹如吞食自己呕吐物的狗一样。"③ 正因为如此，父母一般把婚姻的自主权交由女儿来决定，以尽量减少因悔婚而产生的对婚姻习惯法则的破坏，从而引起不必要的婚姻矛盾和纠纷。由于回族长期与汉族杂居，受儒家文化教育与影响，其婚姻习俗更接近于汉族。青年男女缺乏对自己婚配对象的选择权，主要是由长辈来定夺，"父母之命，媒妁之言"的择偶方式长期占有主导地位。"婚姻之事由父母主持，媒妁缔结，问名、纳聘，以茶一缄，银一器为礼。男女主婚者握手，以《天经》为证。"④ 由于其生活方式和文化背景的不同，维吾尔、回及哈萨克等民族虽都信仰伊斯兰教，其在婚姻中影响力和参与程度亦不相同。但有共同的宗教信仰，就决定了他们择偶时双方都是本民族或穆斯林为最佳，这是建立美满家庭的首要条件⑤。在《古兰经》中也有这方面的规定："你们不娶以物配主的妇女，得到她们的信仰。已信仰的奴婢的确胜过以物配主的妇女，即使她们使你们爱慕，你们不要把自己的女儿嫁给以

① 《新疆概览》，仁声书局1933年版；丁世良、赵放：《中国地方志·民俗资料》西北卷，书目文献出版社1989年版，第328页。
② 《新疆史地与社会》，正中书局1947年版；丁世良、赵放：《中国地方志·民俗资料》西北卷，书目文献出版社1989年版，第337页。
③ ［埃］穆斯塔发·本·默罕默德·艾玛热：《布哈里圣训实录》，宝文安、买买提·赛来译，中国社会科学出版社1981年版，第193页。
④ 《新疆史地大纲》，正中书局1935年版；丁世良、赵放：《中国地方志·民俗资料》西北卷，书目文献出版社1989年版，第333页。
⑤ 骆桂花：《甘青宁回族女性传统社会文化变迁研究》，民族出版社2007年版，第79页。

物配主的男人，即使他使你们爱慕他。这等人叫你们入地狱，真主却随意地让你们入乐园和得到赦宥。"①"以物配主的妇女和男人"对伊斯兰教信徒来说，都是指异教徒。与异教徒通婚，在伊斯兰教上属于不赦之罪，其人必入地狱无疑，与其结婚者也会遭到同样的下场。因此，《古兰经》中是明文规定禁止与异教徒通婚的，除非她或他也改信了伊斯兰教。

同样以游牧为主业的蒙古族民众，他们的婚姻习俗与哈萨克族颇为相似。在男女婚配上也崇尚自由恋爱，除了宗教的原因外，这可能与他们具有相同的生活方式有很大关系。在结婚仪式上，宗教也参与其中，"迎亲到门，则喇嘛诵经，新婚跪拜行揭见外舅姑礼。礼毕，迎新妇以归。新妇红缨大帽，皮靴朱袍，泣辞父母，以衣幪面，由伯叔、兄弟抱持上马同骑，以歌导行。至门（新郎家），喇嘛诵经，男女持羊骨拜天地与诸佛像"②。当然，佛教在婚姻中的影响力却远远不如伊斯兰教。

三　政府对婚姻问题的处理

婚姻既然是一种社会行为，其行为规范和由此而产生的纠纷就要需要政府给予解决。政府规定所具有的执行力度及对纠纷的处理是否恰当，这就决定了婚姻法律、法规在社会中的影响力。但就晚清民国时期的新疆政府而言，在婚姻习俗方面的种种规定及对婚姻纠纷的处理并没有取得很好的社会效果。无论清代还是民国，政府都对初婚年龄给予了明确的法律规定，但在各民族中并没有得到较好的贯彻和执行，早婚不仅仍然存在，而且还有愈加普遍之势。维吾尔族民众仍流行于"男十二岁，女九岁"③ 的婚龄，他们更愿意按传统婚姻办理，虽有与法律规定之相悖而不愿意更改。"据此查婚姻以时古有明训，各属缠民每将十一二岁幼女缔为婚姻过门成礼，实为缠民中一大恶习。"④ 以至于民国时期，出现了呼图壁县玛不哈、南疆叶城县阿一尼沙比比等女童在婚姻中被严重伤害的案件。即使在汉族中，亦是如此。前文所说的王德力之家将八岁女儿卖出；周继贤的

① 《古兰经》第2章第221节，马坚译，中国社会科学出版社2003年版。
② 《新疆史地与社会》，正中书局1947年版；丁世良、赵放：《中国地方志·民俗资料》西北卷，书目文献出版社1989年版，第336页。
③ 李泽奉、刘如仲：《清代民族图志》，青海人民出版社1997年版，第81页。
④ 杨增新：《补过斋文牍》辛集二，1921年版。

女儿十一岁被招婿，十五岁成婚；王占元将女儿以童养媳的形式而送至夫家等，在当时也都属于违反婚姻法规之例。可见，当时政府的婚姻法律严重缺乏强制力，很大程度上只是流行于形式而已。

笔者于乌鲁木齐市及昌吉州各县市档案馆查找资料时，关于婚姻纠纷案件繁多，但是能够找到政府处理结果的则是少之又少。前文所列张文玉之妻被"霸占"一案，近两年时间竟没有得到解决，对案件也是一拖再拖，最后只好不了了之；有的案件即使给予判决，也不一定能得到执行。即是说，政府的过度放权，结果使其在社会中失去了公信力。总之，晚清民国乌鲁木齐地区由于宗教的影响及其国家权力的选择性介入，使得婚姻法律的各种规定于某种程度上只能流行于形式。但不可否认的是，尽管如此，其婚姻法律和政府的各项规定也在潜移默化地影响着当时婚姻风俗。如在当地的婚姻中，无论是维吾尔族、回族还是汉族等民众，由于宗教在婚姻方面的规定或婚姻传统，都有早婚风俗。但在移民社会中，由于男女人口比例的严重失调，我们也应该看到由此所形成的晚婚，甚至很多不婚行为。当年早婚为人们所推崇，而晚婚和不婚则是迫不得已，大都含有被迫性的，但婚姻年龄的规定也起到了一定的作用。

清代民国乌鲁木齐地区，作为典型的移民社会，各种婚姻习俗由于受到伊斯兰教、藏传佛教、萨满教及儒家思想等宗教与文化的影响，使本地区的婚姻形式更加复杂和多样。晚清与杨、金、盛及国民政府时期，政府针对乌鲁木齐地区特殊的社会环境，在努力推行与内地相同婚姻法律的同时，对一些民族的婚姻习俗也给予了法律认可。尽管如此，但婚姻形式和习俗的存在，在很大程度上还受到了社会现实等多方面的制约与互动，也就是说，本地区特殊的自然和人文环境对各种婚姻习俗的形成有较大的影响。总之，对于本地区的婚姻习俗，政府一方面采取了与内地相同的各种婚姻法律与法规，力求在本地区推行和实施，加强国家权力对本区域的渗透和控制，达到内地与边疆地区婚姻习俗的日趋统一；但另一方面，面对乌鲁木齐地区现实的社会状况，也不得不对当时特殊的婚姻习俗给予法律认可并保留了它们独有的特征。

结　语

　　作为典型的移民社会，清代民国乌鲁木齐地区，国家通过移植与模拟的方式，将内地的乡村社会的管理模式，如里甲制、保甲制、乡约制、水利与婚姻制度等方面逐步引入该区并不断获得完善，有力地维护了乌鲁木齐地区安全和社会稳定。同时，政府根据当时乌鲁木齐地区的社会现实，在移植与模拟内地管理模式的过程中，也保留了它们独有的特征。因此，我们为了能够更好地加深对该时期乌鲁木齐地区移民社会的理解，针对本书三个专题研究，我们在注重其与内地的相同或相似之处的同时，更要注重其不同之处。无疑，这样的研究不仅可以丰富大历史之细部，而且也可以避免在"中国的地方既广袤又复杂，其多样而丰富的内容被忽略了，国史之失岂非大矣哉"[①] 的缺憾。

　　不可否认的是，国家对移民社会治理模式的选择主要是由其自然和人文环境所决定。也就是说，无论是哪个区域，还是以哪种研究视野和方法，作为乡村区域社会研究而言，我们如何区别研究区域内的乡村社会和全国的乡村社会之间的地域模式，即区域特征和全国特征的关系问题，也将是我们所面临的一个重要问题。毫无疑问，晚清民国时期，全国各乡村层社会中也确实存在一些共同的特点。但又因中国地域辽阔，各地自然和人文环境却千差万别，所以在各区域内的社会实践中，于统一性中又呈现出多样性的特点。如在本书研究中，国家权力对民间的水利和婚姻纠纷都是有选择性地介入，可以说这是中国乡村社会管理的共性，但国家权力介入的程度在不同的区域因为自然和人文环境的不同而存在较大的区别。正因为如此，无论从哪一个研究角度或视野来看，只要能够揭示出区域社会

---

① 汪荣祖：《史学九章》，生活·读书·新知三联书店 2006 年版，第 112 页。

史与国家整体中的异同之处，那么这样的研究就是必需的，也是有价值的。并且区域社会史研究也比较容易探索出一定的地域特征和地域模式①。当然，这就要求我们在研究区域社会的同时，不能把研究视野仅限于本书研究区域范围之内，同时又要把它放在整个中国区域的视野之下进行研究，只有这样才有利于在我们注重历史细化的同时，也可以总结出整个乡村社会变迁的一个普遍规律，犹如在绪论中所述，即处理好整体史观与地方史观的关系问题。就本书而言，是以道光元年（1821）至1949年间的乌鲁木齐地区为研究时段和中心区域，通过移民社会乡村政权的构建与运转，水利纠纷与社会内部互动秩序及其环境与社会秩序的构建三个方面的专题研究，对国家权力与移民社会之间的关系进行了实证性的分析，能够通过比较和综合地看待具有中国特色的边疆移民社会区域的"官民"或者说是"控制"与"消融"的乡村社会关系。当然限于目前资料缺乏等方面的原因，对该时期移民社会全貌并不能完整地揭示出来，但通过研究，我们在了解其与内地乡村社会的共性之外，也可以反映出其特殊性的一面，这正是我们从事该研究所要达到的目的。

首先，移民社会中乡村组织与新秩序的构建。一般认为，乡村社会秩序的基本构成要素包括三个方面：宗族、乡里组织、士绅阶层。如果将乡里组织视为国家权力向乡村渗透的触角与工具，或者在某种程度上将其视为一种行政权力延伸的话，那么以上三个方面分别代表着乡土社会所蕴含的政权、族权和绅权（宗教文化）。在明清时期，这三种权力交织在一起，构成乡村社会权力网络的主线②。当然，杨国安教授所研究的两湖区域，其宗族和士绅阶层与本书研究区域相比较，则显然要成熟得多。因此，本区域乡村社会中自治能力相对要弱小得多，社会权力网络主线的表现并不明显。晚清民国乌鲁木齐地区作为典型的移民社会，由于人文环境及水资源分布的影响，乡村聚落处于高度的分散状态。无论是当时经济、政治中心的乌鲁木齐还是商业中心的奇台和绥来两县，其聚落分布大都是

---

① 杨国安：《明清两湖地区基层组织与乡村社会研究》，武汉大学出版社2004年版，第322—324页。

② 杨国安：《明清两湖地区基层组织与乡村社会研究》，武汉大学出版社2004年版，第18—19页；《国家权力与民间秩序：多元视野下的明清两湖乡村社会史研究》，武汉大学出版社2012年版，第398—399页。

如此。以奇台县为例,清末民初共有聚落41个,县域面积为18007.69平方公里,每1000平方公里才分布2.28个村落①。并且每个村落的户数也多少不一,相差悬殊。面对如此分散的聚落形态,地方政府为了加强对该区域乡村社会的控制,地方官员就以"移植与模拟"的惯性思维,将内地的里甲制、保甲制、乡约制、普及教育、建立交通网络等"软、硬"两种管理模式移植到乌鲁木齐地区推行并得以实施。但鉴于本区域特殊的自然和社会环境的限制,推行之初,政府并没有,也不能仅仅拘于保甲制度所规定的固定户数,而是采取了尽量向"聚落化"靠近的一种趋向,以求适应当时的现实社会结构。而地方官员的惯性思维,主观上是加强对乡村社会的控制和治理,逐步缩小边疆地区与内地之间的差异,即试图达到边疆内地化,更好地实现进一步的消融;这样客观上能够起到慰藉移民心理调适的功能,促进边疆地区移民的人心安定和社会稳定②。

其次,国家政权与移民社会互动下的乡村社会治理。国家权力通过各种不同的方式,不断地向移民乡村社会各个角落进行渗透,以达到在乡村社会中建立严密的控制网络。封建社会的中国,皇权也就代表着国家权力。我们通过近几十年来区域社会史的研究成果,可知"国家—社会"之间存在一种新型的关系,也就是说,国家权力通过不断向乡村社会进行渗透,意图达到对其进一步的控制和治理,使国家权力渗透到乡村社会的每个角落,所以我们时常认为"皇权不下县"的说法则是一种主观臆断,在社会现实之中,并不是这样的③。每县都设有各种正役和散役,包括皂隶、快手、民壮、捕役、看监禁卒、库子等④。即使就在乡村社会而言,还设有半行政性质的区长、乡爷、"水利"、里长、保长、甲首、乡约、农官、渠正、渠长等。这些乡村管理人员除了负责替国家征收赋税以外,还要承担为地方政府和公共事务,如修建城池、河道、驿站差务等征发各

---

① 就其村落分布规律可以参见刘超建《由清代新疆屯垦政策的角度谈屯田与生态环境的关系——以天山北路东部地区屯垦为中心》,《干旱区地理》2015年第2期。

② 龙开义:《清末民初新疆汉族移民宗教信仰研究》,《北方民族大学学报》2011年第6期。

③ 杨国安:《国家权力与民间秩序:多元视野下的明清两湖乡村社会史研究》,武汉大学出版社2012年版,第402页。

④ 魏光奇:《有法与无法——清代的州县制度及其运作》,商务印书馆2010年版,第163—166页。

种徭役和劳役，以替政府维护社会秩序的正常运转。无疑对于这些事务的完成，就需要国家政权赋予这些管理人员一定的权力，这是他们借以完成政府所要求各项任务的重要保障。而国家对移民社会的治理更是如此，只是在不同的时期，对乡村社会的控制力呈现出不同的强度而已。如在移民社会初期，政府总是想通过国家权力来加强对乡村社会的控制，如建立军控和民控两种体系；设立渠长、"水利"、渠正等多级别的基层水利管理人员，以加强对水利社会的控制和管理；并且对各民族都有不同的婚姻规定等，对此移民社会内部与之也产生一定的互动，形成了互动下的乡村治理。但是，随着乡村社会的发展与完善，尤其是到晚清民国时期，移民乡村社会也发生了巨大的变化，政府也由于政治资源缺乏的局限，对于乡村社会的管理和控制也采取了有选择性的介入①的方式。出现这种情况主要有两个方面的原因，一是政府采取了由直接控制转变为间接控制的管理模式；二是乡村社会中宗族、大户、乡绅阶层不断发展、成熟，这也为政府通过吸纳和融合这一群体加入乡村社会的自治提供了社会资源。这样促使政府不得不"放弃"一部分对乡村社会的控制权力。"在国家与社会之间，皇权与绅权之间，权力和秩序之间，并不是一种'你进我退'的敌对状态，中间充满了张力。"②易言之，国家在加强乡村社会自治的同时，并不意味着国家政权对乡村社会控制的削弱，相反，却更能树立国家的权威。晚清民国时期，随着乌鲁木齐地区社会发生的巨大变革，逐渐由移民社会向定居社会过渡，并还不断有新移民的迁入，其公共事务却越来越多，而且很多方面都需要政府的参与。但当时政府又局限于政治资源的不足或传统为官思想的影响而又不得不留有权力上的空白，这样就给地方精英人物提供了参与社会管理的契机。因此，造成了移民社会权力机构和地方秩序呈现出多元化的一种格局，在边疆移民社会区域，虽不如内地那样明显，但在不同程度上能够得以体现，同时与内地之间的差异性得到进一步的消融，有利于保持边疆的稳定。

---

①　杨国安《国家权力与民间秩序：多元视野下的明清两湖乡村社会史研究》中，也曾论述了国家权力对乡村事务有选择性介入的观点，但与笔者所论述的有一定的不同。

②　杨国安：《国家权力与民间秩序：多元视野下的明清两湖乡村社会史研究》，武汉大学出版社2012年版，第401页。

最后，自然和人文环境对移民社会的控制与治理也有重要的影响。晚清民国乌鲁木齐地区，在自然和社会环境方面与内地相比，存在很大的差异性，这就造成了二者之间管理制度方面也存有较多的不同之处。如由于自然环境的影响，本区域聚落分散，所以保甲的编制不像内地那样严格按照十进制原则编制；大陆性气候特征决定了农业发展以雪山融水灌溉为主，在分水标准上，除照田和照夫定水外，还要考虑河流所经沙性土壤的渗漏程度、支渠的长短、聚落势力的大小等因素；民族庞杂，宗教在婚姻上具有重要的影响，这些根深蒂固的人文环境使国家婚姻法律与法规在很大程度上处于"失效"的状态，这些方面也反映了国家政权与自然和社会环境之间的互动关系。一方面，国家尽力促进边疆与内地制度上的统一，以维护和保持边疆地区的稳定；另一方面，自然和社会环境却决定了本区域制度方面存在特殊性。

总之，道光元年（1821）至1949年，主要是晚清和民国时期，在乌鲁木齐地区，政府基本上是按照控制与消融的治理理念来进行的。一方面，通过移植与模拟内地乡村社会治理的模式，来加强对移民社会的控制；另一方面，移植和模拟也可以消融边疆与内地之间以及不同区域之间，甚至民族之间的差异，以求达到与内地乡村社会治理模式的整齐划一，从而更有利于保持移民乡村社会秩序的稳定。

附　　录

一　水磨沟

2010 年是笔者生活在乌鲁木齐的第五个年头。由于学习和工作原因，五年中几乎很少回家，大部分时间都是在乌鲁木齐度过的。除了家乡以外，可以说这是笔者生活时间最长的地区了，因此，笔者常常把乌鲁木齐称为笔者的第二故乡。尽管如此，除了红山之外，其他景点笔者却很少有时间闲逛。2010 年 12 月 25 日，乌鲁木齐又迎来了一个白色的圣诞节，几个朋友相约去了著名的风景区——水磨沟。水磨沟水磨位于乌鲁木齐市东郊，风景秀丽、溪水长流，是乌鲁木齐市最著名的风景区之一，有一炮成功和清代水磨遗址，具有较为深厚的历史底蕴。现在水磨沟渠上共有水磨遗址六处，据当地人讲，清代该沟渠共安置水磨十六处，但根据文献记载，只有十处，具体数量无从考证。由于水磨沟渠水量丰富，落差较大，无疑是当时主要的面粉加工地。本照片拍摄于 2010 年 12 月 25 日。

图 1　乌鲁木齐市水磨沟水磨遗址

二　米东区三河坝镇的考察

2013 年 7 月 28 日，晴。一大早笔者就从乌鲁木齐出发，先乘坐城际公交，来到了米东区（原米泉县），然后再乘坐市大巴来到了三道坝镇考察。三道坝镇是民国时期乾德县的县政府驻地，在三道坝镇附近，分别为头道坝、二道坝、三道坝和四道坝四个自然村，其村民多是 19 世纪 70 年代，跟随左宗棠收复新疆湘军们的后裔，他们仍保留了原来的饮食习惯，在乡村公路的两旁，大片的水稻随处可见，并且，也是米泉大米的主要产区。本照片是笔者于 2013 年 7 月 28 日田野调查时拍摄于二道坝村。

图2　乾德县（今米东区）三道坝镇二道坝村的水稻田

乌鲁木齐市米泉县，其名称就是因为出产大米和丰富的泉水而得名。在历史上很早就有种植水稻的记载，本地区水资源丰富，著名的乌鲁木齐河、水磨沟河、铁厂沟河，老龙河等多条河流流经境内，这就为水稻的种植提供了丰富的水资源。

至今仍然可以见到，比较著名的无名泉，泉水还十分旺盛，由其水汇流而成的无名河还是三道坝镇水稻的主要灌溉渠。本照片也是拍摄于 2013 年 7 月 28 日。

图 3　乾德县（今米东区）三道坝镇三道坝村南的无名河

参考文献

一 基本史料

（一）档案类

[1] 昌吉市档案馆、阜康市档案馆、吉木萨尔县档案馆、玛纳斯县档案馆、奇台县档案馆、呼图壁县档案馆、乌鲁木齐市米东区档案馆、乌鲁木齐市档案馆等相关未刊档案。

[2] 中国边疆史地研究中心，新疆维吾尔自治区档案局编：《清代新疆档案选辑》（1—91 册），广西师范大学出版社 2012 年版。

[3] 中国科学院地理科学与资源研究所、中国第一历史档案馆：《清代奏折汇编——农业·环境》，商务印书馆 2005 年版。

（二）古籍类

[1] （汉）班固：《汉书》，中华书局 1964 年版。

[2] （明）魏象枢：《寒松堂集》，山西人民出版社 1992 年版。

[3] 《平定陕甘新疆回匪方略》，光绪二十二年（1896）活字印本。

[4] （清）褚廷璋等：《钦定西域图志》，乾隆四十七年（1782）武英殿刻本。

[5] （清）纪昀：《阅微草堂笔记》，上海古籍出版社 2005 年版。

[6] （清）林则徐：《荷戈纪程》，杨建新主编：《古西行记选注》，宁夏人民出版社 1987 年版。

[7] （清）刘锦棠：《刘襄勤公奏稿》，全国图书文献缩微复制中心 1986 年版。

[8] （清）那彦成：《那文毅公奏议》，文海出版社 1966 年版。

[9] （清）祁韵士：《皇朝藩部要略》，黑龙江教育出版社 1997 年版。

[10] 《清实录》，中华书局 1986 年版。

[11] （清）托津：《钦定回疆则例》，中国边疆史地资料丛刊（综合卷），

全国图书馆文献缩微中心 1988 年版。

[12] （清）托津、曹振镛：《钦定大清会典事例》，中华书局 1991 年版。

[13] 全国图书馆文献微缩复制中心：《清代新疆稀见奏牍汇编》，新疆人民出版社 1997 年版。

[14] （唐）刘昫：《旧唐书》，（百衲本二十四史）上海涵芬楼 1936 年版。

[15] （唐）魏徵：《隋书》，中华书局 2000 年版。

[16] （元）脱脱等著：《宋史》，中华书局 1985 年版。

（三）方志类

[1] 丁世良、赵放：《中国地方志·民俗资料》西北卷，书目文献出版社 1989 年版。

[2] 民国《洛川县志》，《中国西北稀见方志》，全国图书馆文献缩微复制中心 1994 年版。

[3] 乾隆《镇安县志》，《中国西北稀见方志》，全国图书馆文献缩微复制中心 1994 年版。

[4] （清）椿园：《西域闻见录》，光绪六年（1880）刻本。

[5] （清）和宁：《三州辑略》，成文出版社 1968 年版。

[6] （清）纪昀：《乌鲁木齐杂记》第二帙，上海著易堂印行。

[7] （清）松筠：《钦定新疆识略》，道光元年（1821）刻本。

[8] （清）陶模：《陶模新疆奏稿》，台湾学生书局 1970 年版。

[9] （清）永贵：《新疆回部志》，成文出版社 1968 年版。

[10] （清）袁大化：《抚新纪程》，《中国近代史料丛刊》第 95 种，上海人民出版社 1967 年版。

[11] （清）袁大化、王树枏等：《新疆图志》，东方学会 1923 年铅印本。

[12] 全国图书馆微缩复制中心：《中国西北稀见方志》第 8 册，全国图书馆文献缩微复制中心 1994 年版。

[13] 谭惕吾：《新疆之交通》，文通书局 1936 年版。

[14] 王希隆：《新疆文献四种辑注考述》，甘肃文化出版社 1995 年版。

[15] 温克刚、史玉光编：《中国气象灾害大典·新疆卷》，气象出版社 2006 年版。

[16] 《新疆道里表》，甘肃省图书馆西北地方文献室藏，编号：557.375.

61。

[17] 杨增新：《补过斋文牍》，1921 年。

[18] 张大军：《新疆风暴七十年》，兰溪出版社 1980 年版。

[19] 钟广生：《新疆志稿》，成文出版社 1968 年版。

[20] 中国社会科学院中国边疆史地中心编：《新疆乡土志稿》，全国图书馆文献缩微复制中心 1990 年版。

二　专著、论文

（一）专著类

[1] 包尔汉：《新疆五十年》，文史资料出版社 1991 年版。

[2] 白京兰：《一体与多元：清代新疆法律研究（1759—1911）》，中国政法大学出版社 2013 年版。

[3] 《北疆农村调查》，中共中央新疆分局宣传部印 1953 年版。

[4] 边疆政教制度研究会编：《清代边政通考》，安庆书局 1939 年版。

[5] 陈宝良：《中国的社与会》，中国人民大学出版社 2011 年版。

[6] 陈锋：《明清以来长江流域社会发展史论》，武汉大学出版社 2006 年版。

[7] 陈志恺等：《西北地区水资源配置生态环境建设和可持续发展战略研究·水资源卷》，科学出版社 2004 年版。

[8] 陈志良：《新疆民族与礼俗》，文通书局 1946 年版。

[9] 段自成：《清代北方官办乡约研究》，中国社会科学出版社 2009 年版。

[10] ［俄］尼·维·鲍戈亚夫连斯基：《长城外的中国西部地区》，新疆大学外语系俄语教研室译，商务印书馆 1980 年版。

[11] ［法］马克·布洛赫：《为历史学辩护》，张和声、程郁译，中国人民大学出版社 2006 年版。

[12] 费孝通：《江村农民生活及其变迁》，敦煌文艺出版社 2004 年版。

[13] 费孝通：《乡土中国》，上海人民出版社 2006 年版。

[14] 侯甬坚：《区域历史地理的空间发展过程》，陕西人民教育出版社 1995 年版。

[15] 华立：《清代新疆农业开发史》，黑龙江教育出版社 1995 年版。

［16］华企云：《新疆问题》，甘肃省图书馆西北文献室藏，编号：681.561.852。

［17］黄强：《中国保甲实验新编变》，正中书局 1936 年版。

［18］霍维洮、胡铁球：《近代西北少数民族社会变迁》，宁夏人民出版社 2009 年版。

［19］贾建飞：《清乾嘉道时期新疆的内地移民社会》，社会科学文献出版社 2012 年版。

［20］蒋君章：《新疆经营论》，正中书局 1939 年版。

［21］姜涛：《中国近代人口史》，浙江人民出版社 1993 年版。

［22］金开诚、王娜：《古代婚姻》，吉林文史出版社 2010 年版。

［23］李泽奉、刘如仲：《清代民族图志》，青海人民出版社 1997 年版。

［24］李宗黄：《现行保甲制度》，中华书局 1936 年版。

［25］刘志伟：《在国家与社会之间——明清广东里甲赋役制度研究》，中山大学出版社 1997 年版。

［26］楼望皓：《新疆婚俗》，新疆人民出版社 2006 年版。

［27］鲁西奇、林昌丈：《汉中三堰：明清时期汉中地区的堰渠水利与社会变迁》，中华书局 2011 年版。

［28］栾成显：《明代黄册研究》，中国社会科学出版社 1998 年版。

［29］骆桂花：《甘青宁回族女性传统社会文化变迁研究》，民族出版社 2007 年版。

［30］马汝珩、马大正：《清代的边疆政策》，中国社会科学出版社 1994 年版。

［31］《古兰经》，马坚译，中国社会科学出版社 2003 年版。

［32］马文华：《新疆教育史稿》，新疆教育出版社 2006 年版。

［33］［美］杜赞奇：《文化、权力与国家——1900—1942 年的华北农村》，王福明译，江苏人民出版社 1996 年版。

［34］［美］黄宗智：《经验与理论：中国社会、经济与法律的实践历史研究》，中国人民大学出版社 2007 年版。

［35］［美］黄宗智：《清代的法律、社会与文化：民法的表达与实践》，上海书店出版社 2007 年版。

［36］［美］李怀印：《华北村治——晚清和民国时期的国家与乡村》，中

华书局 2008 年版。

[37] [美] 施坚雅:《中国农村的市场和社会结构》,史建云等译,中国社会科学出版社 1998 年版。

[38] 倪超:《新疆之水利》,商务印书馆 1948 年版。

[39] 彭雨新:《清代土地开垦史》,农业出版社 1998 年版。

[40] 齐清顺:《1759—1949 年新疆多民族分布格局的形成》,新疆人民出版社 2010 年版。

[41] 秦翰才:《左文襄公在西北》,岳麓书社 1984 年版。

[42] 冉绵惠、李慧宇:《民国时期保甲制度研究》,四川大学出版社 2005 年版。

[43] 任吉东:《多元性与一体化:近代华北乡村社会治理》,天津社会科学院出版社 2007 年版。

[44] [日] 大塚义雄:《共同体的基础理论》,于嘉云译,联经出版事业公司 1999 年版。

[45] [日] 森正夫:《森正夫明清史论集》第 3 卷,《地域社会·研究方法》,陈永福译,汲古书院 2006 年版。

[46] 施雅风:《气候变化对西北华北水资源的影响》,山东科学技术出版社 1995 年版。

[47] 孙培青:《中国教育史》,华东师范大学出版社 2000 年版。

[48] 万仁元、方庆秋:《中华民国史料长编》,南京大学出版社 1993 年版。

[49] 王铭铭:《人类学是什么》,北京大学出版社 2002 年版。

[50] 王培华:《元明清华北西北水利三论》,商务印书馆 2009 年版。

[51] 王日根:《乡土之链——明清会馆与社会变迁》,天津人民出版社 1996 年版。

[52] 汪荣祖:《史学九章》,生活·读书·新知三联书店 2006 年版。

[53] 王勇:《中国古代农官制度》,中国三峡出版社 2009 年版。

[54] 王跃生:《社会变革与婚姻家庭变动——20 世纪 30—90 年代的冀南农村》,生活·读书·新知三联书店 2006 年版。

[55] 王云中:《中华民国现行法规大全》,商务印书馆 1933 年版。

[56] 魏光奇:《有法与无法——清代的州县制度及其运作》,商务印书馆

2010 年版。

[57] 闻钧天：《中国保甲制度》，商务印书馆 1936 年版。

[58] 吴晗、费孝通：《皇权与绅权》，岳麓书社 2012 年版。

[59] 萧正洪：《环境与技术选择——清代西部地区农业技术地理研究》，中国社会科学出版社 1998 年版。

[60] 谢彬：《新疆游记》，商务印书馆 1936 年版。

[61] 《新疆通志·公路交通志》，新疆人民出版社 1998 年版。

[62] 《新疆维吾尔自治区概况》，民族出版社 2009 年版。

[63] 徐茂明：《江南士绅与江南社会（1368—1911）》，商务印书馆 2006 年版。

[64] 杨国安：《明清两湖地区基层组织与乡村社会研究》，武汉大学出版社 2004 年版。

[65] 杨国安：《国家权力与民间秩序：多元视野下的明清两湖乡村社会史研究》，武汉大学出版社 2012 年版。

[66] 杨开道：《中国乡约制度》，山东省乡村服务人员训练处印 1937 年版。

[67] ［英］安东尼·吉登斯：《社会学》，赵旭东等译，北京大学出版社 2003 年版。

[68] 曾问吾：《中国经营西域史》，商务印书馆 1936 年版。

[69] 张晋藩：《清代民法综论》，中国政法大学出版社 1998 年版。

[70] 张国雄：《明清时期的两湖移民》，陕西教育出版社 1995 年版。

[71] 张小也：《官、民与法：明清国家与基层社会》，中华书局 2007 年版。

[72] 张研：《清代族田与基层社会结构》，中国人民大学出版社 1991 年版。

[73] 张研：《清代县级政权控制乡村的具体考察——以同治年间广宁知县杜凤治日记为中心》，大象出版社 2011 年版。

[74] 郑杭生：《社会学概论新修》，中国人民大学出版社 1994 年版。

[75] 郑振满：《明清福建家族组织与社会变迁》，湖南教育出版社 1992 年版。

[76] 朱铭实：《中国历代乡约》，中国社会出版社 2005 年版。

（二）论文类

[1] 钞晓鸿：《灌溉、环境与水利共同体》，《中国社会科学》2006 年第 4 期。

[2] 陈春声：《乡村的故事与国家的历史——以樟林为例兼论传统乡村社会研究的方法问题》，《中国乡村研究》第 2 辑，商务印书馆 2003 年版。

[3] 陈孔立：《有关移民与移民社会的理论问题》，《厦门大学学报》2000 年第 2 期。

[4] 陈志良：《新疆各民族之研究》，《开发西北》1935 年第 3 期。

[5] 戴良佐：《清末新疆民团首领徐学功评传》，《伊犁师范学院学报》2007 年第 4 期。

[6] 邓小楠：《追求用水秩序的努力——从前近代洪洞的水资源管理看"民间"与"官方"》，行龙、杨念群主编：《区域社会史比较研究》，社会科学文献出版社 2006 年版。

[7] 段自成：《清末民初新疆乡约的特点》，《清史研究》2004 年第 4 期。

[8] 冯尔康：《清代宗族、村落的自治问题》，《河南师范大学学报》2006 年第 5 期。

[9] 郭松义：《清代婚姻关系的变化与特点》，《中国社会科学院研究生院学报》2000 年第 2 期。

[10] 郭松义：《清代妇女的守节和再嫁》，《浙江社会科学》2001 年第 1 期。

[11] 黄家信：《桂西壮族入赘婚俗探因》，《广西民族学院学报》2000 年第 5 期。

[12] 梁海峡：《清至民国新疆婚姻法制浅谈》，《新疆大学学报》2010 年第 1 期。

[13] 刘超建：《异地互动：自然灾害驱动下的移民——以 1761—1781 年天山北路东部与河西地区为例》，《中国历史地理论丛》2013 年第 4 期。

[14] 刘超建：《新疆乡土志在历史地理学上的史料价值》，《中国地方志》2013 年第 10 期。

[15] 刘超建：《从清代新疆屯垦政策角度谈屯田与生态环境的关系——以天山北路东部屯垦为中心》，《干旱区地理》2015 年第 2 期。

［16］刘超建：《1821—1949 年间乌鲁木齐地区教育与社会互动研究》
《中国边疆史地研究》2016 年第 2 期。

［17］刘超建、孙燕京：《乌昌地区民国婚姻档案特征及其史料价值》《新
疆大学学报》（哲学社会版）2015 年第 5 期。

［18］刘超建：《晚清民国乡村水官研究——以乌鲁木齐地区"水利"为
例》，《新疆大学学报》（哲学社会版）2016 年第 5 期。

［19］柳洪亮：《吐鲁番出土十六国时期文书》，《文物》1983 年第 1 期。

［20］龙开义：《清末民初新疆汉族移民宗教信仰研究》，《北方民族大学
学报》2011 年第 6 期。

［21］鲁西奇：《内地的边缘：传统中国内部的化外之区》，《学术月刊》
2010 年第 5 期。

［22］罗兴佐、贺雪峰：《乡村水利的组织基础——以荆门农田水利调查
为例》，《学海》2003 年第 6 期。

［23］苗普生：《清代维吾尔族人口考述》，《新疆社会科学》1988 年第 1 期。

［24］齐清顺：《论清朝中期新疆解决人口与耕地矛盾的重大措施》，《石
河子大学学报》2010 年第 1 期。

［25］［日］稻田清一：《清末江南一乡村地主生活空间的范围与结构》，
《中国历史地理论丛》1996 年第 2 期。

［26］王铭铭：《"水利社会"的类型》，行龙、杨念群：《区域社会史比
较研究》，社会科学文献出版社 2006 年版。

［27］王希隆：《清代前期天山北部的自耕农经济》，《中国边疆史地研
究》1993 年第 3 期。

［28］王越平：《排斥与融合——四川白马藏族入赘婚研究》，《西北民族
研究》2008 年第 2 期。

［29］萧正洪：《历史时期关中地区农田灌溉中的水权问题》，《中国经济
史研究》1999 年第 1 期。

［30］谢湜：《"利及邻封"——明清豫北的灌溉水利开发和县际关系》，
《清史研究》2007 年第 2 期。

［31］杨华：《妇女何以在村落里安身立命？——农民的"历史感"与
"责任感"的视角》，《中国社会 2007 年会学会"社会建设与女性
发展"论坛论文集》，2007 年。

[32] 杨建宏：《〈吕氏乡约〉与宋代民间社会控制》，《湖南师范大学学报》（社会科学版）2005 年第 1 期。

[33] 赵海霞：《清代新疆商屯研究》，《西域研究》2011 年第 1 期。

[34] 张伟：《近代四川移民及社会构成的影响》，《西南民族大学学报》2003 年第 12 期。

[35] 中国第一历史档案馆：《乾隆年间徙民屯垦新疆史料》，《历史档案》2002 年第 3 期。

[36] 周学峰：《略论清代新疆的"金妇"问题》，《新疆大学学报》2010 年第 1 期。

（三）硕博论文

[1] 程森：《明清民国时期直豫晋鲁交界地区地域互动关系研究》，博士学位论文，陕西师范大学，2011 年。

[2] 梁海峡：《民国新疆乌鲁木齐地区少数民族婚姻研究》，硕士学位论文，新疆大学，2004 年。

[3] 石向焘：《民国时期新疆基层政权研究》，硕士学位论文，新疆大学，2008 年。

[4] 王金环：《清代新疆水利开发研究》，硕士学位论文，新疆大学，2004 年。

[5] 杨艳喜：《民国时期新疆乡约制度研究》，硕士学位论文，新疆大学，2011 年。

三 民间资料

[1]《北庭文史》第 21 辑，2010 年。

[2]《昌吉文史资料选辑》第 5 辑，1986 年。

[3] 呼图壁县芳草湖乡王氏家族：《王氏族谱》，2006 年续。

[4] 玛纳斯县北五岔镇吕氏家族：《吕氏家族族谱》，光绪二十二年（1896）修。

[5]《奇台文史》第 8 辑，1999 年。

[6] 田广荣：《怀念爷爷》，田德禄去世六十周年纪念文章，2009 年。

[7]《新市区文史资料》第 1 辑，1999 年。

致　　谢

时光如流水，在博士研究生入学的第一天，业师萧正洪先生在给我讲完博士学习期间的计划和要求后，由于大雨未停，我打算返回雁塔校区，萧老师却开车把我送到公交车站，尽管从校务楼到公交车站不到 300 米的距离，但三年中这一幕却不断在我眼前浮现。然而也正是这件事情使我明白了萧老师与我之间的师生之情，将会使我铭记终生。

首先要感谢的是我的导师萧正洪先生。从师三载，业师深厚而广阔的学术思想和严谨的治学方法，使我颇为受惠，尤其是先生开阔的学术视野、对史料的解读及洞察能力和独特的写作风格，将使我在今后学习和工作中受益无穷。并且每次聆听完先生的教诲后，于迷茫中总会有一种拨云见日之感，着实令我敬佩并成为今后我在学术道路所追求的境界。三年学习过程中，先生的严谨门风和治学态度，时刻都会在鞭策和激励着我，在今后人生之路上不敢稍有懈怠。

我在陕西师大西北研究院学习和生活的三年之中，也得到了学院诸位老师的关心、支持和帮助。在学习和论文开题及写作过程中，朱士光教授、侯甬坚教授、王社教研究员、张萍研究员、卜风贤教授、李令福研究员、刘景纯教授、王尚义教授等老师多次给予了指点和点拨，启发了我的研究思路，开阔了研究视野，丰富了研究方法，并使本论文能够不断得到充实和完善。并且西北师范大学的李并成教授、西北大学的吕卓民教授、云南大学的陆韧教授、中山大学的黄国信教授及复旦大学的安介生教授作为审稿专家，也给予提出了至为重要的修改意见；而且学院办公室上官娥老师、资料室马玉玲老师、绘图室孙建国老师也为我的论文能够得以顺利完成提供了诸多便利和帮助，值论文答辩之际，向各位老师表示最诚挚的谢意。同时也感谢高升荣、杨蕊师姐，于凤军、李大海、冯玉新及陈海龙诸位师兄在论文写作和修改中给予的鼓励、支持和帮助；感谢我的同学丁柏峰、郝文军、郝鹏展、侯晓东、聂传平、张宪功及师弟徐雪强对我的帮助和支持，并且在同他们交往的过程中使我学到了很多未曾接触到的知识领域，也正是因为有了这个温馨的集体，使我在陕西师范大学的学习和生活才能如此丰富、精彩和充实。

同时在论文收集资料的过程中，也得到了新疆维吾尔自治区档案馆、文化厅、自治区图书馆西北文献特藏室、新疆大学图书馆古籍部、新疆社科院资料室、新疆维吾尔自治区方志办副主任刘星；乌鲁木齐市政协文史办主任罗延玲；市方志办；乌鲁木齐县政协与档案馆；阜康市政协、方志办和档案馆；昌吉市政协、方志办、档案馆和三工镇政府；吉木萨尔县政协副主席巨全忠、方志办、档案馆和三台镇党委；奇台县政协、方志办和档案馆；木垒哈萨克自治县方志办；玛纳斯县政协、县党委宣传部的工作人员王庆、档案馆和北五岔镇政府、凉州户镇政府；呼图壁县方志办；甘肃省图书馆西北地方文献阅览室、古籍阅览室、兰州大学图书馆古籍部；陕西师范大学图书馆港台阅览室和古籍部等为查找资料所提供的便利；并且在田野考察中，安宁渠镇四十户村的黎文玉、广东庄子村的白辈明、安宁渠村的田广智、刘五更；吉木萨尔县三台镇羊圈台子村的陈杨氏、三台村的牛志良、县档案局档案管理科科长王跃春；昌吉市三工镇下营盘村的焦士鸹、田桂花；玛纳斯县凉州户镇牛王宫村刘士强、李家油坊村的李文举、北五岔镇老吕庄村的吕玉成等先生给予提供了详细的口述史料。这些资料也成为本书研究的主要史料支撑之一，对他们所给予的支持和帮助表示衷心感谢！

同时，本书出版的过程中，中国社会科学出版社宋燕鹏、李莉等老师给予了极大的帮助，并付出了辛勤的劳动，在此以表谢忱。本书得到了广西师范大学历史文化与旅游学院资助，对此表示感谢！

最后要感谢的是我的父母及家人，他们不仅培养了我对中国传统文化的浓厚的兴趣，让我在漫长的人生旅途中使心灵上有虔诚的皈依，而且也为我能够顺利完成毕业论文提供了巨大的支持与帮助。在未来的日子里，我会更加努力地学习和工作，不会辜负家人对我的殷切期望！

时间虽短，但师恩、亲情、友情我都会深深地铭记于心，在衷心感谢的同时，也祝福所有师友、家人、同学及给予我帮助的人幸福安康！

刘超建

2018 年 5 月 1 日于桂林